W0022703

Esp@ñol Profesional 1 auf einen Blick

Ob in der Ausbildung, im Studium oder im Beruf, *Español Profesional* ist das Lehrwerk für alle, die Spanisch von Anfang an lernen und in kürzester Zeit ihre sprachliche Kompetenz für den Beruf Schritt für Schritt entwickeln möchten.

Español Profesional ist ein kommunikativ ausgerichtetes Grundstufenlehrwerk, das die praktischen Erfordernisse der Kommunikation in Wirtschaft und Handel in den Mittelpunkt stellt. Das zweibändige Lehrwerk führt zur Niveaustufe B1 des Gemeinsamen europäischen Referenzrahmens und bereitet auf das *Certificado de Español Comercial* sowie auf das Europäische Sprachenzertifikat Spanisch vor.

Das Kursbuch *Español Profesional 1* enthält eine *Introducción*, 18 *Lecciones* mit integriertem Übungsteil und einen Anhang.

Die 18 *Lecciones* sind übersichtlich und nach einem durchgängigen Prinzip aufgebaut. Jede *Lección* besteht aus acht Seiten. Die erste Doppelseite vermittelt sprachliche und interkulturelle Kompetenz anhand von lebensnahen, realistischen Szenarien aus dem Berufsalltag der fiktiven Firma Torres y Compañía S.L., einer Schokoladenfabrik aus Katalonien. Zu den Themen gehören u. a. typische Bürosituationen, Geschäftsreisen, Kundenbesuche, Briefings, Verhandlungen und Konferenzen.

Die dritte Seite befasst sich mit der *Realidad hispánica*. Hier werden sowohl landeskundliche als auch berufliche Themen aus der spanischsprachigen Welt dargestellt. Die Seite *Realidad hispánica* fördert verstärkt auch rezeptive Fertigkeiten wie das Leseverstehen.

Die *Recuerde*-Seite fasst die Grammatik und Redemittel einer *Lección* übersichtlich zusammen. Die sanfte Grammatikprogression des ersten Bandes erleichtert den Lernenden den Einstieg in die Sprache und führt schnell und kontinuierlich zu Lernerfolgen.

Jede *Lección* schließt mit vier Übungsseiten, *A practicar*, die den Lernstoff vertiefen. Die abwechslungsreichen Übungen und Aktivitäten dienen zur Festigung der Grammatik und des Wortschatzes sowie zur kontinuierlichen Entwicklung der sprachlichen Handlungsfähigkeit.

Der Anhang von *Español Profesional 1* umfasst
- Überblicksseiten zu Aussprache und Rechtschreibung, Zahlen, Verben, Spanisch im Unterricht und geografischen Namen,
- Partnerübungen,
- die Hörtexte, die nicht in den *Lecciones* abgedruckt sind,
- ein chronologisches Vokabelverzeichnis und
- eine alphabetische spanisch-deutsche Wortliste mit Fundstellen.

Für alle, die noch etwas intensiver üben wollen, bietet das **Arbeitsbuch** weiterführende Übungen, die selbstständig zu Hause oder im Kurs bearbeitet werden können. Es ist gegliedert nach den Bereichen *Vocabulario*, *Gramática* und *Comunicación*. Je nach Bedarf können Schwerpunkte gesetzt und ein jeweils passendes „Lernmenü" zusammengestellt werden. Jede *Lección* schließt mit einem spanisch-deutschen *Panel profesional*, das die wichtigsten berufsbezogenen Redewendungen zusammenfasst.

Die **Audio-CD** enthält die Hörtexte und Phonetikübungen.

Die **Handreichungen für den Unterricht** bieten Tipps für den Unterricht, landeskundliche Informationen und enthalten Kopiervorlagen für zusätzliche Unterrichtsaktivitäten.

Unter **www.cornelsen.de** gibt es für die Arbeit mit *Español Profesional* ein Zusatzangebot für Lehrende und Lernende.

Viel Spaß und Erfolg mit *Español Profesional* wünschen Ihnen die Autorin und der Cornelsen Verlag!

Índice

Symbole

 Der Text ist auf CD zu hören.

 Sie arbeiten zu zweit.

 Sie bilden eine kleine Arbeitsgruppe.

 schriftliche Übung

 Die Lösung der Aufgabe steht im Lösungsschlüssel.

 schwierige Übung

 Übung mit Karten: Zu diesen Übungen finden Sie in den Handreichungen für den Unterricht Kopiervorlagen mit weiteren Karten zum Ausschneiden.

¿Quién es quién?

Soy Rafael Montes. Soy un amigo de Gabriela. Ella es arquitecta y yo soy fotógrafo.

Yo soy Gabriela García. Soy también de Madrid.

¡Hola, buenos días! Mi nombre es Pedro Ramos. Soy de Madrid.

---

1   ¿Y usted? – ¿Y tú?   Und Sie? – Und du?

Yo soy Anna. Soy de Fulda.

  1 Begrüßen Sie sich gegenseitig.
  2 Erzählen Sie, wer Sie sind und woher Sie kommen.

· ¡Hola!
· Buenos días.
· Buenas tardes.
· Buenas noches.

---

2   Ella es …, él es … y yo soy …   Sie ist …, er ist … und ich bin …

  1 Stellen Sie sich in der Gruppe vor.
  2 Ein Sprecher / Eine Sprecherin stellt alle Gruppenteilnehmer vor.

· la señora
· la señorita
· el señor

Él es el señor Sánchez. Es el director.

Yo soy Movilito.

Aussprache und Rechtschreibung

3 Sonidos típicos   Typische Laute

 Hören Sie zu und sprechen Sie nach.

[rr]	[tʃ]	[ʎ]	[ɲ]
Rocinante	San**ch**o	caba**ll**o	Espa**ñ**a
Ramón	Man**ch**a	e**ll**a	ma**ñ**ana
bu**rr**o	**Ch**ile	Ma**ll**orca	se**ñ**or

Yo soy don Quijote. Soy de La Mancha.

Yo soy Sancho Panza.

Yo soy Rocinante.

Soy un amigo de Rocinante. Él es un caballo y yo soy un burro.

4 Dos sonidos diferentes   Zwei verschiedene Laute

 Hören Sie zu und sprechen Sie nach.

[k]		[θ]	
ca/co/cu	que/qui	ce/ci	za/zo/zu
fábri**ca**	**Qui**jote	Dul**ci**nea	Pan**za**
colega	¿**qui**én?	gra**ci**as	**zo**rro
cuatro	¿**qué**?	Bar**ce**lona	a**zu**l

5 Los números   Die Zahlen

 Hören Sie zu und zählen Sie dann laut.

0 cero	1 uno	2 dos	3 tres	4 cuatro

5 cinco	6 seis	7 siete	8 ocho

9 nueve	10 diez	11 once	12 doce

6 ¿Qué significa ...?   Was bedeutet ...?

¿Playa significa *Strand*?

1 Tragen Sie in Kleingruppen schon bekannte spanische Wörter zusammen.
2 Vergleichen Sie die Listen. Die Gruppe mit den meisten Wörtern gewinnt.
3 Klären Sie die Bedeutung der unbekannten Wörter, indem Sie Fragen stellen.

¿Qué significa caballo?

7 Miniproyecto   Mini-Projekt

1 Schneiden Sie aus spanischen Zeitungen Wörter aus, die Sie verstehen.
2 Ordnen Sie diese in einer Collage nach Lautgruppen.

8 ¿Qué significa?

1 Welche Wörter verstehen Sie schon?

2 Suchen Sie drei Wörter, die mit [θ] und drei, die mit [k] ausgesprochen werden.

SALAS VIP'S

vino tinto

GRAN RESERVA

salida

EN INTERNET

un millón

¡HOLA!

Tradición e innovación

SERVICIOS

BIENVENIDO A BORDO

EN EXPANSIÓN

INFORMACIÓN

Número de julio

Gratis

Museo de las Ciencias
PRÍNCIPE FELIPE

MUSEO DE LAS CIENCIAS PRÍNCIPE FELIPE
SERVICIOS
HORARIOS
TARIFAS

productos nuevos

Información Técnica

gracias

Equipaje de mano

MUCHO DINERO

ELABORACIÓN
EXCLUSIVA

Programa
Profesional

autopista

Productos de confianza

TODA ESPAÑA

Recuerde

A   Das Substantiv

	männlich	weiblich
Singular	el señor	la señora
	el caballo	la fábrica
Plural	los señores	las señoras
	los caballos	las fábricas

Pluralendung
– auf Vokal: -s
– auf Konsonant: -es

Die Endung -o ist meist männlich.
Die Endung -a ist meist weiblich.
Aber:
– **el** día, **el** tema, **el** problema, **el** colega
– **la** foto, **la** radio
– **el/la** turista, **el/la** taxista

B   Der Artikel

	bestimmt		unbestimmt	
Singular	**el** coche	**la** fábrica	**un** cliente	**una** carta
Plural	**los** coches	**las** fábricas	**unos** clientes	**unas** cartas

Gebrauch von unos/unas
– vor Substantiv: einige – **unas** señoras = einige Frauen
– vor Mengenangaben: ungefähr – **unos** 12 kilos = ca. 12 Kilo

¿Cómo aprender?

Lernen Sie immer
Substantiv + Artikel:

la playa   el tema

la foto   el hotel

C   Die Zahlen von 0 bis 12

0 cero   **1** uno   **2** dos   **3** tres   **4** cuatro   **5** cinco   **6** seis
7 siete   **8** ocho   **9** nueve   **10** diez   **11** once   **12** doce

D   Fragewörter

¿Quién?	Wer?	**¿Quién** es quién?	Wer ist wer?
¿Qué?	Was?	**¿Qué** significa?	Was bedeutet das?

E   Begrüßung

¡Hola!
Buenos días.
Buenas tardes.
Buenas noches.

F   Vorstellung

Yo soy … – él/ella es …
Soy de … – soy también de …
¿Y tú? – ¿y usted?

9 Complete. Ergänzen Sie.

A ¡Hola, _buenos días_! Yo _soy_ Ramona Ramírez.

¿Y _usted_?

B _Yo_ soy Carlos Caballero.

A ¿Y ella? ¿_Quién_ es?

B _Ella_ es una amiga. _Es_ de Barcelona.

A Ah, el señor Pérez _también_ es de Barcelona.

B ¿_Quién_ es el señor Pérez?

A _Él_ es un amigo _de_ Carmen.

es	~~él~~
yo	de
ella	soy
quién (x2)	usted
buenos días	también

10 Con "erre"

Ergänzen Sie die Tabelle um weitere Wörter mit „r" aus dem Kursbuch.

stark gerollt	schwach gerollt
Rioja – Mediterráneo – perro	América – señor – pero

¿Es un burro?

No, pero es un perro.

Was fällt Ihnen auf?
R rollt man stark:
– am _____ eines Wortes,
– wenn es _____ geschrieben
  wird.

11 Escuche. Hören Sie zu.

1 Hören Sie zu und ergänzen Sie die Regeln.

2 Lesen Sie vor.

A ¿Quién es? ¿Es Carmen?
B No, es Cecilia Correa.
A ¡Ah! ¡Feliz cumpleaños,
   Cecilia!
C Gracias.

También: Ceuta – Ciudad Real –
Cáceres

– Buenos días
– Vamos a Valencia
– Bolivia

También: Valladolid – Valparaíso
– Buenos Aires

Regel 1

C spricht man:
– vor _____, _____ und
  _____ wie [k] aus,
– vor _____ und _____ wie
  englisches [θ] aus.
– [θ] am Ende eines
  Wortes schreibt man
  _____.

Regel 2

B und V werden _____
ausgesprochen.

– ¡Hola Hugo!
– Hotel Hernández
– ¡Hasta mañana!

También: Honduras – Huelva –
Hierro

– y
– yo
– soy

También: Paraguay – Yucatán

Regel 3

H ist immer _____.

Regel 4

Y liest man wie _____
oder _____.

12 Escuche los números.

1 Hören Sie zunächst zu und schreiben Sie anschließend.

0 cero	8 ocho	5 cinco	10 diez
6 seis	12 doce	11 once	7 siete
4 cuatro	2 dos	9 nueve	3 tres

2 Vergleichen Sie das Ergebnis mit dem Nachbarn / der Nachbarin und korrigieren Sie.

13 Animales Tiere

1 Bilden Sie Sätze wie im Beispiel.

Ejemplo: La cucaracha es el número tres.

la cucaracha   la araña
el caballo   el perro
la llama   el ratón
el mosquito   el toro

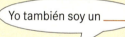

Yo también soy un ____.

2 ¿*Un* oder *una*? Bilden Sie Sätze wie im Beispiel.

Ejemplo: El número cinco es un caballo.

14 Relacione. Verbinden Sie.

Verbinden Sie Wort und Bild und lesen Sie laut vor.

Ejemplo: 6 a seis – café con leche

a café con leche
b paella
c tortilla de patata
d sangría
e agua mineral sin gas
f tequila
g chocolate con churros

15 ¿Masculino o femenino? Männlich oder weiblich?

Schreiben Sie Vokabeln auf, die Sie bereits kennen.

16 Profesiones Berufe

1 Können Sie die Berufsbezeichnungen verstehen? Wenn nicht, fragen Sie: *¿Qué significa ...?*

2 Ergänzen Sie die fehlenden Formen.

el cocinero	la cocinera (Koel)	la médica	el medico
el secretario	la secretaria	la programadora	el programador
el profesor	la profesora	la fotógrafa	el fotógrafo
el hotelero	la hotelera	la taxista	el taxista
un pianista	una pianista	la electricista	el electricista
un bioquímico	una bioquímica	una camarera	un camerero
un arquitecto	una arquitecta	una directora	un diretor

3 Bilden Sie den Plural.

> el cocinero – los cocineros
>
> la médica – _____

Berufsbezeichnungen auf **-ista** haben nur eine Form für beide Geschlechter.

17 ¡Qué interesante!

1 Lesen Sie die Dialoge.

2 Übersetzen Sie sie in Ihrem Heft.

a ¿Y tú?

A ¡Hola! Soy Marcos. ¿Y tú?
B Yo soy Paula. Soy programadora.
A Yo soy bioquímico. Soy de Madrid.
B ¡Qué interesante!

b ¿Y usted?

A Yo soy Ramón Barrios. Soy camarero. ¿Y usted?
B Yo soy Adriana Montes. Soy secretaria. Soy de Barcelona.
A ¡Ah! Yo también soy de Barcelona.

18 Apellidos Nachnamen

 Finden Sie die Gemeinsamkeiten und tragen Sie in jede Spalte einen Laut ein.

_____	_____	_____	_____
Núñez	Sánchez	Caballero	Ramírez García
Viñas	Pérez Ochoa	Villanueva	Navarro
Ocaña	Anchorena	Castillo Gómez	Torres González
Ordóñez	Chávez	Avellaneda	Ruíz Díaz

19 ¿Y usted?

1 Suchen Sie sich eine Visitenkarte aus und stellen Sie sich Ihrem Nachbarn / Ihrer Nachbarin wie in Übung 17 vor. Suchen Sie sich dann neue Gesprächspartner.

2 Bilden Sie Gruppen – je nach Gemeinsamkeiten in Bezug auf den Namen, den Beruf oder die Stadt. Ein Sprecher / Eine Sprecherin stellt alle Gruppenteilnehmer vor.

MADRID

Antonio Sánchez-Teruel
Pianista

TELS. 91 5 94 48 21 / 91 341 401
FAX: 91 445 80 03
CALLE DE LARRA, 14   28004 MADRID

Rodolfo Roca García
C/ García Lorca n° 395
18180 GRANADA
958 768 422

Cocinero

María Viñas García

c/ Magallanes, 987
41003 Sevilla
Andalucía

ai da ARQUITECTO

Joaquín Costa, 46 – 08001 Barcelona
Tel. /Fax. 93 317 18 03

El español de América

Unterschiede in der Aussprache zwischen Spanien und Lateinamerika

Der wichtigste Unterschied betrifft die Buchstaben c (vor e oder i) und z. Sie werden in Spanien „gelispelt", also wie ein englisches th gesprochen, in Hispanoamerika dagegen wie scharfes s.

Auch ll und y werden je nach Gegend anders ausgesprochen. Oft werden sie, ähnlich wie in Südspanien, wie ein deutsches j gesprochen. In den La Plata-Ländern (Argentinien, Uruguay und Paraguay) klingen sie eher wie das j im französischen *jour*.

¿Qué es esto?

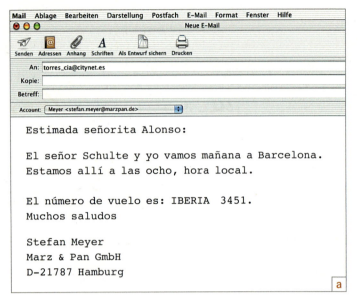

¿Qué es esto?

Es un e-mail de un cliente de Alemania.

An: torres_cia@citynet.es
Kopie:
Betreff:
Account: Meyer <stefan.meyer@marzpan.de>

Estimada señorita Alonso:

El señor Schulte y yo vamos mañana a Barcelona.
Estamos allí a las ocho, hora local.

El número de vuelo es: IBERIA   3451.
Muchos saludos

Stefan Meyer
Marz & Pan GmbH
D-21787 Hamburg

a

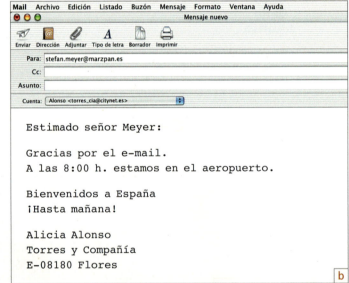

Para: stefan.meyer@marzpan.es
Cc:
Asunto:
Cuenta: Alonso <torres_cia@citynet.es>

Estimado señor Meyer:

Gracias por el e-mail.
A las 8:00 h. estamos en el aeropuerto.

Bienvenidos a España
¡Hasta mañana!

Alicia Alonso
Torres y Compañía
E-08180 Flores

b

1   ¿Qué anota ...? Was notiert ...?

Eine wichtige Verabredung. Ergänzen Sie.

Herr Meyer

– Mit wem ist die Verabredung?

_mi_ _____

– Wann ist sie?

– Wo soll sie stattfinden?

Alicia Alonso

– La cita es con el señor ___Schulte___ y con

___señor + Meyer___ .

– La cita es a ___las 8 Uhr___ .

– La cita es en el ___aeropuerto___ .

¿Qué tal? – ¿Cómo está usted?

2 ¿Quién dice qué? Wer sagt was?

Hören Sie zu und ordnen Sie jedem Dialog ein Bild zu.

Texto [a] es el cuadro número …

1

2

3

[a] **¿Cómo está usted?**

A Buenas tardes, señora Pérez.
   ¿Cómo está usted?
B Bien, gracias, ¿y usted?
A Bien, también.
B Y Carmen, ¿cómo está?
A Bien, bien. Ahora está en Alemania,
   en Frankfurt.
B ¡Ah! ¡Muchos saludos!
A Gracias. Bueno, ¡hasta luego!
B ¡Hasta mañana!

[b] **¿Y tú? ¿Dónde estás?**

A ¡Diga!
B ¡Hola! ¿Teresa?
A ¡Sí, soy yo! ¡Hola, Juan! ¿Qué tal?
B Bien, gracias, ¿y tú?
A Pues, regular.
B Oye, yo estoy en un bar, en "La Vaca
   Paca". ¿Y tú? ¿Dónde estás?
A Estoy en Plaza Cataluña.
B ¡Bueno, hasta pronto!
A ¡Adiós!

[c] **¿No está?**

A ¡Diga!
B ¡Hola! Soy yo, Pepe.
A ¿Qué Pepe?
B José Pérez. ¿Está Merche?
A No. Mercedes está en Madrid.
B ¿Cómo? ¡Hola! ¡Merche?
A ¡No! ¡Merche no está!
B ¿No está? ¿Y dónde está?
A Está en Madrid, con unos amigos.
B Ah, muchos saludos a Merche.

Recursos de comunicación

¿Qué tal?	¿Está …?	¡Diga! Hallo! (am Telefon)
¿Cómo está/s?	¿Dónde está?	¡Oye! Hör mal!
Bien, gracias.	Adiós.	¡Oiga! Hören Sie mal!
Bien, también.	Hasta mañana.	
Pues, regular.	Hasta luego.	
No muy bien.	Hasta pronto.	
	Muchos saludos a …	

---

3 ¡Y ahora usted! Und jetzt Sie!

1 Informe. Berichten Sie.

El teléfono de "La Vaca Paca" es el …
El código postal de Barcelona es el …

La Vaca Paca
CAFÉ - BUFET
Passeig de Gràcia, 21 - Tel.: 934 881 282 - 08007 Barcelona

la fábrica
el restaurante Paco
la playa
la plaza de España
el bar Granada
la oficina
el hotel Miramar
estoy en casa

2 Saludos

Begrüßen Sie Ihren Nachbarn /
Ihre Nachbarin.
Fragen Sie nach dem Befinden.
Fragen Sie nach einer dritten Person.

3 Por teléfono

Rufen Sie einen Freund oder eine
Freundin an.
Fragen Sie, wo er/sie sich gerade befindet.
Verabschieden Sie sich.

Realidad hispánica

4 Una oficina moderna   Ein modernes Büro

1 Überfliegen Sie den Text. Sie müssen nicht jedes Wort verstehen.

EQUIPAMIENTO
Una oficina portátil

Este maletín está destinado a los fanáticos del trabajo. En su interior hay una oficina portátil con compartimentos para un ordenador portátil, una impresora, un fax o un escáner. También hay espacio para el teléfono móvil o la agenda electrónica.

Además, los cables de los aparatos están perfectamente conectados, incluso cuando el maletín está cerrado. Es posible trabajar inmediatamente.

En la web *www.targus.com* hay más información.

La nueva oficina portátil está diseñada especialmente para el avión.

Por cortesía de la revista
MUY INTERESANTE
(N° 248, enero 2002, texto adaptado)

2 Ergänzen Sie das *Minidiccionario*.

¿El equipamiento es *Ausstattung*?

Sí, ¿y qué es el maletín?

Ausstattung	el equipamiento	Computer	el _____	Fax	el _____
Büro	la _____	Telefon	el _____	Drucker	la _____
Aktenkoffer	el maletín	Handy	el _____	Auskunft	la _____

5 ¿Quién es quién?   Wer ist wer?

1 Verbinden Sie Namen und Kosenamen.

Lolita es Dolores, ¿no?

Sí, claro.

No. Dolores es Lola.

¿Y quién es Lolita?

Nombres	Sobrenombres	Nombres	Sobrenombres
Dolores 1	a Paca	José 1	a Quique
Trinidad 2	b Inma	Francisco 2	b Rafa
Mercedes 3	c Trini	Rafael 3	c Guille
Purificación 4	d Pepa	Juan José 4	d Manolo
Francisca 5	e Maribel	Guillermo 5	e Nacho
Josefa 6	f Merche	Ignacio 6	f Paco
María Isabel 7	g Lolita	Enrique 7	g Pepe
Inmaculada 8	h Puri	Manuel 8	h Juanjo

2 Vergleichen Sie mit Ihrem Nachbarn / Ihrer Nachbarin.

Bocadillo cultural

Nombres y sobrenombres

Viele weibliche Namen enden auf -a, viele männliche auf -o.
Zu den weiblichen Ausnahmen gehören z. B.: **Rosario, Consuelo, Rocío, Socorro.**
Viele spanische Namen sind religiösen Ursprungs: **Pilar, Trinidad, Concepción, Jesús.**

Einige Namen haben eine regionalsprachliche Variante: **Jordi** (katalanisch) = **Jorge**, **Maite** (baskisch) = **María Teresa.**
Die Kosenamen sind sehr verbreitet, auch als Firmennamen oder Markenbezeichnungen. Manchmal treten sie zusammen mit **don** bzw. **doña** auf: **don Pepe, doña Pepa.**

Recuerde

A Sein = *ser* + *estar*

Das Verb „sein" hat zwei Übersetzungen.

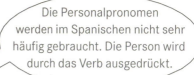

Die Personalpronomen werden im Spanischen nicht sehr häufig gebraucht. Die Person wird durch das Verb ausgedrückt.

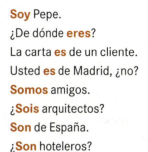

	ser				
yo	**soy**		ich	bin	**Soy** Pepe.
tú	**eres**		du	bist	¿De dónde **eres**?
él/ella	**es**		er/sie	ist	La carta **es** de un cliente.
usted	**es**		Sie	sind	Usted **es** de Madrid, ¿no?
nosotros/-as	**somos**		wir	sind	**Somos** amigos.
vosotros/-as	**sois**		ihr	seid	¿**Sois** arquitectos?
ellos/-as	**son**		sie	sind	**Son** de España.
ustedes	**son**		Sie	sind	¿**Son** hoteleros?

	estar				
yo	**estoy**	*voy*	ich	bin (befinde mich)	**Estoy** en el bar.
tú	**estás**	*vais*	du	bist (befindest dich)	¿Cómo **estás**?
él/ella	**está**	*va*	er/sie	ist (befindet sich)	El hotel **está** en la plaza.
usted	**está**		Sie	sind (befinden sich)	¿Cómo **está** usted?
nosotros/-as	**estamos**	*vamos*	wir	sind (befinden uns)	**Estamos** en el hotel.
vosotros/-as	**estáis**	*vais*	ihr	seid (befindet euch)	¿**Estáis** bien?
ellos/-as	**están**	*van*	sie	sind (befinden sich)	Juan y Marta **están** en la playa.
ustedes	**están**		Sie	sind (befinden sich)	¿Cómo **están**?

B Gebrauch von *ser* und *estar*

ser			estar		
	Wer oder was?	¿Quién **es**? ¿Qué **es**?		Anwesenheit	¿**Está** Merche?
	Woher?	¿De dónde **es**?		Wo? Ortsangaben	¿Dónde **está** el bar?
	Beruf	**Es** profesora.		Wie? Befinden	¿Cómo **estás**?
	Soziale Rolle	Ellos **son** amigos.			

¿Cómo aprender?

Ser und **estar** schnell gelernt

Lernen Sie nur die bis jetzt gebrauchten Formen.

Behalten Sie kleine Sätze „im Ohr":

– ¿Qué es?

– ¿Quién es?

– ¿Dónde está?

Verwenden Sie bei der Antwort immer das Verb aus dem Fragesatz:

A ¿Quién es Merche?

B Es una amiga de Pepe.

A ¿Dónde está?

B Está en la playa.

C Fragewörter

¿Quién?	Wer?	**¿Quién** es el señor Meyer?	Wer ist Herr Meyer?
¿Qué?	Was?	**¿Qué** es esto?	Was ist das?
¿Qué tal?	Wie geht es?	**¿Qué tal**?	Wie geht es Ihnen/dir?
¿Cómo?	Wie?	**¿Cómo** está/estás?	Wie geht es Ihnen/dir?
¿Dónde?	Wo?	**¿Dónde** estás?	Wo bist du?

Lección 1   A practicar

6 ¿Y su esposa? Und Ihre Ehefrau?

1 Ordnen Sie den Dialog.

- [ ] Bien, bien. Ella está en la oficina.
- [ ] Buenas tardes, señora. ¿Cómo está usted?
- [ ] ¡Hasta mañana!
- [ ] Y su esposa, ¿cómo está?
- [ ] Gracias. Bueno, ¡hasta luego!
- [ ] ¡Ah! ¡Muchos saludos!
- [ ] Bien, gracias, ¿y usted?
- [ ] Bien, también.

el _____ ≠ la esposa
su = hier: Ihre

2 Spielen Sie zu zweit ähnliche Dialoge.

7 Saludos Begrüßungsszenen

1 Übersetzen Sie die Begrüßungen ins Spanische.

A Guten Morgen, Herr García.
B Wie geht es Ihnen?
A Danke, gut, und Ihnen?
B Auch gut.
A Bis morgen.

A Hallo, Lolita!
B Hallo, Carmen!
A Wie geht es dir?
B Danke, gut, und dir?
A Danke, es geht.
B Tschüs.

2 Begrüßen Sie jetzt die anderen Kursteilnehmer und -teilnehmerinnen.

8 ¿Qué es esto?

¿Qué es esto?   Esto es un fax.

Fragen Sie Ihren Nachbarn / Ihre Nachbarin.

| el mensaje SMS | la postal | la nota | el correo electrónico (el e-mail) | la carta | el fax | el móvil |

En cinco minutos estoy aquí.
Amalia

Hotel Miramar
Avenida García E–08005 Barcelona

Fax 0034 937654321

Reserva del 8 al 11 de mayo
5 personas / 3 noches

Ana Rodríguez

Mañana a las 11 h. estoy allí.
Saludos
Pili

¡Hola, mi amor! A las 10 h. en el bar. TQM.

¡Hola, Paco! ¿A las 10 h.? También te quiero mucho.

9 Complete. Ergänzen Sie ...

 1 ... den bestimmten Artikel

el	vuelo	la	señora
el	nombre	el	cliente
el	número	la	puerta

2 ... den unbestimmten Artikel

una	fábrica	una	lección
una	señorita	un	fotógrafo
una	carta	un	maletín

3 ... den Singular

la cita	las citas
el taxista	los taxistas
el señor	los señores

4 ... den Plural

el aeropuerto	los aeropuertos
la fábrica	las fábricas
el hotel	los hoteles

5 ... das Femininum

el cliente	la clienta
los señores	la señora
el amigo	la amiga

un colega	una colega
unos profesores	
unos turistas	

10 ¡Ahora tú! Jetzt bist du dran!

Cuatro y tres son siete.

¡Y ahora tú!

11 En el aeropuerto Am Flughafen

1 ¿Qué puerta? Welcher Flugsteig?
Lesen Sie vor und fragen Sie nach weiteren Verbindungen.

A Buenos días. ¿A Madrid, señorita?
B ¿Número de vuelo?
A Iberia 47 96.
B Puerta 10, señor.
A Gracias, adiós.

SALIDAS		
VUELO A	COMPAÑÍA	PUERTA
MADRID	IB 47 96	10
BILBAO	IB 00 78	9
BARCELONA	LH 52 13	11
MALLORCA	LX 97 54	12

2 Información
Wie kann man sich
über die Ankunft eines
Fluges informieren?

3 ¿Qué significa?
Ergänzen Sie die Übersetzung.

el vuelo	Flug
la puerta	Flugsteig / Tür
la salida	Ausgang
la llegada	die Ankunft

12 Traduzca al alemán. Übersetzen Sie ins Deutsche.

1 Vamos a Madrid con cinco colegas de la fábrica.
Estamos tres días allí, en el hotel Moderno.
Mañana estamos con ustedes a las 8 h. de la tarde, en el bar "La Vaca Paca".

2 ¡Buenas tardes, señoras y señores!
Bienvenidos a bordo del vuelo de Iberia número 4796 con destino a Madrid.
El capitán es el señor Rodolfo Ramírez. Mi nombre es Ana María Morales.

13 Complete.

1. chili _con_ carne

2. gracias _por_ el e-mail

3. vamos _a_ España

4. estamos _en_ el bar

5. mañana _a_ las 5 h. de la tarde

6. estoy _de_ unos amigos

7. saludos _por_ su esposa

8. el teléfono _en_ la oficina

9. agua mineral _sin_ gas

10. el vuelo _de_ Madrid

sin	ohne
de	von
por	für
a	nach, zu, um
con	mit
en	in, an, auf

14 *Ser* oder *estar*?

Ejemplo:

Sultán _es_ un perro.

¿Dónde _está_ Sultán?

¿DÓNDE ESTÁS, SULTÁN?

La verdad es que sin Sultán
o Boby la vida es otra cosa.
Búscalo en la Sección Varios. **EL PAIS**

1 A ¿Qué _es_ "La Vaca Paca"?

B _Es_ un restaurante.

A ¿Y dónde _está_?

B _Está_ en Barcelona. _Está_ cerca de Plaza

Cataluña.

2 A ¡Hola, Mercedes! Yo _estoy_ en Plaza España.

¿Y tú dónde _estás_?

B _Estoy_ en el hotel Moderno. Los turistas

también _están_ aquí en el hotel.
están

3 A ¿Quién _es_ Cervantes?

B _Es_ el autor de "El Quijote".

A ¿Y quién _es_ Sancho?

B _Es_ el amigo de don Quijote.

4 A Buenas tardes, señor, ¿cómo _está_ usted?

B Muy bien, gracias.

A Y Carmen, ¿cómo _estás_?

B Bien, bien. _estoy_ en Madrid.

15 Saludos

Suchen Sie nach den passenden Übersetzungen.

Sehr geehrte Frau ... _____

Viele Grüße ... _____

Willkommen in ... _____

Bis morgen! _____

Sehr geehrter Herr ... _____

Danke. _____

16 Una fiesta Eine Feier

1 Mañana es ... Morgen findet ... statt. – Ordnen Sie den Dialog.

9 ¡Hasta mañana! Y muchos saludos a María.
1 Hola Quique, ¿eres tú?
8 Bueno, mañana a las 9 h. estoy allí.
3 Bien, gracias. Y María, ¿cómo está?
2 ¡Sí, sí! Soy yo. ¿Qué tal Merche?
7 ¡Sí, sí! Mañana. La fiesta es a las 9 h.
6 ¡Oh! ¿Mañana es el cumpleaños?
4 Bien, también.
5 Oye, mañana es la fiesta en casa de Marta.

2 Ordnen Sie die Fotos zu.

a el cumpleaños de Juan Carlos

c el concierto de Montserrat Caballé

b la fiesta en el Consulado de Alemania

d la boda de Javier y Rosa

1

2

3

4

3 Wählen Sie ein Ereignis sowie einige Namen aus und schreiben Sie einen Dialog nach obigem Beispiel. Tragen Sie ihn anschließend im Kurs vor.

- Sie möchten wissen, ob Ihr Freund / Ihre Freundin direkt am Apparat ist.
- Sagen Sie, wer Sie sind.
- Fragen Sie, wie es ihm/ihr geht.
- Erklären Sie, warum Sie anrufen und erwähnen Sie das morgige Ereignis.
- Erkundigen Sie sich nach einem/einer gemeinsamen Bekannten.
- Bestellen Sie ihm/ihr Grüße und verabschieden Sie sich.

> Pepe – Guille– Merche
> Paco – Paquita – Marisa
> Manolo – Rafa – Lola
> Quique – Nacho – Inma

17 Una visita Ein Besuch

Teilen Sie einem/einer spanischen Geschäftsfreund/in Ihren Besuch mit. Informieren Sie ihn/sie, dass Sie morgen mit drei Kollegen/-innen kommen. Sie können anrufen, mailen oder eine SMS schicken – Sie entscheiden.

El español de América

España	América (Arg.)
¿Cómo estás?	¿Cómo te va?
¿Cómo está (usted)?	¿Cómo le va?
¡Hasta pronto/luego!	¡Chau!
el ordenador	la computadora
el (teléfono) móvil	el celular

Estimado Sr. ...

Vamos mañana ...

Zu schwierig? Wenn Sie die Lektion nochmals durchgehen, werden Sie feststellen, dass Sie alles formulieren können!

En el aeropuerto

Hoy es martes. Alicia Alonso está en el aeropuerto. Está muy nerviosa. El avión de Hamburgo ya está allí, pero los clientes de Alemania ... ¿Dónde están? ¿Quiénes son?

Sí, soy yo.

¿Es usted el señor Meyer?

a **¡Buenos días!**

Alicia: ¡Perdón! ¿Es usted el señor Meyer?
Sr. Meyer: Sí, soy yo, Stefan Meyer.
¡Buenos días, señorita!
Alicia: Mucho gusto. Mi nombre es Alicia
Alonso. ¡Bienvenido a España!
Sr. Meyer: Gracias.

b **Es usted muy amable.**

Sr. Meyer: Mi colega, el señor Schulte.
Sr. Schulte: Mucho gusto, señorita.
Alicia: Igualmente. ¡Bienvenido a
Barcelona!
Sr. Schulte: Gracias. Es usted muy
amable.

c **¿Vamos?**

Alicia: Bueno, ¿vamos?
Sr. Meyer: Sí claro, vamos.
Alicia: Allí está el ascensor.
Sr. Meyer: Ah, ¿vamos en metro?
Alicia: No. Vamos en coche. El coche
está abajo, en el aparcamiento.

d **En el aparcamiento**

Sr. Meyer: ¿Dónde está el coche?
Alicia: Aquí está.
Sr. Meyer: ¡Caramba, qué coche!
Alicia: Bueno, es el coche de la
fábrica ...
Sr. Meyer: ¡No está mal!

e **¿Algo más?**

Alicia: ¿Está todo?
Sr. Meyer: No, el maletín, por favor.
Alicia: ¡Dios mío! ¡Cómo pesa!
Sr. Meyer: Sí, los malditos catálogos.
Alicia: Bueno, ¿algo más?
Sr. Meyer: No, nada más, gracias.

1   Informe.   Berichten Sie.

Wo ist Sie?
¿Dónde está la señorita Alonso?   ¿Y el colega?   ¿Dónde está el aparcamiento?
¿Cómo está? *(Wie geht ihr)*   ¿Cómo van? *Wie fahren sie*   ¿De quién es el coche?
¿Quién es el señor Meyer?   ¿Dónde está el coche?   ¿Dónde están los catálogos?
Wer ist " " ?   *Wo ist das Auto*

¿Cómo aprender?

Spielerisch lernen

Spielen Sie die Situationen nach. Das macht nicht nur
Spaß, sondern führt auch zu Lernerfolgen. Wenn Ihnen
jemand die Hand reicht, werden Ihnen ganz automatisch
die Worte **mucho gusto** und **igualmente** einfallen.

Lassen Sie Ihrer Fantasie freien Lauf. Im Klassenraum
finden Sie viele mögliche Requisiten: eine Aktentasche,
einen Schal, einen Hut ...

2 Problemas en el aeropuerto Probleme im Flughafen

 1 Hören Sie sich die Dialoge an und ordnen Sie jedem Bild einen Dialog zu.

1

2

3

4

5

6

 2 Lesen Sie die Dialoge nun zu zweit und geben Sie jedem Dialog einen Titel.

a _6_

A Perdón, señorita, mi guitarra no está.
B ¿No está allí, en la cinta número cinco?
A No, no. Mi mochila está, pero la guitarra no.
B Pues está en el avión. Un momento, por favor.
A Gracias, muy amable.

b _4_

A El pasaporte, señor.
B Sí, un momento, por favor.
   ¡Dios mío! ¿Dónde está mi pasaporte?
◀ Señor Molina, por favor, a información ...
   Señor Molina, por favor, a información ...
B Hola, soy Juan Molina, el señor del pasaporte.
C ¡Documento, por favor!
B Pero ... si está aquí, en información.

c _1_

¡Rrrriiinnnggg!
A ¡Oh, no, el móvil!
B ¡Dios mío! ¡Qué problema!
A ¡Maldito teléfono!
B ¿Dónde está?
A En el bolso no está.
B ¿Está en el maletín?
A ¡No! ¡Está en la maleta grande, debajo de todo!

d _5_

A ¿Tres maletas?
B Sí, y el maletín, por favor.
A ¿Algo más?
B Sí, el bolso también.
A Bueno, ¿algo más?
B Sí, las mochilas y las flores.
A ¡Uf! ¿Algo más?
B No, nada más, ya está todo, gracias.
A ¡Gracias a Dios!

e _3_

A Buenas tardes, señorita, el vuelo a Hamburgo,
   por favor.
B ¿El vuelo de Iberia?
A Sí, número 87 96.
B Puerta nueve, señor.
A ¿Y dónde está la puerta nueve?
B Abajo. Allí está el ascensor.
A Gracias.

f _2_

A Perdón, señor, esta es mi maleta.
B No, no. Es mi maleta.
A No, señor. Aquí está mi nombre: María Rosa Díaz.
B Oh, perdón, señora Díaz. ¡Ah, mi maleta está allí!

3 Versuchen Sie eine Pantomime oder ein Rollenspiel. Wählen Sie eine Situation aus.

Realidad hispánica

3 Técnicas de lectura Lesetechniken

 1 ¿Qué es?

Schauen Sie sich den Text unten zehn Sekunden lang an. Worum handelt es sich?
Kreuzen Sie an.

1. Es
☐ una novela policíaca.
☐ un artículo de revista.
☐ una factura de hotel.
☐ un anuncio de publicidad.

2. Es de
☐ una revista de moda.
☐ una telenovela.
☐ una revista de coches.
☐ una revista de economía.

2 Una hipótesis

Wovon kann der Artikel handeln? – Erklären Sie es auf Deutsch.

3 ¿Comprende usted?

Schauen Sie sich den Text nun genauer an und versuchen Sie zu erschließen.

– el título   – las ilustraciones
– el subtítulo   – los datos de información

UN SISTEMA INTELIGENTE PARA EL EQUIPAJE
El nuevo aeropuerto de Madrid-Barajas

Barajas es la primera puerta de acceso entre Europa y Latinoamérica. El nuevo edificio es único en el mundo: Una gran terminal de seis niveles para 35 millones de personas al año, con modernos transportes sin conductor, bajo tierra, para recorrer 2.100 metros en tres minutos. El equipaje circula inteligentemente, a un ritmo de 275 maletas al minuto, por una red de 78 kilómetros de cintas transportadoras de alta velocidad.

*Fuente: Revista "Capital", N° 11, agosto 2001
(Texto adaptado)*

INFORMACIÓN

Ubicación: Extremo norte del viejo aeropuerto de Barajas
Inversión: Más de € 4.000 millones
Capacidad: Hasta 35 millones de pasajeros al año
Personal: 300.000 empleos indirectos.
Plazo de ejecución: 1997–2005

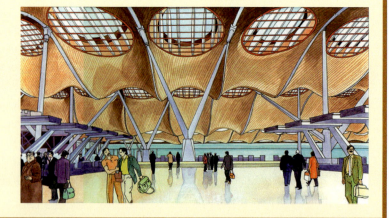

---

4 Todo verde

Lesen Sie den Text durch und unterstreichen Sie mit einem grünen Stift, was Sie verstehen.

5 Informe.

Welche Informationen konnten Sie dem Text entnehmen? Vergleichen Sie mit Ihren Vermutungen.

Recuerde

A De/Del

Vor einem männlichem Substantiv wird **de** zu **del**.

de	von / aus	los catálogos **de** los clientes	**del** (de + el)	von / aus	el maletín **del** cliente
		las mochilas **de** la señora			el pasaporte **del** señor
		el coche **de** Alicia			el vino **del** norte
		el avión **de** Hamburgo			la maleta **del** profesor

B Frage- und Ausrufewörter

¿Qué + Substantiv?	Was für ein/e ...?	**¿Qué** fábrica es? – Es una fábrica de chocolate.
¡Qué + Substantiv!	Was für ein/e ...!	**¡Qué** coche!
¡Qué + Adjektiv!	Wie ...!	**¡Qué** amable!
¿Quién?	Wer?	**¿Quién** es el señor Meyer? – Es un cliente.
¿Quiénes?	Wer? (Pl.)	**¿Quiénes** son los clientes?
¿De quién?	Von wem?	**¿De quién** es el coche? – Es de la fábrica.

C Mi

mi	mein/e	**Mi** nombre es Alicia Alonso.
		¿Dónde está **mi** maleta?
		Mi guitarra no está.

D Ortsangaben

aquí	hier	¿Dónde está el coche? – **Aquí** está.
allí	dort	**Allí** está el ascensor.
abajo	unten	El coche está **abajo**.
en	in	El coche está **en** el aparcamiento.

E ¿Cómo vamos?

| **vamos en** | tren | barco | bicicleta | autobús | avión | metro | moto | coche | Aber: **vamos a** | pie | caballo |

F Señora, señorita, señor

Diese Formen benutzt man:

man spricht über jemand.

mit Familiennamen	ohne Familiennamen	mit bestimmtem Artikel	ohne bestimmten Artikel
Buenos días, **señor** Torres.	¡Gracias, **señorita**! (Höflichkeit)	Wenn man über jemanden redet. **El señor** Schulte es un cliente. **La señorita** Alonso está en el aeropuerto.	Wenn man jemanden direkt anredet. Buenos días, **señor** Torres. Gracias, **señorita**. Aber: ¿Es usted **el señor** Meyer? ¿Es usted **la señora** García?

Direkt angesprochen!

Bocadillo cultural

Señorita oder **señora**?
Im spanischen Sprachraum wird **señorita** nach wie vor als höfliche Anredeform für junge bzw. jung aussehende Frauen gebraucht. Im Zweifelsfall sollte man **señorita** verwenden.

Don, doña
Don und **doña** werden stets mit dem Vornamen gebraucht. Man verwendet diese besonders respektvolle Anrede vor allem für ältere oder gesellschaftlich bedeutsame Menschen, wie z. B. für einen Hotelier oder den Inhaber einer Firma.

4 Ordene. Ordnen Sie.

Yo soy ...	¿Es usted la señora ...?	¿Qué tal?	¿Tú eres ...?
Bien, ¿y tú?	¿Cómo está?	¿Y tú?	Perdón. ¿Es usted ...?
Sí, soy yo.	¡Hola!	Gracias, igualmente.	Mi nombre es ...
Buenos días.	Mucho gusto.	¿Y usted, señor?	

förmlich ~~vertraulich~~

Bien, ¿y tú? / ¡Hola! Y tú?
Qué tal? Yo soy?

vertraulich ~~förmlich~~

Mi nombre es... /
Perdón ¿Es usted? ¿Y usted,
señor? Gracias, igualmente.

5 En un seminario In einem Seminar

Sie sind in einem Fortbildungsseminar. Während der ersten Präsenzveranstaltung halten Sie Ausschau nach Ihrem Internetpartner / Ihrer Internetpartnerin.

Spielen Sie Dialoge.

Miguel Acosta
¿Guillermina Guzmán?

Francisco Rojo
¿Ramona Suárez?

María Cecilia Quesada
¿Hugo Luis Vargas?

¿Es usted ...?
A Perdón. ¿Es usted la señora ...?
B Sí, soy yo.
A Mi nombre es ... Mucho gusto, señora.
B Igualmente.

¿Tú eres ...?
A ¡Hola! Tú eres ..., ¿no?
B Sí, soy yo. ¿...? ¿Qué tal?
A Bien, ¿y tú?
B Bien, gracias.

6 ¿Somos colegas? Sind wir Kollegen?

Sie sind neu in der Firma. Bei einem Betriebsfest lernen Sie Ihre Kollegen und Kolleginnen kennen.
Stellen Sie sich vor. Ergänzen Sie Namen, Herkunft und Berufe.

Ejemplo:
A Buenas tardes, yo soy ...
  Soy de ...
B Mucho gusto. Yo soy ...
A ¿Somos colegas?
B ¡Sí, claro! Yo soy cocinero aquí y ella es la secretaria.
A Mucho gusto.
B Igualmente.

Ramona Rodríguez, Zaragoza
Pilar Villanueva, Cádiz
Ana Rosa Sastre, Santander
Álvaro Núñez Navarro, Vigo
Carlos Carreras, Girona
Francisco Zárate, Vitoria

electricista   bioquímic__
enfermer__   programador__
fotógraf__   secretari__
médic__   pianista

7 ¿Cómo vamos? Womit fahren wir?

1 ¿Qué es esto?

Es un/una …

2 ¿Cómo vamos?
Einigen Sie sich auf
ein Verkehrsmittel.

A ¿Cómo vamos?
¿Vamos en tren?
B No, vamos en …

el barco
el taxi
la bicicleta
el tren
el autobús
el avión
el metro
la moto
el coche

8 Y esto, ¿qué es?

Es un …   Es una …   Son unos …   Son unas …

€ 27,05
€ 23,44
€ 29,45
€ 47,48

1 Camiseta, 07-8543-01
Falda, 07-8567-81
2 Suéter de rayas, 07-7883-2□
Falda de punto, 07-7915-1□

el catálogo
el maletín
la maleta
el bolso
la mochila
los regalos
las flores
los libros
las fotos
las muestras de
    productos

9 ¿De quién es …?

Schreiben Sie Sätze. Wer hat was auf dem Gepäckband vergessen?

Ejemplo: La maleta es de la señora.

la maleta		señora
el bolso		Alicia
la mochila	de	amiga de Alicia
la guitarra	de la	esposo de Carmen
el maletín	del	señor
el móvil	de los	clientes de Alemania
el pasaporte	de las	colegas
el regalo		Antonio

¿De quién es la maleta?

Es de la señora.

10 ¿Dónde está? ¿Dónde están?

1 Sie fragen, Ihr Nachbar / Ihre Nachbarin antwortet.

Ejemplo: ¿Dónde está Alicia? – Está en la oficina.

Alicia	las flores	el coche
el avión	los catálogos	los turistas
el ascensor	los clientes	el director

2 Tauschen Sie nun die Rollen.

el maletín	el taxi	el aeropuerto
la fábrica	el aparcamiento	el restaurante
la playa	aquí – allí – abajo	la oficina

11 Preposiciones Präpositionen

Ergänzen Sie die Präpositionen.

1. una carta _de_ Alemania (aus)
2. la fábrica _del Por_ chocolate
3. Vamos _a_ Barcelona.
4. Estamos _en_ el aeropuerto.
5. ¡Bienvenido _a_ España!
6. Vamos _a_ pie.

7. el número _de_ vuelo
8. Gracias _por_ el fax.
9. las muestras _de_ productos
10. una carta _a_ España (nach)
11. Vamos _en_ metro.
12. el maletín _del_ señor

de
a
del
en
por

12 Problemas en el aeropuerto

Spielen Sie die Situation nach.

A nimmt versehentlich ein Gepäckstück mit, das B gehört.	B macht A darauf aufmerksam.	A entschuldigt sich.

¡Mi guitarra no está!

13 Un momento, ¡por favor!

1 Übersetzen Sie die Dialoge ins Spanische.
2 Lesen Sie dann das Ergebnis zu zweit vor.

1. ¡Bienvenido!
A Guten Morgen, ist Herr Torres da?
B Einen Moment, bitte.
  Herr Torres, die Kunden aus Deutschland.
C Guten Tag, Herr Meyer.
  Willkommen in der Fabrik!
A Vielen Dank. Herr Schulte, mein Kollege.
C Sehr erfreut.
D Gleichfalls.

2. Está allí.
A Wo sind die Kataloge?
B (Sie sind) in der Tasche.
A Einen Augenblick, bitte.
B Wo ist die Tasche?
A Im Flugzeug!
B Nein, nein, dort ist sie nicht.
A Mein Gott, wo ist die Tasche?
B Sie ist schon im Auto.

14 Diálogos en el aeropuerto

 Bereiten Sie die Dialoge vor und spielen Sie sie anschließend im Kurs.

1. En el aparcamiento

A	B
fragt, ob alles (das Gepäck) schon da ist →	gibt A ein Gepäckstück
staunt über das Gewicht →	erwähnt den Inhalt
erkundigt sich, ob noch etwas mit soll →	verneint und bedankt sich
sagt, dass man dann fahren kann →	ist damit einverstanden

2. En la cinta

B	A
fragt, ob schon alles da ist →	berichtet, welche Gepäckstücke schon da sind
erkundigt sich, wo die Tasche ist →	fragt, ob die Tasche nicht auf dem Band ist
vermutet, dass die Tasche noch im Flugzeug ist →	informiert, dass die Tasche schon da ist
bestätigt, dass dies seine/ihre Tasche ist →	sagt, dass man gehen kann

15 Los días de la semana Die Wochentage

 1 Auf welche Silbe fällt die Betonung? Hören Sie zu und ergänzen Sie die beiden fehlenden Akzente.

do | min | go	sa | ba | do
mier | co | les	lu | nes
jue | ves	mar | tes
vier | nes	

2 Lesen Sie die Wochentage vor und bringen Sie sie dann in die richtige Reihenfolge.

3 Es gibt drei Betonungsregeln. Die erste können Sie schon selbst ergänzen.
  1. Wörter, die auf Vokal, auf -n oder -s enden, werden auf der ＿＿＿ Silbe betont.
  2. Wörter, die auf andere Konsonanten enden, werden auf der letzten Silbe betont.
  3. Wird ein Wort anders betont, setzt man einen Akzent.

16 ¡Maldito ordenador! Verflixter Computer!

 1 Ihr neues Computerprogramm setzt leider keine Akzente. Hören Sie zu und ergänzen Sie die fehlenden Akzente.

maletín

la fabrica de chocolate	America del Sur	Rogelio Torres
la sociedad anonima	la Ciudad de Mexico	Ana Maria Perez
el aeropuerto de Cordoba	el hospital central	Francisco Navarro
el Oceano Atlantico	la Republica Argentina	Encarnacion Nuñez

2 Vergleichen Sie mit dem Nachbarn / der Nachbarin.

En el coche

c ¿De dónde son ustedes?

Alicia: Ustedes son alemanes, claro, pero ¿de dónde son? ¿Señor Schulte?

Sr. Schulte: De Hamburgo.

Alicia: ¿Y usted, señor Meyer? ¿De dónde es?

Sr. Meyer: Yo soy de Leipzig.

Alicia: ¡Ah! ¿Cómo es Leipzig? ¿Es una ciudad grande?

Sr. Meyer: Pues sí, es bastante grande. Y usted, señorita, ¿es de Barcelona?

Alicia: No, ¡pero soy catalana! Mis padres son de Barcelona y yo soy de Villanueva. Es un pueblo muy bonito, a unos 20 kilómetros de aquí.

a ¿Dónde está la fábrica?

Sr. Meyer: ¿La fábrica, está lejos?

Alicia: No, no. Está aquí cerca, en Flores, un pueblo pequeño entre Barcelona y Tarragona.

Sr. Meyer: ¡Cómo! ¿La fábrica Torres no está en Barcelona?

Alicia: Bueno, el edificio viejo está en Barcelona, pero la fábrica nueva está en Flores.

b ¿Está el señor Torres?

Sr. Meyer: ¿El señor Torres está en la oficina?

Alicia: Sí, claro, y el señor Navarro también.

Sr. Meyer: ¿Quién es el señor Navarro?

Alicia: Es el socio.

Sr. Meyer: Y el señor Torres es el jefe, ¿verdad?

Alicia: Sí, es el gerente general.

Sr. Meyer: Ah, ¡muy bien! Y usted es la traductora, ¿no?

Alicia: ¡Qué va! Yo soy estudiante en prácticas.

d Ya estamos cerca.

Alicia: Bueno, ya estamos en Flores.

Sr. Meyer: ¿Esto es Flores? ¿Es muy antiguo, no?

Alicia: Sí, estamos en la calle principal.

Sr. Meyer: Pero las fábricas no están aquí en el centro, ¿verdad?

Alicia: No, claro. Están en el polígono industrial.

Sr. Meyer: ¿Y dónde está el polígono industrial?

Alicia: Ya estamos cerca. En cinco minutos estamos allí.

e Flores industrial

Sr. Meyer: ¿Qué es eso, allí, a la izquierda?

Alicia: Es una torre de agua. Es el símbolo de Flores Industrial.

Sr. Meyer: ¡Oh, y al lado está la empresa Torres!

Sr. Schulte: ¡Qué fábrica! ¡Es supermoderna!

Alicia: Sí, es verdad.

1 Busque. Suchen Sie.

Suchen Sie alle Ortsangaben im Text und schreiben Sie sie in Ihr Heft.

entre Barcelona y Taragona; a unos 20 kilómetros de aquí

2 Informe.

¿Dónde está la fábrica?　　　¿De dónde es Alicia?

¿Qué es Flores?　　　¿Cuál es el nombre de la empresa?

¿De dónde son los clientes?　　　¿Está en el centro de Flores?

¿Dónde están?　　　¿En qué calle está?

Torres y Compañía S.L.
Fábrica de Chocolates

Arenales, 15–19
E–08180 Flores

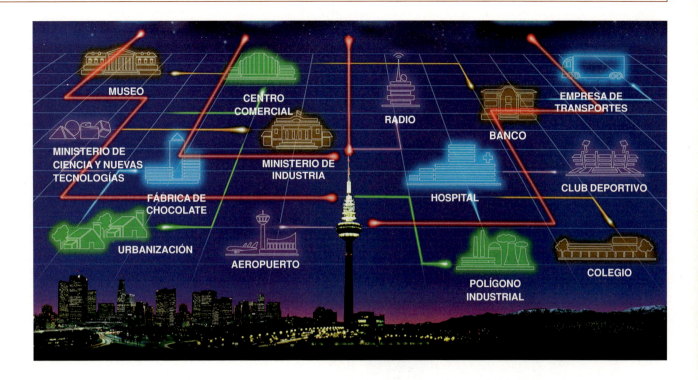

3 ¿Qué es esto?

 Suchen Sie sich ein Gebäude aus. Fragen Sie und antworten Sie.

¿Qué es esto?

Esto es un colegio.

¿Dónde está ...?

... está lejos de ...

cerca de	entre
a unos ... kiló-	detrás de
metros de	delante de
en el centro de	al lado de
a la izquierda	lejos de
a la derecha	

4 Términos profesionales   Fachausdrücke

 Suchen Sie im Text auf Seite 32 nach weiteren passenden Begriffen aus der Berufswelt.

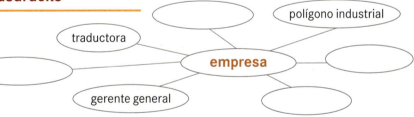

polígono industrial

traductora

empresa

gerente general

5 En el coche

 Ein Rollenspiel: Sie sind mit Ihren Kunden im Auto unterwegs. Verteilen Sie die Rollen. Vier Stühle ersetzen den Wagen.

– Üben Sie sich im Smalltalk.
– Beschreiben Sie alles, was Sie sehen.
– Vergessen Sie nicht Fragen zu stellen.
– Beziehen Sie auch die Kunden auf der
  Rückbank mit ein.

¿Dónde? ¿Está lejos / cerca?
¿A cuántos kilómetros?
¿Qué es eso? ¿Y eso?
¿De dónde? ¿Y usted / es?
Allí está ... Esto es ...
El edificio es / está ...
En ... minutos estamos allí.
En ... horas estamos allí.

Realidad hispánica

6   ¿De dónde sois?

 1 Die Teilnehmerinnen und Teilnehmer eines Seminars stellen sich vor. Hören Sie zu.

 2 Ergänzen Sie die Wohnorte oder Heimatregionen und suchen Sie sie auf der Karte auf der vorderen Umschlagseite. Wer kommt nicht aus Spanien?

A ¡Hola! Yo soy Lola, la moderadora del seminario. Bienvenidos todos los participantes. A ver, ¿quién es quién?

B Yo soy Paco, de ____. Para los extranjeros entre vosotros, Bilbao es un centro industrial, comercial y financiero, con puerto de ultramar y aeropuerto inter-

nacional. ¡Ah!, y desde que está el Guggenheim, Bilbao es también un importante centro cultural.

A Gracias, Paco. ¿Sabéis todos dónde está Bilbao?

C Sí, en el Norte de España, en el ____, en la Costa Cantábrica.

A Exacto. ¿Tú eres Cristina?, ¿no?

C Sí, me llamo Christina Müller y soy alemana. Vivo en un pueblo pequeño, junto al río Isar, cerca de ____.

A Aquí tienes tu tarjeta de identificación.

C Gracias. ¡Oh!, yo soy Christina con hache.

D ¡Y yo sin! – Cristina Cabral. Soy de ____, una región muy atractiva, muy turística, con pueblos blancos y ciudades históricas muy bonitas e interesantes: Córdoba, Sevilla, Granada …

E Soy Santiago y soy de ____. Vivo en el centro mismo de la ciudad, detrás de la famosa catedral.

F Hola, soy Ana, de ____, la capital de ____, una ciudad muy especial, con mucha cultura y mucho ambiente. Barcelona es la vieja rival de Madrid, – y no sólo en fútbol …

7   Complete.

   ¿De dónde son los participantes? Ergänzen Sie mit Hilfe der Karte auf der vorderen Umschlagseite.

nombre	nacionalidad	ciudad	región
Paco	español/vasco		
Christina			Baviera
Cristina		Cádiz	
Santiago	español/gallego		
Ana			

Norte

Oeste — Este

Sur

8   ¿De dónde eres?

1 Fragen Sie sich gegenseitig, aus welchem Ort Sie kommen und wo er liegt.

2 Berichten Sie über Ihre Stadt bzw. Ihr Dorf.

Es un pueblo / una ciudad …   Está en …   Es famoso/-a por …

Recuerde

A Das Adjektiv

> Das Adjektiv stimmt in Geschlecht und Zahl immer mit dem Substantiv überein.

Die meisten Adjektive enden auf -o (männlich) bzw. auf -a (weiblich).
Adjektive auf -e und auf Konsonant sind männlich und weiblich.

Endung auf -a/-o	Endung auf -e	Endung auf Konsonant
el aeropuerto (es) modern**o**	un catálogo interesant**e**	el polígono industria**l**
la fábrica (es) modern**a**	una señora amabl**e**	la calle principa**l**
los aeropuertos (son) modern**os**	unos catálogos interesant**es**	los polígonos industria**les**
las fábricas (son) modern**as**	unas señoras amabl**es**	las calles principa**les**

Stellung:	meistens	hinter dem Substantiv	Es una ciudad bonita.	Pluralendung
	oft	nach den Verben **ser** oder **estar**	La ciudad es bonita.	– auf Vokal: -s
	manchmal	vor dem Substantiv	¡Buenos días!	– auf Konsonant: -es
			¡Bienvenida, señora!	

B Die Zahlen von 13 bis 20

13 trece **14** catorce **15** quince **16** dieciséis **17** diecisiete **18** dieciocho **19** diecinueve **20** veinte

C Tú – tu

mit Akzent	**tú** = du	Yo soy Ana, ¿y **tú**?
ohne Akzent	**tu** = dein/e	¿Cómo es **tu** pueblo?

D Mis

mis	meine (Plural)	**Mis** padres son de Barcelona.

E Esto – eso

esto	das hier	¿Qué es **esto**?
eso	das da	¿Qué es **eso**?

F Adverbien

muy	sehr	Es **muy** bonita.
bastante	ziemlich	El coche es **bastante** viejo.

G Frage- und Ausrufewörter

¿Cómo?	Wie?	**¿Cómo** es la fábrica?
¿Cómo?	Wie/Wieso?	**¿Cómo?** ¿No está en Barcelona?
¿De dónde?	Woher?	**¿De dónde** es usted?
¿En qué …?	In welch …?	**¿En qué** calle?

H Ortsangaben

a unos … kiló-metros (de)	delante (de)	detrás de
a la izquierda (de)	cerca (de)	en
a la derecha (de)	lejos (de)	en la costa
en el centro (de)	al lado (de)	junto a
	entre	

Bocadillo cultural

Los hispanohablantes son espontáneos

Spanier und Hispanoamerikaner – also die Hispanohablantes – gelten allgemein als spontan. Dies spiegelt sich auch in der Sprache wider.

Viele Hispanohablantes sind besonders mitteilungsfreudig, was Gedanken und Gefühle betrifft, und reagieren häufig mit spontanen Ausrufen auf die Äußerungen ihrer Gesprächspartner/innen. Das signalisiert Interesse und ist bei der Kommunikation besonders wichtig.

9 Adjetivos

Ergänzen Sie die Endungen.

un pueblo antigu___   un coche modern___   las fábricas viej___   las ciudades industrial___

una empresa pequeñ___   unos señores amabl___   unos clientes aleman___   un maletín bonit___

un cliente nuev___   unos catálogos interesant___   los pueblos español___   una ciudad aleman___

10 ¿Cómo es?

Bilden Sie Sätze. Wählen Sie Orte in Ihrer Nähe aus.

Flores				pequeño/-a	interesante
Barcelona	es	una ciudad	muy	antiguo/-a	bonito/-a
Hamburgo		un pueblo	bastante	moderno/-a	nuevo/-a
...				industrial	popular

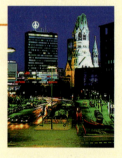

11 ¿Qué es Andalucía?

Ergänzen Sie die Tabelle. Arbeiten Sie zu zweit. A arbeitet mit dieser Tabelle, B mit der Tabelle auf Seite 166.

Ejemplo: ¿Qué es Flores? – Flores es una ciudad industrial. Está entre Barcelona y Tarragona. El centro es antiguo.

Nombre	¿Qué es?	¿Dónde está?	¿Cómo es?
Andalucía			
Madrid	la capital de España una ciudad industrial	en el centro del país	interesante, centro cultural, con edificios antiguos y plazas muy bonitas
Barcelona	un centro cultural	en Cataluña (Este) en el Oeste, en Galicia	antigua, con mucho ambiente, moderna, comercial, centro económico y cultural
Mallorca	una isla	en el Mar Mediterráneo	muy popular, con muchos bares y hoteles, con playas bonitas y turistas todo el año

12 Y usted, ¿de dónde es?

1 Stellen Sie sich vor, Sie kämen aus Spanien. Suchen Sie sich auf der Umschlagkarte eine Stadt oder Region aus.

2 Fragen Sie sich gegenseitig, woher Sie kommen, und berichten Sie über „Ihre" Stadt oder Region.

13 Por sonido   Dem Klang nach

 Arbeiten Sie zu zweit. A arbeitet mit dieser Tabelle, B mit der Tabelle auf Seite 166. Diktieren Sie sich die Wörter gegenseitig in beliebiger Reihenfolge. Achten Sie auf die Ausprache und ordnen Sie die Wörter danach.

Laut [k]	Laut [θ]	Laut [χ]	Laut [g]
_____	oficina	_____	agua
¿cómo?	_____	jefe	_____
_____	Alicia	_____	antiguo
prácticas	_____	adjetivo	_____
_____	centro	_____	amiga
¿qué?	_____	general	_____

14 Por teléfono   Am Telefon

1 Ergänzen Sie *el* oder *la*, wenn es erforderlich ist.
2 Übersetzen Sie dann den Dialog.

Secretaria: Empresa Torres. ¡Buenos días!

Sra. Núñez: Buenos días _____ señorita. Mi nombre es Encarnación Núñez.

¿Está _el_ señor Torres, por favor?

Secretaria: Un momento por favor, _____ señora Núñez.

– _____ Señor Torres, _la_ señora Núñez por teléfono. ¿Señor Torres?

¡Hola! _____ Señora Núñez – _el_ señor Torres no está en la oficina.

Sra. Núñez: ¡Qué lástima! ¿Y _la_ señorita Pérez?

Secretaria: Un momento por favor, _____ señora. – Ana María, ¡teléfono!

Ana María Pérez: Es _la_ señora Núñez, ¿no? – Yo no estoy en la oficina.

Secretaria: _____ señora Núñez, _la_ señorita Pérez tampoco está.

15 Matemáticas

Rechnen Sie laut.

14 – 13 = catorce **menos** trece **es** uno.

2 + 2 = dos **más** dos **son** cuatro.

12 + 3 = _____	13 – 5 = _____
1 + 16 = _____	18 – 15 = _____
5 + 14 = _____	13 – 9 = _____
2 + 18 = _____	11 – 0 = _____
7 + 6 = _____	7 – 6 = _____

16 Iturraspe es un nombre vasco.

 Übersetzen Sie ins Spanische.

1. La fábrica

1. Die Fabrik Torres ist eine Schokoladenfabrik.
2. Die Fabrik ist klein, aber sehr modern.
3. Sie befindet sich im Industriegebiet von Flores.
4. Flores ist ein kleines Dorf in der Nähe von Barcelona.
5. Die Fabrik liegt in der Nähe des Wasserturms.
6. Der Wasserturm ist das Symbol von Flores.
7. Herr Torres ist der Direktor der Fabrik.
8. Herr Torres und Herr Navarro sind Freunde.

2. El señor Iturraspe

A Guten Tag, sind Sie Herr Morales?
B Ja, das bin ich.
A Sehr erfreut, ich bin Pablo Iturraspe.
B Iturraspe? Ist das ein baskischer Name?
A Ja, ja. Ich bin Baske.
B Mensch, meine Mutter (**madre**) auch. Woher sind Sie?
A Aus San Sebastián.
B Ah, meine Mutter ist aus Bilbao.

17 Por favor, ¿dónde está ...?

 Fragen Sie sich gegenseitig, wo eine bestimmte Einrichtung liegt.

Ejemplo: ¿Dónde está el banco? – Está al lado del aparcamiento.

> la fábrica de zapatos   el aparcamiento   el club deportivo
> la fábrica de ravioles   el Colegio San Ignacio
> la empresa Novago   el centro comercial   la torre de agua
> el Banco de Santander   la fábrica de bicicletas
> el Supermercado Gigante   la empresa de transportes

Minidiccionario

cerca de   ____
lejos de   ____
entre   ____
a unos ... metros de   ____
a la izquierda de   ____
a la derecha de   ____
detrás de   ____
delante de   ____
al lado de   ____
en el centro de   ____

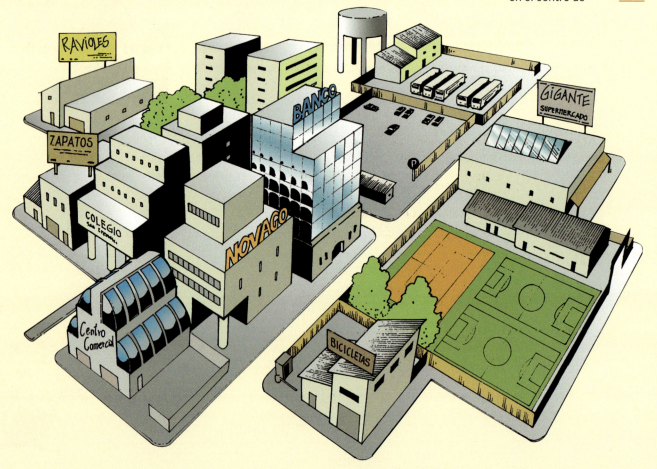

18 La familia García, de Cancún, está en un avión.

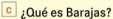 **1** Schließen Sie die Augen und hören Sie den Dialog.

2 ¿Verdadero o falso? Richtig oder falsch? Kreuzen Sie an.

a ¿Dónde están los García?

- V F Están en el aeropuerto de Barcelona.
- V F Están en el centro de Madrid.
- V F Están en el aeropuerto de Madrid.
- V F Están en un pueblo pequeño.

b ¿Dónde está el aeropuerto de Madrid?

- V F Está en Madrid.
- V F Está muy lejos de la ciudad.
- V F Está en el centro de la ciudad.
- V F Está en un pueblo.

c ¿Qué es Barajas?

- V F Es un pueblo pequeño cerca de Barcelona.
- V F Es una ciudad supermoderna.
- V F Es el aeropuerto de Madrid.
- V F Es el nombre de un pueblo cerca de Madrid.

3 ¿Quién dice qué? Wer sagt was? Hören Sie den Dialog erneut und ergänzen Sie die Sprecher und das *Minidiccionario*.

la hija:	¿Cómo? ¿Ya estamos en Barcelona, papá?
____:	¡Qué va! Estamos en Madrid.
el hijo:	Esto no es Madrid.
____:	¡Pues sí! ¡Claro que sí!
____:	No, no. Es Bar ...
____:	Pero Pedro, Barcelona está lejos de aquí, muy lejos.
____:	¡Barajas! ¡Mamá, papá!, ¡estamos en Barajas!
el padre:	¡Pero claro, Paula! Barajas es el aeropuerto de Madrid.
____:	¿Cómo? ¿El aeropuerto de Madrid no es Madrid? – El aeropuerto de Cancún también es Cancún.
la madre:	Sí, pero el aeropuerto internacional de Madrid es Barajas, Madrid/Barajas.
____:	¿Madrid/Barajas?
____:	Sí, sí, hijo, Barajas es un pueblo y el aeropuerto está allí.
____:	¡Qué va! ¿El aeropuerto de Madrid, en un pueblo? ¿No está en la ciudad?
____:	No, no, pero está muy cerca. ¡Dios mío, qué niños!

Minidiccionario

el padre	Vater
la madre	____
los padres	____
el hijo	Sohn
la hija	____
____	(leibliche) Kinder
el niño	____
la niña	____
____	Kinder

4 Lea. Lesen Sie den Dialog mit verteilten Rollen vor.

5 Ordene. Suchen Sie alle Ausrufe im Dialog und tragen Sie sie in eine Tabelle ein.

Zustimmung	Ablehnung	Erstaunen	Bekräftigung
_____	*¡Qué va!*	*¿Cómo?*	_____
_____	_____	_____	_____

6 Können Sie weitere Ausrufe hinzufügen?

En la fábrica

a **No comprendo nada.**

Ana María: Perdón, enseguida estoy con ustedes. Un segundo, por favor … Buenos días, señores. Soy Ana María Pérez, la secretaria del señor Torres.

Sr. Meyer: Mucho gusto, señorita. Mi colega, el señor Schulte.

Ana María: Encantada. ¿Cómo están ustedes? ¿Qué tal el viaje?

Sr. Meyer: Bien, gracias, todo bien, por suerte.

Ana María: ¡Oh, ustedes hablan bien español! ¡Qué suerte!

Sr. Meyer: No, no. Yo algo comprendo, pero hablo muy poco.

Ana María: ¿Y usted, señor Schulte?

Sr. Schulte: No, no, no …

b **Nota de comunicación interna**

> de: Ana María
> a: don Rogelio
>
> Los clientes alemanes ya están aquí, pero necesitan una intérprete.
> El Sr. Meyer (el rubio alto) habla bastante bien español, pero el señor Sch… (¡Perdón, no sé cómo se escribe!) no habla casi nada …
> Alicia Alonso habla un poco de alemán.
>
> A. M.

c **Necesitamos una intérprete.**

Don Rogelio: Alicia , por favor, a mi oficina.

Alicia: Aquí estoy, don Rogelio.

Don Rogelio: ¿Tú hablas alemán, Alicia?

Alicia: Sí, hablo un poquito de alemán. ¿Por qué?

Don Rogelio: Porque necesitamos una intérprete. Es que yo hablo inglés, pero no muy bien.

Alicia: Pues yo estudio alemán en la universidad, ya leo y escribo bastante bien, pero hablar es muy difícil y traducir … ¡Dios mío!

d **Presentación**

Ana María: Ah, aquí está el señor Torres.

Don Rogelio: Buenos días. ¿El señor Meyer?

Sr. Meyer: Sí, exactamente. Buenos días, señor Torres. El señor Schulte, el técnico.

Sr. Schulte: Tim Schulte. Buenos días.

Don Rogelio: Mucho gusto y bienvenidos a la Casa Torres.

Ana María: El señor Meyer habla muy bien español …

Sr. Meyer: No, no. Comprendo bastante, pero hablar …

1 Informe.

¿Quiénes son los clientes?
¿De dónde son?

Ellos necesitan una intérprete, ¿por qué?

¿Alicia habla bien alemán?
¿Don Rogelio habla inglés?

2 ¿Qué idioma habla …? Welche Sprache spricht …?

Ergänzen Sie.

1. El señor Schulte habla alemán e inglés, pero no _____ .

2. El señor Meyer habla _____ y también comprende _____ .

3. Alicia Alonso habla _____ .

3 Tabla de verbos Verbtabelle

 Suchen Sie in den Texten auf Seite 40 die Formen der spanischen Verben für *sprechen*, *lernen*, *brauchen*, *verstehen*, *lesen*, *schreiben* und ergänzen Sie die Tabelle.

hablar	estudiar	necesitar	comprender	leer	escribir
				lees	escribes
	estudia	necesita	comprende		
hablamos		necesitamos	comprendemos		escribimos
habláis	estudiáis		comprendéis	leéis	escribís
				leen	escriben

4 ¿Tú hablas ...?

Fragen Sie sich gegenseitig nach Ihren Sprachkenntnissen. Übertreiben Sie ruhig.

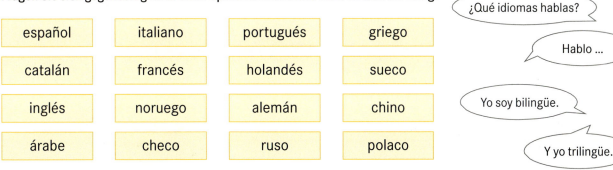

español	italiano	portugués	griego
catalán	francés	holandés	sueco
inglés	noruego	alemán	chino
árabe	checo	ruso	polaco

¿Qué idiomas hablas?

Hablo ...

Yo soy bilingüe.

Y yo trilingüe.

5 Dos sonidos diferentes

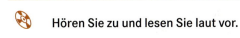 Hören Sie zu und lesen Sie laut vor.

Wie man den Buchstaben **g** ausspricht, hängt von dem folgenden Vokal ab.

[g]			[χ]	
ga – go – gu	**gue – gui**	**güe – güi**	**ge – gi**	**ja – je – ji – jo – ju**
la amiga	la guerrilla	bilingüe	el gerente	la naranja – el jefe
el polígono	la guitarra	el pingüino	Gijón	la jirafa – abajo
el agua	enseguida			jueves

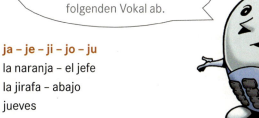

6 Dictado Diktat

1 Diktieren Sie sich gegenseitig. A arbeitet mit diesen Namen und B schaut auf Seite 166.
2 Ordnen Sie die diktierten Wörter in die passenden Spalten.

Guillermina García Ángela Rodríguez Echagüe Miguel Ángel Gil Santiago Naranjo Gonzalo Gutiérrez Jimena Ugarte

ga – go – gu	gue – gui	güe – güi	ge – gi	ja – je – ji – jo – ju

Realidad hispánica

EL IDIOMA DE LA ECONOMÍA

Después del chino-mandarín y del inglés, el español es el idioma más hablado del mundo. Su importancia es cada día mayor. Más de cuatrocientos millones de personas hablan español: en España, en diecinueve países latinoamericanos, en los Estados Unidos (EE.UU.) y en las ex colonias españolas de África y Asia: Guinea Ecuatorial y las Islas Filipinas.

El mundo hispánico es fascinante por su diversidad cultural, pero también es un mercado muy interesante. Por eso, muchas personas estudian español. En Europa principalmente para el negocio de importación-exportación, en EE.UU. para comunicarse con más de cuarenta millones de "hispanos" que viven en el país. En Brasil, el español es la "lengua franca" del "Mercosur". Naturalmente, en Hispanoamérica también se hablan idiomas indígenas. Son idiomas muy antiguos. Los más importantes son el náhuatl en México, el quechua y el aimará en Perú y Bolivia, y el guaraní en el Paraguay. En el mundo económico, sin embargo, estos idiomas no tienen importancia, ya que, lamentablemente, la población indígena está muy marginada.

7 Complete.

Los tres idiomas que más se hablan en el mundo son _____.
Más de (en cifras) _____ de personas hablan español.
El español se habla en _____. Muchas personas estudian español, por ejemplo en _____. El español es importante para _____.
En muchos países se hablan lenguas indígenas, por ejemplo en _____.

8 País y capital

> La capital de Bolivia es La Paz.

Finden Sie die passende Hauptstadt und zeigen Sie sie auf der Karte.

Argentina   Bolivia   Cuba   Chile   Colombia Ecuador   Paraguay   México   Perú   Uruguay Nicaragua   Venezuela

Managua   Santiago   Caracas   Bogotá   La Habana Quito   La Paz   Asunción   Montevideo Lima   Ciudad de México   Buenos Aires

9 Los idiomas de España

En algunas partes de España se hablan dos idiomas oficiales: el castellano o español y otro idioma propio de la región.
¿Dónde se habla qué?
Verbinden Sie.

País Vasco	1	a	gallego
Cataluña	2	b	catalán (valenciano)
Galicia	3	c	catalán (mallorquín)
Comunidad Valenciana	4	d	vasco
Mallorca	5	e	catalán

Recuerde

A Subjektpronomen

Singular				Plural			
1.	**yo**	ich		1.	**nosotros/-as**	wir
2.	**tú**	du		2.	**vosotros/-as**	ihr
3.	**él/ella/usted**	er/sie/Sie		3.	**ellos/ellas/ustedes**	sie/Sie

B Unpersönliches Pronomen *se*

3. Person Singular	¿Cómo **se** escribe?	Wie schreibt man das?
3. Person Plural	Aquí **se** hablan cuatro idiomas.	Hier spricht man vier Sprachen.

Das Verb im se-Satz steht – je nach der Anzahl der Objekte – im Singular oder Plural.

C Die regelmäßigen Verben

	hablar	comprender	escribir
yo	habl**o**	comprend**o**	escrib**o**
tú	habl**as**	comprend**es**	escrib**es**
él/ella/usted	habl**a**	comprend**e**	escrib**e**
nosotros/-as	habl**amos**	comprend**emos**	escrib**imos**
vosotros/-as	habl**áis**	comprend**éis**	escrib**ís**
ellos/ellas/ustedes	habl**an**	comprend**en**	escrib**en**

Es gibt drei Gruppen von Verben je nach Endung: -ar, -er, -ir.

D Die Zahlen bis 100

20 veinte	**21** veintiuno	**22** veintidós	**23** veintitrés
30 treinta	**40** cuarenta	**50** cincuenta	**60** sesenta
70 setenta	**80** ochenta	**90** noventa	**100** cien

Ab 30 → drei Wörter

31 treinta y uno   **45** cuarenta y cinco

86 ochenta y seis

E Usted/Ustedes

3. Person Singular	**Usted** es muy amable.
3. Person Plural	**Ustedes** son muy amables.

Im Spanischen gibt es zwei Höflichkeitsformen, je nachdem, ob man sich an eine oder mehrere Personen wendet.

F ¿Por qué? – Porque ...

¿por qué?	warum?	**¿Por qué** está nerviosa Alicia?
porque	weil	**Porque** los clientes no están.
es que	es ist so, weil	**Es que** los clientes no hablan español.

Frage: ¿por qué?
Antwort: porque

Es que leitet eine Erklärung ein.

G Einstufung der Sprachkenntnisse

Hablo	un poco de / sólo un poquito de / algo de
	muy bien / no muy bien
	bastante bien / casi nada

H No sé.

No (lo) sé.	Ich weiß (es) nicht.

10　¿Es verdad?　Stimmt das?

Lesen Sie abwechselnd die folgenden Aussagen vor. Ihr Nachbar / Ihre Nachbarin reagiert darauf.

1. Uno de los clientes habla bien alemán.
2. Por suerte, los clientes hablan muy bien español.
3. El señor Torres habla, lee y escribe alemán sin problemas.
4. Ana María habla con los clientes en el ascensor.
5. Ana María escribe una nota de comunicación interna.
6. Ana María Pérez es la jefa de la empresa Torres.
7. Los clientes necesitan un coche.
8. El señor Schulte es de la empresa Marz & Pan.
9. Alicia estudia alemán, pero no comprende nada.
10. El señor Schulte comprende todo bien y traduce.

Sí, claro …
Sí, es verdad …
Pero sí …
Sí, sí …
Bueno, pues sí …

No, no.
No, ¡Dios mío!
¡Qué va!
Pero no …
No es verdad …

11　Verbos

Ergänzen Sie die fehlenden Verbformen.

	necesitar	trabajar	comprender	estudiar	leer	vivir	exportar
Alicia	_____	_____	comprende	_____	_____	_____	_____
los clientes	necesitan	_____	_____	_____	_____	viven	_____
usted	_____	_____	_____	_____	_____	_____	_____
nosotras	_____	trabajamos	_____	_____	leemos	_____	_____
tú	_____	_____	_____	estudias	_____	_____	_____
yo	_____	_____	_____	_____	_____	_____	_____
el señor Torres	_____	_____	_____	_____	_____	_____	_____
vosotros	necesitáis	_____	_____	_____	_____	vivís	exportáis

12　¿Qué necesitáis?

1 Schauen Sie sich nochmals Übung 11 an und bilden Sie Fragen mit den Verben.
2 Lassen Sie Ihren Nachbarn / Ihre Nachbarin antworten.

A ¿Comprendéis alemán?

B Sí, comprendemos alemán.

A ¿Qué necesitan los clientes?

B _____

A ¿Dónde _____?

B _____

A ¿Qué _____?

B _____

A ¿Quién _____?

B _____

A ¿Por qué _____?

B _____

A ¿_____?

B _____

un coche
una carta
un libro
una cerveza
italiano
alemán
un e-mail
en una fábrica
una intérprete

13 Pronombres Pronomen

 Ergänzen Sie die fehlenden Personalpronomen.

1. _____ trabajamos aquí, y
_____, ¿dónde trabajáis?

2. _____ no trabajo. _____ estudio.

3. Y _____, ¿también estudias?

4. Sí, _____ estudio informática.

5. Marta también estudia. _____ estudia alemán.

6. ¿Y el amigo de Marta? – _____ ya trabaja.

7. _____ no son de aquí, ¿verdad?

8. No, _____ somos alemanes.

9. Y _____, señora, ¿de dónde es?

10. _____ soy catalana,
¿y <u>vosotras</u>_____, de dónde sois?

14 Verbos

 Ergänzen Sie die passenden Verbformen.

1. Mi nombre ____ Pedro Álvarez. ____ estudiante y ____ informática.
2. Maite, mi novia, también ____ estudiante. Ella ____ idiomas.
3. Nosotros ____ de un pueblo pequeño, pero ahora ____ en Madrid.
4. Yo ____ tres horas, en un bar, por la noche. Maite también ____ unas horas.
5. Maite ____ estudiante en prácticas y ya ____ de intérprete. ¡____ muy interesante!
6. La empresa ____ flores y Maite ____ por teléfono con los clientes.
7. También ____ los e-mails y los fax y ____ muchas cartas en inglés y en francés.
8. Maite también ____ alemán. Ya ____ un poco, pero no ____.
9. Yo ____ español y catalán, porque mi madre y mi padre ____ catalanes.
10. Maite y yo no ____ coche, porque vamos en metro y en cinco minutos ____ en la universidad.

ser
estudiar
trabajar
exportar
hablar
comprender
escribir
leer
estar
necesitar
vivir

15 Otras perspectivas Wechselnde Perspektiven

1 Schlüpfen Sie in Maites Haut und erzählen Sie aus ihrer Sicht, was Sie in Übung 14 erfahren haben.

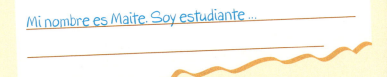

Mi nombre es Maite. Soy estudiante ...

2 Jetzt erzählen Sie alles, was Sie über Pedro und Maite wissen.

3 Welche Fragen könnten Sie den beiden stellen?

16 En la estación de autobuses Am Busbahnhof

 1 Hören Sie sich den Dialog an. Worüber sprechen die beiden jungen Leute?

 2 ¿Qué idiomas hablan?
Hören Sie sich den Dialog erneut an und ergänzen Sie die fehlenden Wörter.

alemán
español
gallego
guaraní
inglés

Chica: Perdona, tú también eres _____, ¿verdad?

Chico: No, soy paraguayo, ¿por qué?

Chica: Pero hablas español. ¡Qué suerte! Yo no comprendo _____, ¿y tú?

Chico: Pués yo tampoco, pero hablo un poco de _____. ¿Tú hablas sólo _____?

Chica: Sí, bueno, español y _____, porque soy de Santiago de Compostela y allí se hablan los dos idiomas.

Chico: En Paraguay también se hablan dos idiomas.

Chica: ¿Castellano y ...?

Chico: Y _____. Es el idioma de los indios guaraníes. Es muy bonito, muy musical.

Chica: ¡Qué interesante! ¿Tú trabajas también en Colonia?

Chico: No, yo soy estudiante.

Chica: ¿Qué estudias? ¿_____?

Chico: No, estudio música. Por suerte el profesor habla _____, porque es filipino.

Chica: ¡Qué bien! Pues yo trabajo en un restaurante _____. Mi nombre es Marisé.

Chico: ¿María Teresa?

Chica: No, María José.

Chico: ¡Imagínate! Yo soy José María.

Chica: ¿De verdad? ¡Qué casualidad!

Chico: Sí, sí, es verdad. ¡Oh, ya está el autobús a Madrid! ¿Vamos?

Chica: ¡Vamos, vamos!

3 ¿Quiénes son? Berichten Sie ausführlich.

¿Quién es el chico?	¿Quién es la chica?
¿De dónde es?	¿De dónde es?
¿Qué idiomas habla?	¿Qué idiomas habla?
¿Qué estudia?	¿Dónde trabaja?

4 Ahora ustedes. Spielen Sie die Situation nach.

17 En la estación Am Bahnhof

Übersetzen Sie den Dialog ins Spanische und spielen Sie ihn zu zweit.

A	B
Sprechen Sie Deutsch, Herr García? →	Nein, aber ich spreche Englisch.
So ein Glück! Ich spreche nicht so gut Englisch, aber ich verstehe alles. →	Wie schön, dann brauchen wir keinen Dolmetscher.
Gut. Ist alles da? Brauchen Sie sonst noch etwas? →	Nein, danke. Es ist alles schon da. Gehen wir.
Einen Augenblick, bitte! Wo ist der Fahrstuhl? →	Ist er nicht dort? Doch, doch – dort ist er!
Wo ist das Auto? Ist es noch weit weg? →	Nein, nein. Dort ist es. Es ist das Auto der Firma.
Mein Gott, was für ein Wagen! Ist der neu? →	Ja. Es ist das Auto vom Chef.
Nicht schlecht!	

18 Una entrevista Ein Interview

 1 Ergänzen Sie die passenden Fragen.

2 Lesen Sie den kompletten Dialog anschließend mit verteilten Rollen vor.

A ¿Es camarero, usted?

B Sí, soy camarero. Mi nombre es Guido
   García Rodríguez.

A _____

B Soy de la Antártida.

A _____

B No, no, ¡qué va! ¡Es un continente!

A _____

B Es Nieves, mi esposa.

A _____

B No, ella es de la Patagonia Argentina.

A _____

B Hablamos español y pingüinés.

A _____

B Sí, somos bilingües.

A _____

B ¿En casa? Pues pingüinés ...

A _____

B Sí, los niños también hablan pingüinés.

A _____

B ¿En el colegio? Pues, mi hijo Miguel
   Ángel estudia ruso. Él ya es trilingüe.

A _____

B Pues mi hija comprende casi todo,
   pero habla sólo pingüinés.

19 ¿Dónde se hablan dos idiomas en Latinoamérica?

 1 Suchen Sie die Länder auf der Karte auf Seite 42 oder auf der hinteren Umschlagseite.

 2 In welchen Ländern wird nicht Spanisch gesprochen?

Obwohl sich Spanier und Lateinamerikaner im Allgemeinen ohne Schwierigkeiten verstehen, gibt es doch einige
Unterschiede im Sprachgebrauch, und zwar sowohl im Wortschatz als auch in der Grammatik.
In der Rubrik *El español de América* finden Sie einige Beispiele.

El español de América

España	América	España	América
aquí	acá	el metro	el subte (subterráneo) (Arg.)
allí	allá	el autobús	el colectivo (Arg.), el camión (Méx.), el micro (Chile)
bonito	lindo	el coche	el auto (Arg.), el carro (Méx.)
el ascensor	el elevador (Méx.)	el aparcamiento	el estacionamiento (Arg.), el párking

Das Personalpronomen **vosotros/-as** wird in Amerika fast
nicht verwendet. Stattdessen benutzt man **ustedes** und
konjugiert das Verb dann in der dritten Person Plural.
In den La Plata-Staaten (Argentinien, Uruguay und Paraguay) wird statt des Personalprono-
mens **tú** die Form **vos** benutzt. Die Verben werden wie folgt konjugiert: vos **sos** (= tú eres),
trabajás (= trabajas), **comprendés** (= comprendes), **vivís** (= vives), **escribís** (= escribes) usw.

Viele aus Spanien bekannte geografische Namen wiederholen sich in Amerika: La Rioja, Santiago ...
Kennen Sie noch andere?

Hola, yo soy de Mendoza.
Y vos, ¿de dónde sos?

En el despacho del jefe

a La vista es muy bonita.

Don Rogelio: ¿Vamos a mi oficina?

Sr. Meyer: Sí, cómo no, con mucho gusto.

Don Rogelio: Por aquí, por favor. Mi despacho está arriba. ¡Adelante!

Sr. Meyer: Gracias. ¡Oh, qué vista!

Don Rogelio: Sí, desde aquí la vista es muy bonita.

b ¡Enhorabuena!

Don Rogelio: ¿Un cava de bienvenida?

Sr. Meyer: No, gracias, muy amable, pero no bebo nunca en el trabajo.

Don Rogelio: Claro, claro, yo tampoco. ¿Entonces un café?

Sr. Meyer: Eso sí, por favor. Una pregunta, señor Torres: su empresa, ¿no es antigua?

Don Rogelio: Sí, es verdad, pero la fábrica de Flores es nueva.

Sr. Meyer: ¿Y desde cuándo están aquí?

Don Rogelio: Desde marzo del año pasado.

Sr. Meyer: ¡Ah! ¡Muy bien! ¡Enhorabuena!

c ¿Qué tal en Alemania?

Don Rogelio: Y ustedes, ¿qué tal en Alemania?

Sr. Meyer: Bien, gracias.

Don Rogelio: Usted es de Leipzig, ¿verdad?

Sr. Meyer: Sí, pero vivo en Hamburgo.

Don Rogelio: ¿Desde cuándo?

Sr. Meyer: Desde hace tres años, desde que trabajo en la Casa Marz & Pan.

Don Rogelio: En la "Marz & Pan y Compañía", ¿no?

Sr. Meyer: Sí, sí. Aquí está mi tarjeta. ¿Y tu tarjeta, Tim?

Sr. Schulte: Aquí está.

Don Rogelio: Gracias. Ah, ¿ustedes son socios?

Sr. Meyer: Sí, él fabrica y yo vendo, Tim es el jefe de producción y yo soy el jefe de ventas.

Don Rogelio: Una pregunta: ¿Qué significa ge-eme-be-hache?

Marz & Pan & Co. GmbH
Meyer und Schulte

Stefan Meyer | **Verkaufsleiter**

Plöner Str. 45 | 21787 Hamburg

(+49) 040 655 633

stefan.meyer@marzpan.de

TORRES & COMPAÑÍA, S.L.

ROGELIO TORRES
GERENTE GENERAL

WWW.CHOCOTORRES.COM

ARENALES 15–19,
08180 FLORES

Marz & Pan & Co. GmbH

Tim Schulte | **Produktionsleiter**

Plöner Str. 45 | 21787 Hamburg

(+49) 040 655 644

(+49) 0170 501 86 43

tschulte@marzpan.de

d **Está todo muy cambiado.**

Don Rogelio: ¿Qué tal está Leipzig ahora?

Sr. Meyer: Bien, bien. Con el nuevo recinto de ferias está todo muy cambiado.

Don Rogelio: Ahora es la Feria del Libro, ¿no?

Sr. Meyer: Sí, precisamente.

Don Rogelio: ¿Es una feria importante?

Sr. Meyer: Pues, sí, ¡ochocientos expositores! Para nuestra región es muy importante.

Don Rogelio: Sí, claro. Pero Leipzig es pequeña, ¿no?

Sr. Meyer: Hombre, como Berlín no es, pero pequeña tampoco.

e **Vamos, vamos.**

Don Rogelio: ¿Y ahora ustedes necesitan chocolate?

Sr. Meyer: Sí, exactamente, para cobertura. Aquí están los catálogos de nuestros productos.

Don Rogelio: Gracias. ¿Son para nosotros?

Sr. Meyer: Sí, claro, y esto también es para ustedes.

Don Rogelio: ¿Un regalo? Ah, mazapán, ¡qué rico!

Sr. Meyer: Son sólo unas muestras.

Don Rogelio: Bueno, ¿vamos a la planta de producción ahora?

Sr. Schulte: ¿Producción? ¡Vamos! ¡Vamos!

1 Informe.

1 El señor Meyer

¿De dónde es?

¿Dónde vive ahora? ¿Desde cuándo?

¿En qué empresa trabaja?

¿Es el gerente?

¿Qué producto necesita?

¿Qué fabrica?

2 La empresa Torres

¿Cómo es la empresa Torres?

¿GmbH en España es …?

¿Cómo es la fábrica de Flores?

¿Desde cuándo están allí?

¿Dónde está el despacho del señor Torres?

¿Qué toman? ¿Por qué no toman cava?

¡Qué rico!

Recursos de comunicación		
Sí, por favor.	Por aquí, por favor.	Hier entlang, bitte.
Sí, cómo no.	Mi despacho está arriba.	Mein Büro ist oben.
Sí, claro.	¡Adelante!	Herein!
No, gracias.	¡Qué vista más bonita!	Was für eine schöne Aussicht!
Yo tampoco.	¡Qué rico!	Wie lecker!
Con mucho gusto.	¡Enhorabuena!	Glückwunsch! Kompliment!

Realidad hispánica

LA ARROBA

Arroba es una palabra de origen árabe. Significa la cuarta parte. La arroba es una antigua medida de peso: una arroba de patatas son unos 12 kilos.

Hoy, el símbolo @ se usa en las direcciones electrónicas.
En los teclados de los ordenadores está generalmente en la letra q (cu) o en el número siete o el dos. En inglés se dice *at*.

CRACK: DERRIBANDO UN SENCILLO CRACKME

@RROBA

LA REVISTA ESPAÑOLA **MÁS VETERANA** DE INTERNET Y ... AD INFORMÁTICA

HACK

Hacking Wireless
Aprende a descubrir los puntos flacos de una red Wi-Fi y a sacar partido

ARROBA (del árabe ar-rub, la cuarta parte) *sust. f* Peso antiguo equivalente a once kilogramos y medio en Castilla y a doce kilogramos y medio en Aragón.

2 La arroba

Markieren Sie die zutreffende Aussage.

1. "Arroba" es una palabra
   - [ ] árabe.
   - [ ] alemana.

2. @RROBA es una revista
   - [ ] de deporte.
   - [ ] de computación.

3. @ en alemán se dice:
   - [ ] Ringelschweinchen.
   - [ ] Klammeraffe.

4. Una arroba son
   - [ ] unos 12 kilos.
   - [ ] unos 10 kilos.

5. El símbolo @ se usa en
   - [ ] los números de vuelo.
   - [ ] las direcciones electrónicas.

¡Olé!

Los árabes están en la Península Ibérica durante casi ocho siglos (711–1492). Su influencia es enorme. La Alhambra de Granada, la Giralda de Sevilla, la Mezquita de Córdoba y otros muchos monumentos históricos son de esta época. El abrazo cultural entre el arte musulmán y el arte cristiano da origen a un nuevo estilo: el arte mudéjar. Existen maravillosos edificios mudéjares en toda España.

También en la ciencia, la agricultura, la música y la lengua la influencia árabe es muy grande. Muchas palabras que empiezan con a- o al- son de origen árabe, como álgebra, alcohol, atún, azúcar, alcalde y arroba, claro. También la famosa exclamación española ¡olé!, deriva de "Allah" y significa "¡bravo!". Muy típico, ¿no? Pues, ¡olé!

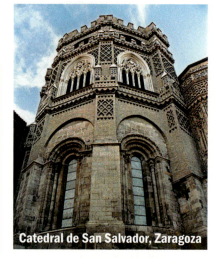

Catedral de San Salvador, Zaragoza

3 ¿Qué quiere decir ...?

Lesen Sie den Text genau durch und machen Sie sich drei Listen:
1. Wörter, die Sie verstehen, weil sie im Deutschen ähnlich lauten, wie *enorm* oder *Algebra*.
2. Wörter, die Sie aus anderen Sprachen kennen, wie *influencia* oder *ciencia*.
3. Wörter, die Sie noch nicht verstehen, für Ihr *Minidiccionario*, z. B.:

die Umarmung   _____

der Ursprung   _____

das Gebäude   _____

_____   el siglo

_____   maravilloso/-a

4 Explique. Erzählen Sie.

1 ¿Existen todavía edificios de estilo mudéjar? ¿Dónde?
2 ¿La influencia árabe es sólo en la arquitectura?
3 ¿Qué palabras son de origen árabe?
4 Erkundigen Sie sich nach weiteren Spuren der Araber und Berber in Spanien und berichten Sie darüber. Suchen Sie z. B. unter den Stichworten „Spanische Geschichte" oder „Andalusien".

Recuerde

A Possessivbegleiter

mi	**mis**	mein/e
tu	**tus**	dein/e
su	**sus**	sein/e, ihr/e, Ihr/e
nuestro/-a	**nuestros/-as**	unser/e
vuestro/-a	**vuestros/-as**	euer/eure
su	**sus**	ihr/e, Ihr/e

B Fragewörter

¿para quién?	für wen?	**¿Para quién** es el libro?
¿cuándo?	wann?	**¿Cuándo** es la feria?
¿desde cuándo?	seit wann?	**¿Desde cuándo** están aquí?

C *Para* + Pronomen

¿El mazapán es **para nosotros**? – Sí, es **para ustedes**.

para él   para ella   para usted   para vosotros/-as   para ellos/-as

Sonderformen:

para mí	für mich
para ti	für dich

¿Es **para mí**?

Sí, es **para ti**.

D Zeitangaben

seit	**Desde** marzo.
seit	**Desde hace** tres años.
seitdem	**Desde que** trabajo en la empresa.

desde	bei einem Zeitpunkt
desde hace	bei einer Zeitspanne
desde que	mit Verb

Desde kann auch als Ortsangabe eingesetzt werden.

Desde aquí la vista es bonita.

E Bejahung (Affirmation)

Sí alleine benutzt man selten, denn es klingt etwas trocken. Stattdessen gibt es drei Möglichkeiten:

Eine Erklärung hinzufügen:	Den Satz des Gesprächspartners wiederholen:	Eine Zustimmungs-Formel benutzen:		
Sí, para nuestra región es muy importante.	¡Qué vista! – **Sí**, la vista es muy bonita. ¿Ustedes son socios? – **Sí**, somos socios.	**sí, sí** **sí, es verdad** **sí, eso es** **sí, claro**	**sí, eso sí** **sí, cómo no** **sí, bueno** **claro, claro**	**sí, precisamente** **sí, con mucho gusto** **sí, naturalmente** **sí, exactamente**

F Verneinung (Negation)

Yo **no** hablo alemán.
Ich spreche nicht/kein Deutsch.

No hablo francés **tampoco**.
Ich spreche auch nicht/kein Französisch.

¿Un cava? – No, gracias, **no** bebo **nunca**.
Nein, danke. Ich trinke nie.

Tampoco hablo francés.

No, **nunca** bebo **nada**.
Nein, ich trinke nie etwas.

Die Negation muss immer vor dem Verb stehen.

Der verneinte Satz kann weitere Verneinungswörter außer **no** enthalten.

No hat zwei Bedeutungen: nein und nicht/kein.

Wenn tampoco, nunca usw. vor dem Verb stehen, entfällt no.

Es können auch mehrere Verneinungswörter kombiniert werden.

¡Yo no comprendo nunca nada tampoco!

5 El alfabeto Das Alphabet

 1 Hören Sie zu und sprechen Sie im Chor nach.

 2 Abreviaturas

Buchstabieren Sie folgende Abkürzungen. Ihr Partner/ Ihre Partnerin erklärt Ihnen, was sie bedeuten (Partnerseite S. 167).

Ejemplo: Partner A: a – te – te – e – punto. Partner B: Atentamente, significa *mit freundlichen Grüßen*.

Partner A		Jetzt müssen Sie aufschreiben und erklären.		
1. atte. ____		7. ____	Departamento	Abteilung
2. Avda. ____		8. ____	sin número	ohne Nummer
3. Hnos. ____		9. ____	izquierda	links
4. Bco. ____		10. ____	derecha	rechts
5. c/c ____		11. ____	Compañía	Gesellschaft
6. p. ej. ____		12. ____	apartado	Postfach

3 La lista de clase

Ein/e Kursteilnehmer/in spielt Kursleiter/in und fertigt eine Klassenliste an. Die anderen buchstabieren ihre Namen.

Ejemplo: ¿Cómo es tu/su nombre? – Mi nombre es Uschi Müller.
¿Cómo se escribe? – Uschi con ese-ce-hache y Müller con dos puntitos sobre la u.

Uschi Müller, Georg Ho...

6 Determinantes posesivos

 Ergänzen Sie die Pluralformen.

mi oficina	*mis oficinas*	nuestra región	*regiones*
tu tarjeta	_____	vuestro amigo	_____
su empresa	_____	su producto	_____

7 Todo es negativo.

 Verneinen Sie folgende Sätze.

Ejemplo: El despacho del señor Torres no está abajo.

1. El despacho del señor Torres está abajo.
2. El señor Meyer bebe cava en el trabajo.
3. La empresa está en Flores desde enero.
4. El señor Schulte vive en la casa de sus padres.
5. Ahora en Leipzig es la Feria del Mazapán.
6. Los catálogos son para el señor González.
7. Los alemanes venden bicicletas.
8. Los clientes van a la playa.

8 No, no es verdad.

Fragen Sie sich gegenseitig und antworten Sie. Sie können die Sätze aus Übung 7 benutzen.

Ejemplo: ¿El despacho del señor Torres está abajo? – No, no está abajo. Está arriba.

9 El abecedario de la cortesía Das ABC der Höflichkeit

 Suchen Sie die entsprechenden Ausdrücke in den Dialogen und ergänzen Sie.

Etwas akzeptieren

Ja, bitte.	_____
Mit Vergnügen.	_____
Ja, gerne.	_____

Etwas ablehnen

Nein, danke.	_____
Ich auch nicht.	_____
Sehr nett, aber …	_____

Den Weg erklären

Mein Büro ist oben.	_____
_____	Por aquí, por favor.
Herein!	_____

Ein Kompliment machen

_____	¡Qué vista más bonita!
Wie lecker!	_____
Glückwunsch!	_____

10 Una reclamación Eine Beschwerde

 Übersetzen Sie den Dialog und sprechen Sie ihn mit Ihrem Nachbarn / Ihrer Nachbarin.
Bilden Sie ähnliche Dialoge.

	A	B
Mein Koffer ist nicht da!	→	Augenblick, Ihr Name bitte!
Julia Meyer.	→	Wie schreibt man das?
Meyer: M – E – Ypsilon – E – R.	→	Telefon?
Ja, klar: 00 49 655 633.	→	E-Mail-Adresse?
Meine E-Mail-Adresse ist pinky@gmx.de.	→	Danke schön!

11 Lista de regalos Geschenkeliste

Diktieren Sie sich gegenseitig die Namen der Kunden, die Werbegeschenke
erhalten sollen. Zunächst einen Namen von dieser Liste, dann einen Namen
von der Liste auf Seite 167. Kontrollieren Sie am Ende gemeinsam das Ergebnis.

Miguel Ángel Acosta
Juan Carlos Caballero
Ana Rosa Pérez Quijano
Ramona Rodríguez Carreras
Horacio Quiroga König
Enriqueta Panqueque

A Miguel Ángel Acosta.
B ¿Cómo se escribe?
A Miguel con g u e, y Ángel con acento en la a.
B Acosta con k, ¿no?
A No, con ce.

B ¿Cómo se escribe Echagüe?
A Con dos puntitos sobre la u.

B Aguirre, ¿con una erre o con dos?

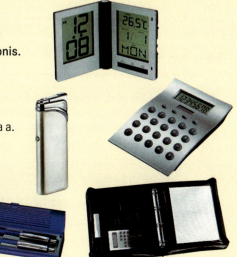

12 ¿Dónde está tu tarjeta?

 Complete con el determinante posesivo. Ergänzen Sie die Possessivbegleiter.

1. Aquí está (meine) _____ tarjeta.

2. (Unsere) _____ dirección es: Plöner Straße 45.

3. Necesitamos (Ihre) _____ dirección electrónica también, por favor.

4. Sí, claro, está en (unserem) _____ catálogo.

5. Aquí están también (meine) _____ números de teléfono.

6. ¿Y el teléfono del señor Schulte? (Sein) _____ teléfono no está aquí.

7. No, (seine) _____ teléfonos están en los catálogos nuevos.

8. ¡Hola, Rogelio! ¿Estás con (deine) _____ clientes?

9. Sí, ¿y tú? ¿Ya estás en casa de (deine) _____ madre?

10. Sí, y (ihre) _____ amigos también están todos aquí.

11. ¿Dónde está (Ihr) _____ marido, señora?

12. Él está todavía en (sein) _____ oficina.

13 ¿Para quién es? ¿Para quién son?

Stellen Sie sich gegenseitig Fragen.

Ejemplo: ¿Para quién es la carta? – Es para el jefe.
¿Y de quién es? – Es de ...

die E-Mail	für mich	die Bücher	für dich
die Geschenke	für unsere Freunde	die Schokolade	für deine Freundin
die Fotos	für meine Mutter	die Briefe	für Sie
die Blumen	für euch	die SMS	für den Chef

14 No, tampoco.

 Stellen Sie eine Frage. Ihr Nachbar / Ihre Nachbarin antwortet mit einer Verneinung. Wechseln Sie sich ab.

Ejemplo: ¿Alicia es la novia del Sr. Meyer? – No, no es su novia.
¿Es la novia del Sr. Schulte? – No, tampoco es la novia del Sr. Schulte. / No, no es la novia del Sr. Schulte tampoco.

1. Alicia – hija del Sr. Schulte – novia del Sr. Meyer
2. Sr. Schulte – habla español – habla catalán
3. Sr. Torres – fabrica mazapán – vende mazapán
4. empresa Marz & Pan – fábrica de bicicletas – fábrica de coches

5. tarjeta de visita – la señora Morales – el señor Morales
6. los libros – de María Isabel – de Ana Belén
7. la madre – compra chocolate – compra un regalo
8. el regalo – para los niños – para Carmen
9. las muestras – de Hamburgo – de Leipzig

15 Agenda de clase Geburtstagskalender

Fragen Sie reihum, wer wann Geburtstag hat,
und machen Sie eine Liste zum Feiern.

nombre	día	mes
Brigitte	5	marzo
Thomas		

A Tu cumpleaños es en enero, ¿no?

B ¡No!

A ¿En febrero?

B Tampoco.

A ¿En marzo?

B Sí, eso es.

C Mi cumpleaños también es en marzo.

B ¡Qué casualidad! ¿Qué día? ¿El cinco?

C No, el veinte de marzo. ¿Y cuándo es …?
    ¡Qué casualidad! (So ein Zufall!)

2005

	ENERO	FEBRERO	MARZO	ABRIL	MAYO	JUNIO
L	3 10 17 24 31	7 14 21 28	7 14 21 28	4 11 18 25	2 9 16 23 30	6 13 20 27
M	4 11 18 25	1 8 15 22	1 8 15 22 29	5 12 19 26	3 10 17 24 31	7 14 21 28
M	5 12 19 26	2 9 16 23	2 9 16 23 30	6 13 20 27	4 11 18 25	1 8 15 22 29
J	6 13 20 27	3 10 17 24	3 10 17 24 31	7 14 21 28	5 12 19 26	2 9 16 23 30
V	7 14 21 28	4 11 18 25	4 11 18 25	1 8 15 22 29	6 13 20 27	3 10 17 24
S	1 8 15 22 29	5 12 19 26	5 12 19 26	2 9 16 23 30	7 14 21 28	4 11 18 25
D	2 9 16 23 30	6 13 20 27	6 13 20 27	3 10 17 24	1 8 15 22 29	5 12 19 26

	JULIO	AGOSTO	SEPTIEMBRE	OCTUBRE	NOVIEMBRE	DICIEMBRE
L	4 11 18 25	1 8 15 22 29	5 12 19 26	3 10 17 24 31	7 14 21 28	5 12 19 26
M	5 12 19 26	2 9 16 23 30	6 13 20 27	4 11 18 25	1 8 15 22 29	6 13 20 27
M	6 13 20 27	3 10 17 24 31	7 14 21 28	5 12 19 26	2 9 16 23 30	7 14 21 28
J	7 14 21 28	4 11 18 25	1 8 15 22 29	6 13 20 27	3 10 17 24	1 8 15 22 29
V	1 8 15 22 29	5 12 19 26	2 9 16 23 30	7 14 21 28	4 11 18 25	2 9 16 23 30
S	2 9 16 23 30	6 13 20 27	3 10 17 24	1 8 15 22 29	5 12 19 26	3 10 17 24 31
D	3 10 17 24 31	7 14 21 28	4 11 18 25	2 9 16 23 30	6 13 20 27	4 11 18 25

16 Emoticones

Ordnen Sie jedem Bild eine Aussage zu.

a ¡Oh! ¿Qué es esto?   b ¡Oh, no!   c Estoy mal.   d ¡Con humor, por favor!   e ¡Estoy bien!   f ¡Qué inteligente!

1 :-(

2 :-)

3 ;-)

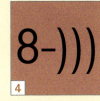
4 8-)))

5 :-o

6 }:-o

17 Un diálogo

Übersetzen Sie den Dialog zu zweit, bereiten Sie ihn vor und spielen Sie ihn im Kurs.

En una oficina

A Wo sind die Muster?

B Ach du liebes bisschen, unsere Muster sind im Hotel! Hier sind aber unsere Kataloge.

A Danke. Die Kataloge sind sehr hübsch.

B Ja, stimmt. Hier ist auch meine E-Mail-Adresse und hier ist meine Telefonnummer.

A Danke. Und wo ist die Telefonnummer von Frau Herrmann?

B Die ist auf ihrer Visitenkarte. Die Handynummer auch.

A Schön. Danke schön. Gehen wir jetzt in die Anlage.

B In die Produktionsanlage? Sehr gerne.

A Hier entlang, bitte. Unsere Produktionsanlage ist
    unten.

B Oh, es ist eine sehr moderne Anlage. Ist sie neu?

A Genau. Treten Sie näher, bitte. (Adelante, por favor.)

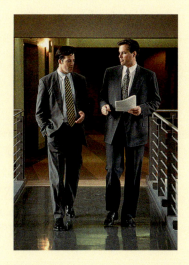

> **El español de América**
>
> Die Aufforderung **adelante** erwidert man in Hispanoamerika oft mit **permiso** oder
> **con (su) permiso**. Die Formel **(con su) permiso** (mit Ihrer Erlaubnis) wird auch
> gebraucht, um sich z. B. im Gedränge Durchlass zu veschaffen.

En la planta de producción

Los clientes entran a la planta con el señor Torres. Alicia traduce la conversación.
La comunicación es bastante difícil por el ruido.

a **¡Son máquinas excelentes!**

Sr. Schulte: ¡Oh! ¡Qué planta! ¡Es enorme!

Sr. Meyer: ¡Y qué olor a chocolate! ¡Mmm...! ¡Qué rico!

Sr. Schulte: Una pregunta, ¿de dónde son las máquinas?

Don Rogelio: ¿Nuestras máquinas? Son todas españolas.

Sr. Schulte: ¡Son máquinas excelentes!

Don Rogelio: ¿Cómo? ¿Podría repetir, por favor? Es que por el ruido no comprendo nada.

Sr. Schulte: Claro, claro. Sus máquinas son excelentes.

Don Rogelio: Sí, son buenísimas. Estamos muy satisfechos.

b **¿Cuántas personas trabajan aquí?**

Sr. Meyer: ¿Cuántas personas trabajan en la planta?

Don Rogelio: Normalmente unas dieciocho o veinte.

Sr. Meyer: ¿Sólo 20? ¿Más no?

Sr. Schulte: Más no necesitan: las máquinas son totalmente automáticas.

Don Rogelio: Sí, sí, es verdad.

c **¿Cuánto chocolate producen?**

Sr. Schulte: ¿Cuánto producen ustedes por año?

Don Rogelio: Unas once mil toneladas.

Sr. Meyer: ¡Caramba! ¿11.000 toneladas? ¿Tanto?

Sr. Schulte: ¡Es muchísimo!

Don Rogelio: Sí, y más también. Exportamos mucho a Portugal, a Francia y a otros países.

Sr. Meyer: ¡Qué bien! Otra cosa, ¿cuánto cuesta el cacao en España?

Don Rogelio: Pues, depende de la calidad.

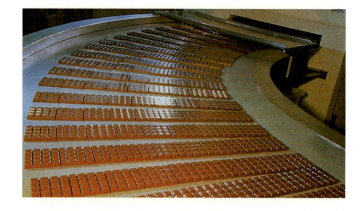

1   Informe.

¿Cómo es la planta de producción?

¿Cuántas personas trabajan allí?

¿De dónde son las máquinas? Y, ¿cómo son?

¿Cuánto chocolate produce la empresa?

¿Dónde se vende el chocolate?

¿Cuánto cuesta la tonelada de cacao?

d ¿Cuántos días trabajan?

Sr. Meyer: ¿Cuántas horas trabajan ustedes por día?

Don Rogelio: Dieciséis: dos turnos de ocho horas.

Sr. Meyer: ¿Y cuántos días trabajan por semana?

Don Rogelio: Nosotros aquí trabajamos seis días, bueno, cinco y medio en realidad. ¿Y ustedes en su empresa?

Sr. Meyer: Cinco. Los sábados no trabajamos nunca y los viernes por la tarde sólo hasta las 16 h.

Don Rogelio: ¡Vaya, no está mal! ¡Todo el fin de semana libre! ¿Y en otras empresas?

Sr. Meyer: Depende. Los domingos nadie trabaja y los sábados tampoco, pero ¿los viernes por la tarde? Pues, no sé.

e Un momento, por favor.

Sr. Meyer: Una preguntita todavía, ¿cuánto gana aquí un obrero?

Don Rogelio: Pues, normalmente entre 2.000 y 2.500 euros por mes.

Sr. Meyer: ¿Tanto?

Don Rogelio: Sí, son todos obreros especializados.

Sr. Schulte: Perdón, ¿dónde están los servicios?

Don Rogelio: ¿Cómo? ¿Podría hablar más alto, por favor?

Sr. Schulte: ¿Dónde están los servicios?

Don Rogelio: Están arriba. Un momentito, por favor.

f "Justo a tiempo"

Sr. Meyer: ¿Dónde están sus almacenes, señor Torres?

Don Rogelio: ¿Ve los dos depósitos allí detrás? Uno es para el azúcar y el otro es para el cacao.

Sr. Meyer: ¿Y para el chocolate?

Don Rogelio: ¡Para los productos terminados no necesitamos almacén!

Sr. Meyer: Ah, nosotros tampoco. Producimos y vendemos.

Don Rogelio: Just in time, ¿no?

Sr. Meyer: ¡Claro! ¿Muchas empresas trabajan "justo a tiempo" aquí?

Don Rogelio: Casi todas. Es un sistema excelente, ¿no?

2 ¡Cuántas preguntas!

Conteste las preguntas. Beantworten Sie die Fragen.

¿Cuántas horas trabajan los obreros?

¿Y en Alemania?

¿Ganan mucho? ¿Por qué?

¿Qué necesita el señor Schulte?

¿Dónde están los servicios?

Y los almacenes, ¿para qué son?

¿Por qué no necesitan otros almacenes?

¿Cómo trabaja la empresa Marz & Pan?

¿Qué significa "justo a tiempo"?

Es un sistema bastante malo, ¿no?

Recursos de comunicación	
¿Qué es esto?	¿Cómo se dice *just in time* en español?
¿Qué significa?	¿Cómo se escribe México? ¿Con jota?
Una pregunta, ...	Por favor, ¿podría repetir?

Die Höflichkeitsform **podría** bedeutet „Könnten Sie ...?".

Realidad hispánica

3 Descubra las claves del idioma de la bolsa. Knacken Sie den Code der Börse.

 Enträtseln Sie gemeinsam das Zeichensystem.

Un idioma global

Todos hablan de globalización. En la bolsa ya se habla un idioma universal – por señas. En la bolsa todo es posible. Es posible comprar y vender, fijar el precio y la cantidad de un producto sin necesidad de decir ni una palabra, ¿pero cómo?

Juan vende 2.

Juan vende 50.

Isabel vende 90.

Juan compra 1.

Isabel compra 6.

Isabel compra 10.

4 El rey de la bolsa   Der König der Börse

maíz

1 Spielen Sie Warenbörse. Wählen Sie ein Produkt und überlegen Sie, wie viele Tonnen Sie davon kaufen oder verkaufen möchten.

maíz _____   café _____   azúcar _____   soja _____   cacao _____   girasol _____

2 Halten Sie ein Schild mit dem Namen des Produkts hoch und suchen Sie im Kurs eine/n Geschäftspartner/in.

3 Zeigen Sie an, wie viele Tonnen Sie kaufen bzw. verkaufen möchten. Vergewissern Sie sich, dass Sie handelseinig sind.

Ejemplo:
A ¿Tú vendes 30 t de maíz? – B Sí, eso es.
A Pues, yo compro 26. – B ¡Vale!

Compro 20, …

… compro 6: compro 26.

4 Schließen Sie den Vertrag mit einem Händedruck.

Recuerde

A ¿Cuánto? – ¡Tanto!

¿Cuánto?	Wie viel?	**¿Cuánto** dinero gana un obrero?	15 € por hora.	**¡Tanto!**	So viel!
¿Cuánta?	Wie viel?	**¿Cuánta** leche necesitan?	Unos 5.000 litros.	Uy, **¡tanta!**	Mann, so viel!
¿Cuántos?	Wie viele?	**¿Cuántos** días trabaja?	7 días.	**¡Tantos!**	So viele!
¿Cuántas?	Wie viele?	**¿Cuántas** horas trabaja?	12 h. por día.	**¡Tantas!**	So viele!

B Costar

Das o von costar verwandelt sich in ue.

| **cuesta** | ¿Cuánto **cuesta** el cacao? | Man benutzt nur die |
| **cuestan** | ¿Cuánto **cuestan** las máquinas? | 3. Person Singular oder Plural. |

C Muy – mucho – muchísimo

muy	sehr	La vista es **muy** bonita.	Muy bezieht sich immer auf ein Adjektiv oder
		Ana comprende **muy** bien.	Adverb. Es ist unveränderlich.
mucho	viel	Exportamos **mucho**.	Mucho bezieht sich auf ein Verb oder auf ein
mucho/-a/-os/-as	viele	**mucho** chocolate, **muchos** problemas	Substantiv. Es passt sich dem Substantiv an.

Adjektiv	muy + Adjektiv	Adjektiv + -ísimo/-a/-os/-as	
bueno/-a	muy bueno	**buenísimo/-a/-os/-as**	Statt **muy** wird gerne das Suffix **-ísimo** mit entsprechender Endung zur Verstärkung des Adjektivs benutzt. Achten Sie auf den Akzent.
mucho/-a		**muchísimo/-a/-os/-as**	

D Die Verkleinerungsform des Substantivs

Substantiv	+ -ito/-ita	Substantiv	+ -ito/-ita	
un momento	**un momentito**	unos amigos	**unos amiguitos !**	Verkleinerungsformen sind in der Umgangssprache sehr beliebt.
una casa	**una casita**	unas niñas	**unas niñitas**	**Achtung:** Manchmal verändert sich die Schreibweise.

E Uno/Una, otro/otra

Uno (de los depósitos) es para el azúcar.
Una (de las fábricas) es nueva.
Unos (clientes) son españoles.
Unas (máquinas) son modernas.

El **otro** es para el cacao.
La **otra** es vieja.
Los **otros** no.
Las **otras** son antiguas.

Uno/-a und otro/-a passen sich dem Substantiv an.
Achtung: otro/-a nie mit un/una kombinieren.
Otro coche heißt schon „ein anderes Auto".

| **unos/unas** | etwa, ca. | **unos** 3.000 euros | etwa 3.000 Euro | Vor Zahlen geben unos/unas oder entre |
| **entre** | zwischen | **entre** 7 y 8 toneladas | zwischen 7 und 8 Tonnen | eine ungefähre Menge an. |

F Die Präpositionen *por* und *para*

por				**para**	
Ursache oder Grund	No comprendo **por** el ruido.	wegen des Lärms		Zweck	Es un depósito **para** el cacao.
Zeitangaben	**por** la mañana	vormittags		Bestimmung	**para** mañana für morgen
	por día	pro Tag			El mazapán es **para** usted.

5 ¿Por qué?

Sie berichten, Ihr Partner / Ihre Partnerin ergänzt die Informationen bzw. erklärt, weshalb es so ist.

Übersetzen Sie jeweils die Aussagen und wechseln Sie sich ab.

Ejemplo: La producción es de más de ocho mil toneladas al año. – Sí, claro, es que exportan mucho. / Sí, es porque ...

1. Die Produktion umfasst mehr als achttausend Tonnen im Jahr.
2. Der Geruch in der Fabrik ist sehr lecker.
3. Herr Torres ist sehr zufrieden.
4. In der Produktion arbeiten sehr wenige Arbeiter.

5. Die Arbeiter verdienen viel.
6. Die Firma braucht kein Lager.
7. Herr Torres versteht gar nichts.
8. Morgen arbeitet niemand in der Firma.

6 ¿Cuánto?

Manuel Carreras es un obrero de la fábrica Torres.

1 Usted pregunta:

1. ¿_____ días por semana trabaja, Manuel?

2. ¿_____ horas por día trabaja?

3. ¿_____ gana por mes?

4. ¿_____ obreros trabajan en la planta?

5. ¿Y _____ exporta?

Manuel contesta:

1. Yo trabajo ..._____

2. _____

3. _____

4. _____

5. _____

2 Manuel pregunta: ¿Y en Alemania?

1. ¿_____ empresas trabajan "just in time"?

2. ¿_____ días por semana trabaja un obrero?

3. ¿_____ horas por día trabaja?

4. ¿_____ gana un obrero normalmente?

5. ¿_____ días por año no trabaja?

Usted contesta:

1. En Alemania muchas ..._____

2. _____

3. _____

4. _____

5. _____

7 Diminutivos Verkleinerungsformen

Bilden Sie die Verkleinerungsformen.

1. un regalo _____
2. un pueblo _____
3. un bolso _____
4. un libro _____
5. una casa _____

6. una máquina **!** _____
7. un chocolate un chocolatito_____
8. una semana _____
9. unos amigos **!** _____
10. una tarjeta _____

un gato y un gatito

8 ¡Es buenísimo! Verstärkung des Adjektivs

Kombinieren Sie Substantive, z. B. aus Übung 7, mit diesen Adjektiven in der verstärkten Form.

1. _____ viejo/-a
2. _____ difícil!
3. _____ importante
4. _____ pequeño/-a
5. _____ moderno/-a

un edificio altísimo

6. _____ bueno/-a
7. _____ grande
8. _____ malo/-a
9. _____ alto/-a
10. _____ rico/-a!

9 Muchas palabras

Verbinden Sie nun die Adjektive aus Übung 8 mit diesen Substantiven und ergänzen Sie jeweils die passende Form von *mucho/-a*. Sie können aber auch andere Adjektive benutzen.

muchas flores bonitas

_____ pueblos _____
_____ amigos _____
_____ días _____
_____ cosas _____
_____ almacenes _____
_____ problemas _____

_____ ciudades _____
_____ fábricas _____
_____ coches _____
_____ aviones _____
_____ torres _____
_____ trabajo _____

10 ¿*Muy* o *mucho*?

Ergänzen Sie *muy* oder *mucho/-a/-os/-as*.

Ejemplo: Pero Ramón, tomas mucho. – ¡Claro, porque el vino es muy bueno!

A ¿Qué tal, cómo estás?

B Bien, mi trabajo es _____ interesante y estoy

_____ satisfecha.

A ¡Qué suerte! Yo trabajo _____, pero gano poco.

B Bueno, pero no trabajas _____ horas, ¿no?

A Es verdad. Trabajo medio día y además mis colegas son

todos _____ amables.

B ¿Y el jefe? ¿Es _____ exigente? (anspruchsvoll)

A Sí, bueno, para eso es el jefe, ¿no?, pero es

_____ amable con todos.

B Mi jefa está _____ nerviosa porque está con

_____ problemas.

A Nosotros tampoco vendemos _____ ahora y

_____ clientes no pagan.

B Sí, es un problema difícil y _____ fábricas no

exportan nada. ¿Vosotros exportáis _____?

A _____ no, pero algo sí, por suerte. Es

_____ importante para nosotros.

11 Es otro ...

Fragen Sie sich gegenseitig.

Ejemplo:

A ¿Qué es esto?

B Es un pueblo.

A Y esto? ¿Es otro pueblo?

B No, es una ciudad.

12 Preguntas y más preguntas

1 Wie können Sie eine Frage einführen, wenn Sie etwas genauer wissen wollen oder nicht ganz verstanden haben?

eine Frage	_____
eine andere Frage	_____
eine kleine Frage	_____
eine andere Sache	_____
Verzeihung.	_____

2 Welche Einleitung passt hier am besten?

_____	¿Es usted la señora Morales?
_____	¿Dónde está el hotel? ¿Está lejos?
_____	¿Es antiguo o moderno?
_____	¿Ya están los otros clientes?
_____	¿Cuánto cacao necesitan ustedes?

13 Usted no comprende muy bien.

Sie haben etwas nicht ganz verstanden. Fordern Sie Ihren Partner / Ihre Partnerin höflich auf, sich deutlicher auszudrücken. Nutzen Sie die Redemittel aus Aufgabe 12.

Ejemplo: Una pregunta, ¿qué es eso de allí al fondo? – Es un depósito para el azúcar. Perdón, ¿qué significa depósito? – ...

¿Cuánto cuesta ...?

¿Cuánto gana ...?

¿Para qué necesitan ...?

14 Mi olor preferido Mein Lieblingsgeruch

1 Ordnen Sie die Gerüche nach Ihrem persönlichen Geschmack. Suchen Sie die unbekannten Begriffe gegebenenfalls im Wörterbuch. Unterscheiden Sie zwischen angenehm (*agradable*) und unangenehm (*desagradable*).

madera	olor a limpio	flores	cigarrillo	perfume
cloro	mazapán	gato	café	olor a nuevo	cacao
comida	pescado	pintura	naranja	ajo

olores agradables	olores desagradables
olor a madera	*olor a cloro*
_____	_____

2 ¿Cuál es su olor preferido?
Was ist Ihr Lieblingsgeruch?

3 Pregunte también a los compañeros / las compañeras.

¿Cómo aprender?

Lernen Sie mit allen Sinnen. Wenn Sie neue Vokabeln und Strukturen mit positiven oder auch negativen Empfindungen und Erfahrungen verbinden, behalten Sie sie besser im Gedächtnis.

Mm, olor a café, ¡qué rico! Uy, aquí hay mucho olor a cigarillo, ¡qué asco!

15 ¿Dónde estoy?

Pantomime: Eine Person betritt einen Raum und zeigt mit Gesten,
ob er klein oder groß ist, ob es dort gut riecht oder schlecht ...
Die anderen müssen erraten, wo die Person sich befindet.

Ejemplo: ¿Es un olor rico? – Sí, muy rico. ¡Riquísimo!
¿Es olor a comida? – No, no es olor a comida.
¿Es olor a chocolate? – Sí, eso es.
Estás en ...?

- una piscina cubierta
- una fábrica de chocolate
- un restaurante
- una oficina
- un aparcamiento
- un bar
- el metro

| agradable |
| feo |
| desagradable |
| rico |

16 ¿Cómo es la empresa Saft & Selters?

Übersetzen Sie die Dialoge. Arbeiten Sie zu zweit.

1.

A	B
Seit wann arbeiten Sie in der Firma Saft & Selters?	Seit April.
Und sind Sie zufrieden?	Ja, ich bin sehr zufrieden. Die Firma ist nicht sehr groß, aber die Arbeit ist interessant.
Ist die Firma Saft & Selters sehr alt?	Ja, aber die Maschinenanlage ist modern.
Aber es sind keine automatischen Maschinen, oder?	Doch, doch. Unsere Maschinen sind alle vollautomatisch.
Und Ihre Produkte? Wie sind die Saft & Selters-Produkte?	Sie sind sehr gut. Unsere Kunden sind zufrieden.
Und der Service? Ist der auch gut?	Ja, der Service auch. Der Service ist sehr wichtig.
Ja, das ist wahr.	

2.

A	B
Wie viel verkaufen Sie etwa pro Jahr?	Das weiß ich nicht, ich bin Techniker.
Aber Sie verkaufen nicht nur in Deutschland, oder?	Wir verkaufen in Portugal, Frankreich und anderen Ländern und in Spanien sehr, sehr viel.
Sehr gut, meinen Glückwunsch! Noch eine Frage: Wie viele Partner sind Sie bei Saft & Selters?	Drei: Herr Thomas, Frau Beck und ich.
Ah, Sie sind auch drei Partner, sehr schön!	Na ja, ich bin der Juniorpartner, *el socio joven*.
Ich verstehe. Ich bin auch der Juniorpartner in meiner Firma, aber jung bin ich nicht!	

El español de América

España	América	
un poco / un poquito	un poquitito, un poquitincito	Die Diminutivformen werden in Lateinamerika öfter als in Spanien gebraucht, häufig auch in der Anrede. Es gibt auch Doppel- und Adverbverniedlichungen.
mama	mamita	
hija	hijita	
mi amor	mi amorcito	

> Tengo un poquitito de hambre.

En un hotel

Pablo Iturraspe, el jefe de ventas de la Casa Torres, está en Madrid por la feria.
Marta Carreras, una conocida de Barcelona, está en el mismo hotel.

Hotel Cervantes

- 10°: Café – Terraza
- 3°–9°: Habitaciones
- 2°: Salas de Conferencias
- 1°: Comedores – Secretaría
- Entresuelo: Administración
- Planta baja: Recepción – Bar
- Subsuelo -1: Piscina – Sauna
- Subsuelo -2: Aparcamientos

a **En el ascensor**

Marta: ¡Hola, Pablo! ¿Tú en Madrid? ¡Qué sorpresa!

Pablo: ¡Hola, Marta! ¿Qué tal? ¿Cómo estás?

Marta: Bien, bien, gracias. ¿Y tú?

Pablo: Bien también. ¿Estás de vacaciones en Madrid?

Marta: No, ¡qué va! Estoy aquí por trabajo.

Pablo: Ah, yo también. ¡Qué casualidad!

Señora: Perdón, ¿el comedor está en la planta baja?

Marta: No, está en el primer piso.

b **¿Por cuánto tiempo?**

Pablo: ¿Desayunas aquí en el hotel?

Marta: Sí, claro. Es muy práctico.

Pablo: Pero Marta, ¿ya no trabajas en Nowtilus?

Marta: Sí, sí, estoy todavía en la misma empresa.
Ahora estoy en un seminario para vendedores.

Pablo: ¡Qué interesante! ¿Por cuánto tiempo?

Marta: Por dos semanas. Por suerte, la empresa paga todo.

Pablo: ¡Qué suerte! ¿Llevas mucho tiempo aquí?

Marta: Desde el lunes. Hoy es el cuarto día.

c **¡Qué lástima!**

Pablo: ¿Qué hay para tomar?

Marta: Hay té y café. Allí está el bufé.

Pablo: ¿Qué es esto? ¿Es té o café?

Marta: Es té y está frío. ¡Qué mala suerte!

Pablo: ¡Oh! ¡Ya no hay más café! ¡Qué lástima!

Camarero: Buenos días, señores. Aquí hay más café.

Pablo: ¡Qué bien!

Camarero: ¿Café con leche?

Pablo: Sí, gracias. Ahora hay que buscar ...

Marta: Allí hay una mesa libre. ¿Está bien, no?

Pablo: Sí, está muy bien. ¡Qué suerte, porque está lleno!

Hotel Cervantes ***

C/ Ávila, 33
28022 Madrid
Tel. 91 777 34 34
www.cervantes-madrid.com

300 habitaciones con aire acondicionado,
teléfono, televisión, minibar y acceso a Internet,
salas para conferencias, piscina y sauna

---

1 **Pregunte e informe. Fragen und informieren Sie.**

Sie sind Hotelgast und Ihr Partner / Ihre Partnerin arbeitet am Empfang.

¿Cuántos/-as ... hay en el hotel?   ¿Dónde está/n ...?   ¿Me podría decir ...?

¿Hay ...?   ¿En qué piso está/n ...?

d ¡Qué desayuno!

Marta: ¡Hombre, Pablo, qué desayuno!

Pablo: Pues sí: dos panecillos, un croasán, una magdalena, un yogurt ... Lástima que ya no hay huevos. Pero, ¿y tú? ¿No comes nada, Marta?

Marta: No, yo tomo sólo un café y leo un poco el periódico.

Pablo: A propósito, ¿qué hay de la huelga? ¿Algo de nuevo?

Marta: No, todavía no hay nada de nuevo.

Pablo: ¡Qué pasada! ¡Ya es el quinto día!

Marta: Pues aquí hay unos comentarios muy interesantes.

Pablo: ¿Sí? ¡Qué bien! ¿Hay periódicos en el hotel?

Marta: Sí, hay muchos periódicos españoles y dos o tres extranjeros. ¡También hay muchas revistas! Están abajo, en la recepción.

Pablo: Estupendo. Entonces busco unos periódicos.

e ¿Ya lees el alemán?

Marta: ¡Pero Pablo! ¿Cuántos periódicos lees?

Pablo: Tres: El País, La Vanguardia y ...

Marta: ¿BLATT? ¿Es un periódico americano?

Pablo: No, no. ¡Es alemán!

Marta: ¿Alemán? Pero Pablo, ¿tú ya lees el alemán?

Pablo: Sí, sí, un poquito. Y practico con los clientes.

Marta: El alemán es difícil, ¿no?

Pablo: Sí, muy difícil. ¡La gramática es terrible!

f ¿Qué tal el periódico?

Marta: ¿Y qué tal es el periódico?

Pablo: Malo, bastante malo. Sí, es muy malo, ¡malísimo!

Marta: ¿Por qué no lees otro periódico entonces?

Pablo: Es que BLATT es fácil de leer. ¿Y tú, Marta? ¿Ya no hablas catalán?

Marta: En el trabajo hablo español, claro. Pero hay dos chicas que son de Flores y, cuando no hay clientes, hablamos en catalán. Además, ahora estudio francés por la noche.

Pablo: ¡Qué bien!

Marta: ¡Uy, ya son las nueve! ¡Hasta luego, Pablo!

Pablo: ¡Hasta luego, Marta!

2 Informe.

1 ¿Quién es Marta?

¿Por qué está en Madrid?

¿Desde cuándo está allí? Y, ¿por cuánto tiempo?

¿Quién paga el hotel?

¿Qué toma Marta por la mañana? Y, ¿qué come?

¿Qué idioma habla en Madrid?

¿Qué estudia por la noche?

2 ¿Quién es Pablo?

¿Dónde trabaja?

¿Por qué está en Madrid ahora?

¿Trabaja para la misma empresa que Marta?

¿Qué toma Pablo para el desayuno?

¿Qué periódicos lee?

¿Con quién habla para practicar el alemán?

Realidad hispánica

3 **¿De qué habla el texto?** Worum geht es in dem Text?

1 Überfliegen Sie den Text.

ANTES DEL TRABAJO: UN CAFÉ RÁPIDO

El bar Leyla está en el Barrio Gótico de Barcelona. Leyla conoce a todos sus clientes y habla con todo el mundo. A las ocho de la mañana el bar ya está lleno de gente. Todos quieren tomar un café antes de empezar la jornada laboral. Algunos miran rápido las noticias de la Bolsa en los grandes periódicos, pero la mayoría lee la prensa local, sobre todo La Vanguardia, el periódico más conocido de Barcelona. Después comentan las novedades e intercambian opiniones con algún conocido. ¡Temas nunca faltan! Desayunar en el bar es barato y práctico. Para muchas mujeres el bar es un verdadero oasis en medio del estrés cotidiano. Allí encuentran un momento de tranquilidad, se relajan, hablan de sus cosas, cargan fuerza para el día. En el bar no son ni madres, ni hijas, ni jefas, ni secretarias … En el bar ellas son ellas y nada más. Y el móvil, ¡lo desconectan y listo!

2 Beantworten Sie diese allgemeinen Fragen, bevor Sie sich intensiver mit dem Text beschäftigen.

¿De qué habla el texto?
¿Qué hace la gente?
¿Qué es el bar para las mujeres?

3 Können Sie die Vokabeln im *Minidiccionario* aus dem Zusammenhang erschließen?

4 Schlagen Sie weitere Vokabeln nach, die für das Verständnis des Textes wichtig sind.

Minidiccionario

la gente	_____
estar lleno	_____
todo el mundo	alle (Welt)
_____	Arbeitstag
_____	die Lokalpresse
verdadero	_____
cargar fuerza	_____
ni, ni …	_____

---

4 Informe.

¿Dónde está el bar? ¿De quién es?   ¿Qué leen?
¿Por qué desayunan allí los clientes?   ¿De qué hablan?
¿Qué toman normalmente?   ¿Por qué van las mujeres al bar?

Bocadillo cultural

La cuestión de los apellidos Die Sache mit den Nachnamen

Los españoles tienen normalmente dos apellidos: el primero del padre y el primero de la madre. Las mujeres casadas conservan sus apellidos: Carmen Vázquez García.
La terminación -ez en muchos nombres significa "hijo de …": González es el hijo de Gonzalo, igual que Johannson significa "hijo de Johann".

Recuerde

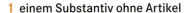

¿Qué hay?

A   Hay

Hay heißt: Es gibt, da ist, da sind, es ist vorhanden.
Es ist unveränderlich. Man muss **hay** statt **estar** benutzen vor:

1 einem Substantiv ohne Artikel

Auch wenn ein Adjektiv vor dem Substantiv steht.

Hay café.

Es gibt Kaffee.

No **hay** huevos.

Es gibt keine Eier. / Es sind keine Eier mehr da.

Hay buenos hoteles.

Es gibt gute Hotels.

2 einem unbestimmten Artikel

Hay una mesa libre.

Es gibt einen freien Tisch.

Hay unos comentarios.

Es gibt da einige Kommentare.

3 Zahlen

¿Cuánto/-a/-os/-as (...) **hay**?

Wie viel/e (...) gibt es?

Angabe einer genauen Anzahl:

Hay tres periódicos.

Es gibt drei Zeitungen.

4 einem Indefinitpronomen

Angabe einer unbestimmten Menge:

¿**Hay** algo de nuevo? – No, no **hay** nada de nuevo.

Gibt's etwas Neues? – Nein, es gibt nichts Neues.

¿**Hay** más café?

Gibt's noch Kaffee? / Ist noch Kaffee da?

Hay muchos periódicos.

Es gibt viele Zeitungen.

hay/estar

Bei ungenauen Angaben steht **hay**:

Allí **hay** un hotel. – **Hay** una chica.

Bei genauen Angaben steht **estar**:

El hotel **está** allí. – Carmen **está** allí.

hay que

Hay que + Infinitiv wird verwendet, um einen Zwang oder eine Notwendigkeit auszudrücken. Es hat oft eine unpersönliche Bedeutung:

Hay que comprar un billete.

Man muss eine Fahrkarte kaufen.

Todavía **hay** que pagar.

Wir müssen noch zahlen.

B   Ordinalzahlen

1°	=	**primer(o)/-a**	6°	=	**sexto/-a**
2°	=	**segundo/-a**	7°	=	**séptimo/-a**
3°	=	**tercer(o)/-a**	8°	=	**octavo/-a**
4°	=	**cuarto/-a**	9°	=	**noveno/-a**
5°	=	**quinto/-a**	10°	=	**décimo/-a**

Achtung: Vor männlichem Substantiv wird primero zu primer und tercero zu tercer.

El comedor está en el **primer** piso. – Ah sí, ¿En el **primero**?

Hoy es el **tercer** día en Madrid.

¿En qué piso vives? En el **tercero**.

Bei der Zählung von Kongressen, Festen usw. werden statt 4°, 5° ... meist römische Ziffern verwendet:

VI Congreso Internacional de Odontología = **sexto** congreso ...

Bei Monarchen und Päpsten spricht man die Ordinalzahlen normalerweise nur bis zehn:

Alfonso **X**   =   Alfonso **décimo**

Aber: Pío **XII** =   Pío **doce**

¿Cómo aprender?

Verbinden Sie Neues mit Bekanntem. So knüpfen Sie gedankliche Verkettungen und das Neue bleibt besser haften.

Juan Carlos I   = Juan Carlos **primero** Juan Carlos I. von Spanien

Isabel II de Inglaterra = Isabel **segunda**   Queen Elizabeth II.

Es mi **tercer** curso de español. Vivo en el **cuarto** piso.

5 Explique.

Geben Sie Gründe für diese Tatsachen an.
Benutzen Sie: *Claro, porque … / Sí, es que …*

1. A las ocho de la mañana el bar Leyla ya está lleno de gente.
2. Es un importante centro de comunicación.
3. Para muchas mujeres el bar es un oasis.
4. En el bar mucha gente desconecta el móvil.
5. Algunos leen un periódico.

6 ¿Y en su país?

Hable con su compañero/-a. Sprechen Sie mit Ihrem Partner / Ihrer Partnerin.

¿Dónde desayuna la mayoría de la gente? ¿Y usted?

¿Cuándo y dónde lee el periódico?

¿Con quién comenta las novedades?

¿Con quién habla antes del trabajo?

¿Cuándo habla tranquilo/-a de sus cosas?

¿Dónde conversa la gente en su ciudad?

7 Opine y discuta. Was meinen Sie?

Pablo lee un periódico alemán para aprender el idioma. También practica con los clientes.
¿Qué opina usted? ¿Es un buen sistema para aprender?

¿Cómo estudia usted un idioma?

¿Con quién practica?

¿Qué lee?

¿Qué es difícil para usted?

¿Qué es importante?

8 Al contrario

Finden Sie das Gegenteil.

1.   algo ≠ _____
2. pequeño ≠ _____
3.   nuevo ≠ _____
4.   fácil ≠ _____
5.   arriba ≠ _____
6.   bueno ≠ _____

7. ¡Qué suerte! ≠ *¡qué mala suerte!*
8.   lejos ≠ _____
9.   poco ≠ _____
10. ¡Qué lástima! ≠ _____
11.   con ≠ _____
12.   allí ≠ _____

9 Periódicos y revistas

Ordene.

periódicos españoles y latinoamericanos	otros periódicos
_____	_____

10 ¡Qué bien!

 1 Suchen Sie die entsprechenden Ausdrücke in den Dialogen am Anfang der Lektion.

Wie schön!	_____	_____	¡Qué lástima!
Welch ein Glück!	_____	_____	¡Qué va!
So eine Überraschung!	_____	_____	¡Hombre!

2 Welcher Ausruf passt jeweils am besten?

1. El viernes no trabajo. _____

2. La empresa no paga el hotel. _____

3. La empresa paga el seminario. _____

4. Ya no hay más café. _____

5. Tampoco hay más té. _____

6. Allí hay una mesa libre. _____

11 Hay que practicar.

Relacione.

¿Qué hay?	1		a	Man muss viel sprechen.
Hay que practicar.	2		b	Gibt's etwas Neues?
¿Qué tal?	3		c	Wie geht's?
¿Hay algo de nuevo?	4		d	Man muss die Grammatik lernen.
Hay que hablar mucho.	5		e	Wie ist das Seminar?
¿Hay algo de interesante?	6		f	Was gibt es?
Hay que estudiar la gramática.	7		g	Man muss üben.
¿Qué tal el seminario?	8		h	Gibt es was Interessantes?

12 En Palma de Mallorca

1 Mire el folleto y explique.
Schauen Sie sich den Prospekt an und
erklären Sie.

1. ¿Dónde está el hotel?
2. ¿Está cerca del aeropuerto?
3. ¿Cuántas habitaciones hay?
4. ¿Qué hay en las habitaciones?
5. ¿Qué servicios hay en el hotel?
6. ¿Hay piscina?
7. ¿Cuántas salas de reuniones hay?
8. ¿Para cuántas personas son?

2 ¿Qué significan las abreviaturas?

mts.   _____

min.   _____

kms.   _____

hrs.   _____

AD   _____

MP   _____

Situado en el Paseo Marítimo de la Bahía de Palma, a 10 min. del centro histórico de la ciudad. A 7 min. de la playa. A 500 mts. del Castillo de Bellver. A 8 kms. del aeropuerto.

Dispone de 338 habitaciones dobles, 24 Individuales y 8 Junior Suites. Todas con minibar, TV vía satélite, teléfono directo, baño completo, aire acondicionado y caja de seguridad (con cargo). Room Service 24 hrs.

Restaurante con bufé de desayuno. Cafetería. Piscina interior climatizada, sauna, masajes. Piscina exterior. Terraza/Solarium. 9 salas de reuniones y banquetes con capacidades hasta 585 personas.

TARIFAS	HABITACIÓN DOBLE	HABITACIÓN INDIVIDUAL	JUNIOR SUITE
ALOJAMIENTO + DESAYUNO	156,00 €	121,00 €	196,00 €
MEDIA PENSIÓN	171,00 €	136,00 €	211,00 €

13 Usted está de vacaciones. Sie sind im Urlaub.

MADRID

1 Überlegen Sie sich, wie Ihr Hotel aussieht, und schreiben Sie eine Postkarte an Ihre Kollegen. Beschreiben Sie Ihr „tolles" Hotel.

2 Sie treffen einen Freund. Erzählen Sie sich gegenseitig, wie Ihr Hotel ist.

14 ¿Vamos al comedor?

Ordnen Sie den Dialog gemeinsam mit Ihrem Partner / Ihrer Partnerin.

[1] ¿Vamos al comedor?

☐ Comprender es fácil, pero hay que hablar mucho y ...

☐ No, no. Vamos a pie. ¿Por cuánto tiempo estás en Madrid?

☐ Estoy en un curso de inglés.

☐ Es buenísimo, por suerte.

☐ Ah, muy bien. ¿Y qué tal es el curso?

☐ Pues hay que practicar, practicar y practicar.

☐ Por un mes. ¿Y tú? ¿Por qué estás aquí?

☐ Sí, claro. ¿Vamos en ascensor?

☐ ¿Y ya comprendes todo?

15 ¡Que sorpresa!

Ein Rollenspiel. Überlegen Sie, wen Sie wo treffen könnten. Spielen Sie die Situation zu zweit.

	A		B
	trifft Bekannte/n, ist überrascht und grüßt	→	grüßt zurück und staunt, dass er/sie (auch) da ist
	erkundigt sich nach dem Befinden	→	bedankt sich und fragt nach der Arbeit / dem Studium
	erklärt, wie es damit steht	→	findet es interessant und erklärt, was er/sie macht
	freut sich und will wissen, wie lange B dableibt	→	gibt darüber Auskunft und fragt zurück
	reagiert und erklärt seinerseits/ihrerseits, was er/sie dort tut	→	schlägt vor, etwas trinken zu gehen

16 Turista y camarero

Sie sind in einem kleinen Restaurant. Fragen Sie, was es gibt.

¿De qué son los bocadillos?

¿La cerveza está bien fría?

¿Cuánto cuestan las aceitunas?

¿Qué hay para picar?

Hay bocadillos de jamón, de queso, de …

Sí, claro.

Cuestan un euro.

EL RINCÓN DE ASUNCIÓN

para picar ~ ~
aceitunas negras	1,00 €
patatas fritas (bolsa)	1,20 €
cacahuetes	1,40 €
queso manchego	2,20 €
jamón serrano	3,20 €

tapas ~ ~ ~ ~
ensaladilla rusa	2,90 €
patatas bravas	2,50 €
croquetas de pollo	3,20 €
buñuelos de bacalao	3,50 €
albóndigas caseras	3,70 €
calamares a la romana	3,90 €

bocadillos ~ ~ ~ ~
de queso	2,10 €
de atún	2,20 €
de tortilla	2,50 €
de jamón York	2,80 €
de jamón serrano	3,00 €

bebidas ~ ~ ~ ~
agua (0,5l)	1,00 €
agua con gas (0,5l)	1,20 €
limonada	1,80 €
zumo de melocotón	2,00 €
zumo de naranja	2,00 €
cerveza (caña)	1,80 €
cerveza (botella)	2,30 €
vino tinto (copa)	2,40 €
vino blanco (copa)	2,40 €

17 Una atención de la casa   Eine Aufmerksamkeit des Hauses

1 Escuche.

2 ¿Qué toman?
Kreuzen Sie die richtige Lösung an.

	Paquita	todos	normalmente	hoy
un café con leche	☐	☐	☐	☐
un carajillo*	☐	☐	☐	☐
un licor de hierbas	☐	☐	☐	☐

3 ¿Quién paga qué? ¿Por qué?
Erzählen Sie mit eigenen Worten, was Sie über Paquita wissen.

*un carajillo = un café con brandy o coñac

El español de América	
España	**América**
el camarero	el mozo (Arg.), el mesero (Méx.)
la sala de conferencias	la sala de convenciones
la piscina	la pileta (Arg.), la alberca (Méx.)
la recepción	el hall, el lobby
la sauna	el sauna

En el bar del hotel

a En la recepción

Marta: La llave, por favor.

Empleado: Sí, cómo no, ¿qué habitación, señorita?

Marta: La ciento cincuenta y tres.

Empleado: Un momento, por favor. Hay una carta para usted.

Marta: ¿Un mensaje? ¿De quién?

Empleado: No sé de quién es, señorita. Aquí está. Usted es Marta Carreras, ¿no?

Marta: Sí, gracias. Buenas noches.

Empleado: Buenas noches.

b Una carta

Querida Marta:

¿Qué tal? ¿Qué tal el día?
¿Mucho trabajo? ¡Yo estoy cansadísimo!
Y tú, ¿qué tal el seminario?
¿Interesante?
Marta, estoy en el bar del hotel.
¿Tomamos una copa juntos?
Un abrazo,
Pablo
Mi móvil: 606 67 75 32

c Por teléfono

Pablo: ¡Diga!

Marta: ¡Hola Pablo, soy yo!

Pablo: ¡Hola Marta! ¿Qué tal?

Marta: Bien, bien. Gracias por tu carta.

Pablo: De nada. ¿Y qué? ¿Tomamos algo?

Marta: No sé, yo también estoy muy cansada.

Pablo: Pero Marta, no vives sólo para trabajar, ¿no?

Marta: No, no. Bajo enseguida.

d En el bar del hotel

Pablo: Ah, ya estás aquí, Marta. ¿Cómo estás?

Marta: Muy bien, gracias. Pero … ¿qué tomas?, ¿agua mineral? ¿Estás enfermo?

Pablo: ¡Qué va, esto no es agua mineral!

Marta: ¿No? ¿Qué es, entonces?

Pablo: Es gin tónic.

Marta: Ah, eso es otra cosa … Yo tomo un zumo de naranja.

Pablo: ¿Con un poquito de cava?

Marta: No, no, sin cava. Sólo, por favor. Es que mañana es un día muy duro, ¿sabes?

1   Corrija.   Korrigieren Sie.

Ejemplo: En la recepción hay un fax para Marta. – No, no es un fax, es una carta de Pablo.

1. Pablo está cansadísimo, pero Marta no.
2. Pablo y Marta están en el mismo seminario.
3. Marta vive sólo para trabajar.
4. El número del móvil de Pablo es 606 68 57 23.
5. Marta no trabaja mañana.
6. Marta está en la habitación 253.
7. Pablo toma algo en la habitación de Marta.
8. Marta toma una copa de cava.

e | Estoy en la feria.

Marta: Tú estás en la feria, ¿no?

Pablo: Sí, pero sólo tres días: ayer, hoy y mañana.

Marta: ¿Y qué tal? ¿Hay mucha gente?

Pablo: ¡Muchísima!

Marta: Es la Feria de las Golosinas, ¿no?

Pablo: Sí, eso es. Hay mucho trabajo, pero es muy interesante.

f | ¿Tú por aquí?

Marta: Oh, ahí está Daniel, delante de la escalera.

Pablo: ¿Daniel? ¿Quién es Daniel?

Marta: Es un chico del seminario, un chico muy simpático.
– ¡Hola Daniel!

Daniel: ¡Hola Marta! ¿Qué tal? ¿Tú por aquí?

Marta: Sí, estoy con Pablo, un viejo amigo de Barcelona, ¿sabes?

g | Algo para picar

Daniel: ¡Hola! Yo soy Daniel, un colega de Marta.

Pablo: ¡Hola! Encantado.

Marta: ¿Estás solo, Daniel? ¿Tomas algo con nosotros?

Daniel: Sí, con mucho gusto.

Marta: ¿Una cerveza?

Daniel: Sí, claro. – Una caña y algo para picar, por favor.

Camarero: Enseguida, señor.

h | ¡Hasta mañana!

Pablo: ¿Tú también estás en el seminario?

Daniel: Sí, claro, Marta y yo estamos en el mismo curso.
Es un curso muy agradable y ya somos todos amigos.
La profesora sabe muchísimo y es muy maja.

Pablo: ¡Qué bien! Bueno, ya es tarde y yo estoy cansado.
¡Buenas noches!

Daniel: ¡Buenas noches y hasta otra!

Marta: ¡Hasta mañana, Pablo!

i | ¡Vale! ¡Vale!

Daniel: ¿Tomamos otra copa, Marta?

Marta: No sé, ya son más de las dos.

Daniel: Bueno, una copita, ¿vale?

Marta: Vale, ¡pero entonces pago yo!

Daniel: No, no. ¡Ni hablar! Hoy pago yo.

Marta: ¡Pero, Daniel!, ¡cómo eres!

Daniel: Oye, oye: ¡un tango argentino!

Marta: ¡Qué guay! ¿Bailamos?

2 Informe.

¿En qué fería esta Pablo?	¿Cómo es el curso?
¿Por cuánto tiempo?	¿Y la profesora?
¿Qué tal es la feria?	¿Para quién es tarde?
¿Quién es Daniel?	¿Qué toman Marta y Daniel?
¿Qué toma?	¿Quién paga?
¿De qué hablan?	¿Y después, ...?

Realidad hispánica

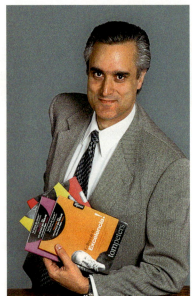

Un nuevo modelo de empresa editorial

El objetivo de Nowtilus es crear un nuevo modelo de empresa editorial con todo lo mejor del saber hacer tradicional y todas las posibilidades que ofrecen las nuevas tecnologías, explica Santos Rodríguez, director de Ediciones Nowtilus, que tiene una larga experiencia en el sector editorial.

Esta empresa está en el mercado desde el 2002, con cinco colecciones exclusivas, cada una dirigida por un experto: gastronomía, enigmas y misterios, tecnología, geografía y saber.

Cada colección tiene su página web específica para la promoción de los libros editados. También hay foros de discusión, chats con los autores, noticias y una moderna infraestructura tecnológica para el comercio electrónico de obras digitales. El proyecto de edición, a medio plazo, incluye libros, soportes como CD, DVD ... y por supuesto el medio *on line*.

Fuente: Emprendedores, N° 60, septiembre 2002 (Texto adaptado)

3 El perfil de la empresa   Firmenprofil

¿Qué sabe usted de Nowtilus?
¿Qué tipo de empresa es?
¿Es una empresa moderna o tradicional?
¿Desde cuándo está en el mercado?
¿Quién es el director?
¿Cuántas colecciones hay actualmente?
¿Qué servicios hay en Internet?
¿Qué productos proyecta vender la empresa?

4 Infórmese y explique.

Schauen Sie sich die Seite von Nowtilus im Internet an und berichten Sie.
¿Qué novedades interesantes hay ahora?

🔑 Minidiccionario

Verlag	(empresa) editorial
Ziel	
Erfahrung	
Möglichkeiten	
neue Technologien	
E-Buy	
mittelfristiges Projekt	

Recuerde

Allí hay un hotel.

Es el Hotel Oriente.

Está en el centro de Barcelona.

A Ser – estar

Sie haben **ser** und **estar** schon kennen gelernt.
Jetzt werden die Unterschiede zwischen den
beiden Verben systematisiert.

ser sein

Person/Sache	¿Quién **es**? – **Es** Marta.	Wer ist das? – Das ist Marta.
Beruf	Marta **es** vendedora.	Marta ist Verkäuferin.
Soziale Rolle/Funktion	**Es** una conocida de Pablo.	Sie ist eine Bekannte von Pablo.
Herkunft/Nationalität	Marta **es** catalana.	Marta ist Katalanin.
Konfession/Ideologie	Marta **es** católica.	Marta ist Katholikin.
Merkmale/Eigenschaften	**Es** muy simpática.	Sie ist sehr sympathisch.
Besitz/Zugehörigkeit	El coche **es** de la fábrica.	Es ist ein Firmenwagen.
Zweck/Bestimmung	El café **es** para Pablo.	Der Kaffee ist für Pablo.
Zeitangaben	**Es** tarde, ya **son** las ocho.	Es ist spät, es ist schon acht.
Wo findet etwas statt?	La feria **es** en Madrid.	Die Messe findet in Madrid statt.

estar (da)sein, sich befinden, stehen, liegen

Da-sein	¿**Está** el Sr. Torres?	Ist Herr Torres da?
	Ya **está** todo.	Es ist alles da.
Zustand	¿Cómo **estás**?	Wie geht es dir?
	¿**Estás** enfermo?	Bist du krank?
	Estoy cansado.	Ich bin müde.
	El café **está** frío.	Der Kaffee ist kalt.
Ortsangabe	El libro **está** en la mesa.	Das Buch liegt auf dem Tisch.
	Pablo **está** en la barra.	Pablo steht an der Bar.
	Pablo **está** en Madrid.	Pablo ist (gerade) in Madrid.
	Valencia **está** en España.	Valencia liegt in Spanien.
in Ordnung sein /	La mesa aquí **está** bien.	Der Tisch ist okay / passt gut.
gut sein / passen	**Está** todo bien.	Es ist alles in Ordnung.

Unterschiede zwischen **ser** und **estar** bei Merkmalen und Berufen:

Ser bezieht sich auf dauerhafte Merkmale:	**Estar** bezieht sich auf vorübergehende Merkmale:
Marta **es** simpática. (Sie ist immer nett.)	Marta **está** cansada. (Heute/Jetzt ist sie müde.)
Antonio **es** cocinero. (Das ist sein Hauptberuf.)	Antonio **está de** taxista. (Das ist sein Job, das macht er jetzt.)

B Saber

No sé ...

Saber wird oft gebraucht um ...

Unsicherheit zu äußern	sich zu zieren	eine Neuigkeit mitzuteilen	Fragen negativ zu beantworten
¿Dónde está el comedor? – No **sé**, en el primer piso, o en el segundo.	No **sé**, estoy muy cansada.	Estoy aquí con Pablo, ¿**sabes**?	¿De quién es? – No **sé** de quién es.

5 Expresiones

 Suchen Sie die entsprechenden Ausdrücke in den Dialogen.

tiempo

gestern, heute und morgen _____

nur drei Tage _____

gleich _____

Es ist schon spät. _____

de acuerdo

Mit Vergnügen. _____

Einverstanden. _____

Ja, das ist es. / Stimmt. _____

lugar

(Was machst) du hier? _____

Wir sind im gleichen Seminar. _____

Ich komme gleich runter. _____

para llamar la atención

Entschuldigung ... _____

Einen Augenblick, bitte. _____

Hör mal! _____

Ja, bitte?! (am Telefon) _____

otras

Ich weiß es nicht. _____

Das ist etwas anderes. _____

Kommt gar nicht in Frage. _____

¡Ni hablar! Hoy pago yo.

6 El verbo *saber*

 Ergänzen Sie die Formen des Verbes *saber*. Nur die erste Person Singular ist unregelmäßig.

1. Ich weiß nicht, es ist schon spät. No _____, ya es tarde.
2. Ich bin mit einem Freund hier, weißt du? Estoy con un amigo, ¿_____?
3. Die Lehrerin weiß viel. La profesora _____ mucho.
4. Da ist ein Brief für Sie, wissen Sie? Hay una carta para usted, ¿_____?
5. Wir wissen schon, wo das Kino ist. Ya _____ dónde está el cine.
6. Wisst ihr nicht, wie spät es ist? ¿No _____ la hora que es?
7. Meine Freunde können kein Englisch. Mis amigos no _____ inglés.

7 En el bar del hotel

1 Explique. ¿Qué sabe usted de los tres protagonistas?
   Was wissen Sie von den drei jungen Leuten?
2 Lesen Sie noch einmal die Lektionen 7 und 8. Machen Sie ein Wörternetz.
   Sie können auch eine Tabelle anlegen oder einen fortlaufenden Text schreiben.
3 Vergleichen Sie anschließend mit den anderen Gruppen.

Daniel — seminario — Barcelona — Pablo — Marta — feria

8 ¿Tomamos una copa juntos?

 Stellen Sie sich vor, Pablo hätte nicht geschrieben, sondern sofort zum Handy gegriffen.
Wie wäre der Dialog verlaufen? Schreiben Sie ihn zu zweit auf und lesen Sie ihn mit verteilten Rollen vor.

9 ¿Dónde hay? ¿Dónde está?

 Geben Sie jedem Kasten einen Titel.
In jedem Kasten steht ein Begriff, der nicht passt. Streichen Sie ihn durch.

cines   teatros museos   tiendas ministerios   bancos grandes fábricas

recepción   servicios comedor   ascensor café con leche balcón

aparcamiento   oficina cerveza   servicios planta de producción almacenes

10 En la recepción

 1 Losen Sie eine/einen Empfangschef/in aus. Die anderen sind die Gäste des Hotels.

Marta Carreras Sabater   153

Daniel Ferro Carril   615

Stella Maris Strazziatella   675

William Albright   177

Amalia Gómez Villanueva   202

Pablo Iturraspe Barrionuevo   478

Jean Paul Leroux   383

Hannelore Obermeier   514

Juan Antonio Cabezas   415

2 Pregunte. El/La recepcionista contesta.

In welchem Zimmer ist ...? 　　　 Bitte, den Schlüssel von Zimmer ...
Wo wohnt ...? 　　　 Gibt es einen Brief für mich?
In welchem Stock ist das Zimmer ...? 　　　 Eine Frage, woher kommt Frau Strazziatella?
Gibt es einen Fahrstuhl? Wo ist er? 　　　 ...

11 ¿ *Ser* o *estar*?

Ergänzen Sie die passenden Formen von *ser* und *estar*.

Marta y Pablo ____ viejos amigos. Los dos ____ de Barcelona, pero ahora ____ en Madrid.

____ las 8 de la mañana. Marta y Pablo ____ en el hotel, toman café y conversan.

Pablo: Hola Marta, ¿cómo ____?

Marta: Bien gracias. Yo ____ aquí dos semanas. ¿Y tú? ¿cuánto tiempo ____ en Madrid?

Pablo: Yo ____ sólo tres días aquí. Pero, Marta, ¿no ____ muy caro el hotel?

Marta: Sí, pero la empresa paga el hotel. ____ una suerte.

Pablo: Oye Marta, ¿tú sabes dónde ____ el oso y el madroño?

Marta: Sí, ____ muy cerca de aquí. ¿____ el símbolo de Madrid?, ¿no?

Pablo: Sí, claro. Otra cosa: ¿Dónde ____ tu familia?

Marta: ____ todos en Barcelona. Bueno ya ____ tarde. Ya ____ casi las ocho.

Pablo: Nos vemos más tarde, ¡hasta luego!

Estatua del oso y del madroño, Madrid

12 ¿*Estar* o *hay*?

1. A Buenos días, una pregunta, ¿____ un banco cerca de aquí?
   B No, pero allí enfrente ____ la Caja de Madrid y todavía ____ abierta (geöffnet).
   A Gracias.

2. A ¡Hola, Ana! ¿Cómo ____?
   B Bien, gracias. ¿Qué ____ de nuevo?
   A Nada, no ____ nada de nuevo. Y tú, ¿qué tal?
   B ____ muy cansado.

3. A ¿____ algo para tomar?
   B Sí, claro, ____ café. Allí ____.
   A ¿No ____ té?
   B Sí, claro ____ té también. ____ todo allí.

4. A El té ya ____ frío. Entonces tomo café. ¿____ leche?
   B Sí, claro, la leche y el azúcar ____ allí también.

5. A Oye, allí ____ tus amigos.
   B Hola, ¿cómo ____ todos? (vosotros)
   A Bien, gracias. Y tú, ¿cómo ____?
   B Bien, ¿____ cerveza?
   A ¡Claro que ____ cerveza! Pero ¡¿cerveza de desayuno?!

13 ¿*Ser*, *estar* o *hay*?

A ¿____ periódicos en el hotel?
B Sí, aquí ____ un periódico.
A ¿Qué periódico ____?
B ____ El País.
A ¿No ____ otros periódicos?
B Sí, claro, ____ allí. ____ muchos periódicos españoles. También ____ revistas extranjeras. Los periódicos extranjeros ____ allí abajo.

A ¿De dónde ____?
B ____ periódicos de Francia y de Alemania.
A ¿De dónde ____ BLATT? ¿____ inglés?
B No, ____ un periódico alemán, pero no ____ muy bueno.
A Oh, allí ____ Gloria.
B ¿Quién ____ Gloria?
A ____ una chica de mi pueblo. ____ muy simpática.

14 ¿Sabe usted ...?

 1 Ergänzen Sie die passenden Fragewörter.

1. ¿De _____ son las máquinas?
2. ¿_____ funcionan?
3. ¿_____ producen por año?
4. ¿En _____ calle está el hotel?

5. ¿En _____ habitación está Pablo?
6. ¿Con _____ baila Marta?
7. ¿_____ es Daniel?
8. ¿_____ personas hay?

9. ¿_____ están los colegas de Marta?
10. ¿_____ horas estudian por día?
11. ¿_____ gana el profesor?
12. ¿_____ están los servicios?

 2 Fragen Sie sich jetzt gegenseitig und antworten Sie.

Ejemplo:

A ¿De dónde son las máquinas?
B Son españolas.

B ¿Cómo funcionan?
A No sé (bien) cómo funcionan ...

15 Un mensaje para Marta

Zwei Tage später möchte Marta mit Daniel noch etwas trinken. Sie hinterlässt ihm eine Nachricht an der Rezeption.

1 Schreiben Sie Daniels Antwort.

Daniel bedankt sich für Martas Brief,
aber er käme nicht mehr runter,
denn es sei schon spät,
er sei schrecklich müde und
morgen sei für ihn ein harter Tag.
Er schlägt vor, um 8 Uhr zusammen zu frühstücken.
Er sei mit einem anderen Kollegen aus dem Seminar im kleinen Speisesaal.
Er verabschiedet sich bis zum nächsten Tag und umarmt Marta.
Er fügt noch hinzu, dass er im Zimmer 615, im 6. Stock sei.
Seine Telefonnummer im Hotel sei auch 615.

2 Doch Marta gibt nicht auf und ruft Daniel an. Führen Sie zu zweit das Telefongespräch.

16 ¿Dónde? o ¿cuándo?

 Ordnen Sie die Ausdrücke nach Orts- und Zeitangaben. Wissen Sie noch, was sie bedeuten?

delante	ayer	ahora	detrás	cerca	ya	enseguida	abajo	después
allí	todavía	arriba	aquí	tarde	lejos	hoy	todavía no	

¿dónde?	¿cuándo?
aquí	hoy
...	

El español de América

España	América (Argentina, Uruguay, Paraguay)
un zumo de naranja	un jugo de naranja
una cerveza	un chopp
una cervecería	una choppería
una caña	un liso, un balón

En la recepción

a **Está todo incluido.**

Pablo: Por favor, señorita, ¿puede preparar mi factura?

Empleada: Enseguida, señor. ¿A su nombre?

Pablo: No, a nombre de la empresa.

Empleada: ¡Oh, ya está lista! Son 365,40 euros.

Pablo: ¡Hombre! ¿Tanto?

Empleada: Sí. Están todos los gastos y el 16 % del IVA incluidos.

Pablo: Bueno, puedo pagar con tarjeta, ¿no?

Empleada: Por supuesto.

El IVA es el Impuesto sobre el Valor Añadido (Mehrwertsteuer).

b **La factura**

Aceptamos todas las tarjetas.

Hotel Cervantes ***

C/ Ávila, 33
28022 Madrid
Tel. 91 777 34 34
www.cervantes-madrid.com

Sr. /Sra.	Empresa Torres y Cía.
Fecha	3–6 de marzo
Habitación	individual con ducha
Días	3
Precio: 80 €	240.00 €
Teléfono	35.00 €
Bar	18.00 €
Oficina	22.00 €
Otros servicios	–
IVA 16 %	50,40 €
Total	**365,40 e**

c **Gracias por su visita.**

Pablo: Necesito un taxi, por favor.

Empleada: ¿Para ir al aeropuerto? ¿Por qué no va en metro? A las horas punta hay muchos atascos, ¿sabe?

Pablo: Es verdad, entonces tomo el metro. Otra cosa: ¿Hay un cajero automático por aquí cerca?

Empleada: Sí, hay uno en la Galería Preciosa, es de "La Caixa".

Pablo: ¿Se puede ir a pie?

Empleada: Sí, claro, está enfrente de la plaza.

Pablo: ¡Ah, muy bien, gracias! Bueno, ¡adiós!

Empleada: Gracias por su visita y ¡buen viaje!

Pablo: Sí, ¡hasta la próxima!

Empleada: ¡Hasta pronto! – ¡Oh, el paraguas! ¡Señor Iturraspe, su paraguas!

Pablo: No, no. No es mío. El mío está aquí.

1   Informe.

¿Cuánto cuesta la habitación por día?
¿Cómo paga Pablo?

¿Cuánto paga en total?
¿Por qué es tanto?

¿Cómo va Pablo al aeropuerto? ¿Por qué?
¿Qué más necesita?

d **Yo voy contigo.**

Isabel: ¿Adónde vais esta noche, chavales?

Carlos: Al cine, dan una película muy buena. ¿Y vosotros?

Isabel: A la discoteca.

José: ¿Y cómo vais?

Isabel: Vamos a pie y volvemos en taxi.

Carlos: ¿Y mañana?

Isabel: Mañana podemos ir a Toledo todo el día.

José: ¿Puedo ir con vosotros?

Isabel: Claro, no hay problema. ¿Y tú, Merche?

Merche: Yo mañana voy al museo.

José: Ah, entonces voy contigo. ¿A qué museo vas?

Isabel: Mejor vamos todos juntos a Toledo y el lunes …

Merche: No, no. ¡Los lunes los museos están cerrados!

e **Él entra conmigo.**

Empleada: Señor, no está permitido entrar al hotel con animales. No puede entrar con el perro.

Señor: Yo no entro con el perro. ¡Él entra conmigo!

Empleada: ¡Ah! ¿No es suyo?

Señor: No, ¡qué va!

Empleada: Pero ¡está con usted!

Señor: Sí, sí, pero yo no sé por qué.

Empleada: Aquí no puede estar. Está prohibido, ¿sabe?

Señor: Claro, pero no es problema mío, ¿no?

2 ¿Qué hacen? Was machen sie?

1 Los chicos

¿Adónde van los chicos esta noche?

¿Cómo van? ¿Cómo vuelven?

¿Y al día siguiente? ¿Adónde van?

¿Qué problema hay el lunes?

2 El señor y el perro

¿Quién entra al hotel?

¿Por qué no puede entrar?

¿Cuál es el problema?

¿Para quién es un problema?

3 Verbos

1 Suchen Sie die Formen von *poder* im Text. Was fällt Ihnen auf? Können Sie nach dem gleichen Muster *volver* konjugieren?

	poder (können, dürfen)	**volver** (zurückkommen)
yo	_____	vuelvo
tú	puedes	_____
él/ella/Ud.	_____	_____
nosotros/-as	_____	_____
vosotros/-as	podéis	_____
ellos/-as/Uds.	pueden	_____

2 Das Verb *ir*. Suchen Sie wieder die Formen aus dem Text.

	ir
yo	_____
tú	_____
él/ella/Ud.	_____
nosotros/-as	_____
vosotros/-as	_____
ellos/-as/Uds.	van

Realidad hispánica

¿EUROPA SIN FRONTERAS?

La Unión Europea ya no es un sueño. Es una realidad. Europa crece y se consolida al mismo tiempo. Desde el 1° de mayo de 2004 son 25 los países que la integran y lo interesante es que ocho de los nuevos miembros son países ex-comunistas. En Europa todo es posible. Europa es la Revolución Pacífica. Cada vez hay más cosas en común: leyes, decretos, proyectos científicos, tecnológicos y culturales, programas de intercambio para alumnos, estudiantes y profesionales. Y desde el 1° de enero de 2002 Europa tiene una moneda común: el euro. Las fronteras políticas ya no existen. Ahora, las únicas fronteras son los idiomas. Europa es una "Torre de Babel". Los idiomas oficiales que más gente habla son: alemán, italiano, inglés, francés y español. Pero hay muchísimos idiomas más.

4 Comprensión

> tener en común: gemeinsam haben

Schlagen Sie vier Wörter nach, die Sie nicht verstanden haben.
Vergleichen Sie dann mit den anderen Kursteilnehmern und -teilnehmerinnen.

5 Explique.

> Suiza y Noruega no están en la UE.

¿Cuántos son los países de la Unión Europea?
¿Qué tienen en común?
¿Cuál es el problema de Europa?

¿Cuáles son los idiomas que habla más gente?
¿Dónde se hablan?
¿Sabe usted en qué países se paga con euros?

6 ¿Desde cuándo están en la UE?

1 Schauen Sie sich die Karte an und ergänzen Sie die Tabelle.

año	país
1957	Francia, Italia
___	___
___	___
___	___
___	___
2004	___

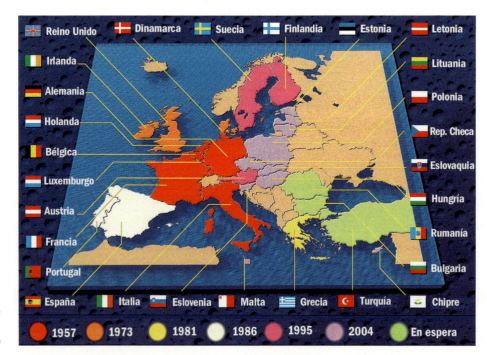

Por cortesía de la revista MUY INTERESANTE (N° 259, diciembre 2002)

2 Pregunte y conteste.

¿Cuáles son los socios más antiguos/nuevos?
¿Desde cuándo está ... en la UE?
¿Qué "candidatos" esperan todavía?

> España forma parte de la Unión Europea desde 1986.

Recuerde

A   Ir

Das Verb **ir** bedeutet „gehen" oder „fahren".

	ir
yo	**voy**
tú	**vas**
él/ella/usted	**va**
nosotros/-as	**vamos**
vosotros/-as	**vais**
ellos/-as/ustedes	**van**

Das Ziel wird mit der Präposition **a** angegeben.

¿Adónde vas?
a casa (zu mir nach Haus)
a la oficina
al aeropuerto
al cine
a Barcelona
a la casa de Pedro

> a + el = al

Das Verkehrsmittel mit der Präposition **en**.

¿Cómo vas?
en bicicleta
en tren / en metro
en avión
en autobús
en barco
en taxi / en coche

> Voy a caballo.

Achtung:
| ir a pie | zu Fuß |
| ir a caballo | zu Pferd |

B   Poder, volver

¿Puedo pagar con tarjeta? | Kann ich mit Karte bezahlen?
No **puedes** entrar aquí. | Hier kannst/darfst du nicht hinein.
Vuelvo de la playa. | Ich komme vom Strand.

Die Gruppenverben verändern den Stammvokal im Singular und in der 3. Person Plural. In diesem Fall wird das o zu ue, wie bei costar.
Poder als Hilfsverb wird wie im Deutschen mit dem Infinitiv des Hauptverbs kombiniert.

C   Das betonte Possessivpronomen

mío/-a/-os/-as
tuyo/-a/-os/-as
suyo/-a/-os/-as
nuestro/-a/-os/-as
vuestro/-a/-os/-as
suyo/-a/-os/-as

Das betonte Possessivpronomen steht nach dem Substantiv, auf das es sich bezieht. Wenn es anstelle eines Substantivs gebraucht wird, steht es mit dem bestimmten Artikel.

Possessivbegleiter	Nach Substantiv	Statt Substantiv
¿No es **su** perro?	No, el perro no es **mío**.	**El mío** es negro.
Ist das nicht Ihr Hund?	Nein, dieser Hund gehört nicht mir.	Meiner ist schwarz.

D   *Con* + Pronomen

Nur die ersten beiden Personen im Singular haben eigene Formen:

conmigo	mit mir
contigo	mit dir
con él/ella	mit ihm/ihr
con usted	mit Ihnen

El perro entra **conmigo**.
¿Vas al museo? – Yo voy **contigo**.

E   Dar

Das Verb **dar** heißt geben (bei Filmen oder Theaterstücken: zeigen).
Nur die 1. Person Singular ist unregelmäßig: **yo doy**.

F   Fragewörter

¿a qué?	**¿A qué** museo vas?	Zu welch…?
¿en qué?	**¿En qué** piso estás?	In welch…?
¿para qué?	**¿Para qué** necesita un taxi?	Wofür/Wozu …?
¿de quién?	**¿De quién** es el perro?	Wem gehört …?
¿qué tanto por ciento?	**¿Qué tanto por ciento** es el IVA?	Wie viel Prozent beträgt die MwSt.?

7 Expresiones

Suchen Sie die Ausdrücke in den Dialogen.

Permiso y prohibición	Erlaubnis und Verbot	Despedidas	Abschiedsformeln
¿Se puede ...?	Darf man ...? / Kann man ...?		Danke für Ihren Besuch.
_____	Es ist nicht erlaubt.	_____	Bis zum nächsten Mal.
_____	Es ist verboten.	_____	Gute Reise. – Danke, gleichfalls.

8 "Hecho en Europa"

1 Alles ist jetzt „Made in Europe", aber was glauben Sie:
Woher könnten diese Produkte kommen?
Machen Sie eine Liste, je ein Produkt pro Land.

2 Vergleichen Sie mit Ihrem Nachbarn / Ihrer Nachbarin.

Ejemplo:
A ¿De dónde crees que es el cacao?
B Yo creo que es de Suiza.
A Puede ser, pero yo creo que es de Bélgica.

> el avión   la leche   el cacao   el yogurt   los tomates   el vino   las naranjas
>
> las aceitunas   la cerveza   las galletas   el queso

9 ¿Hay un restaurante?

Pregunte y conteste como en el ejemplo.

Ejemplo:
A ¿Hay una oficina de correos por aquí cerca?
B Sí, hay una enfrente del banco.

B ¿Hay un restaurante ...?
A Sí, hay ...

10 ¿De quién es?

Pregunte y conteste. Fragen Sie auch nach Dingen aus dem Kursraum.

Ejemplo:
A ¿De quién es el paraguas? ¿Es tuyo/suyo, señora?
B No, mío no es.

B Aquí hay unas llaves, ¿no son tuyas/suyas?
A No, no son mías.

11 ¿Se puede ...?

 Pregunte y conteste.

Ejemplo:

A ¿Se puede nadar aquí?

B No, no está permitido. / No, está prohibido.

B ¿Se puede aparcar delante del hotel?

A Sí, se puede.

nadar   aparcar   entrar con perro

pasar   fumar   pasar en bicicleta

12 ¿De quién son las gafas?

 Ergänzen Sie die fehlenden Formen des betonten Possessivpronomens.

Ejemplo: ¿El periódico es tuyo? – No, es del hotel. El mío está en mi habitación.

1. A Aquí están sus llaves.
   B No, no. Son las s____.
   C No, las m____ están en mi bolso.
2. A Su paraguas, señor.
   B No, no es ____. ¿No es ____, Rodrigo?
   C No, ____ tampoco es.
   B ¿De quién es entonces? ¿De la señora? – Perdón seño-
   ra, es ____?
   D Sí, es ____, gracias.
3. A ¿Cómo está su familia, Señor García?
   B Muy bien, gracias, y ¿____?
   A Bien gracias, mis hijos ya van a la escuela.
   B Ah, ____ todavía no.

4. A Mi comida está muy rica y ¿____, señor Carrasco?
   B ____ también. Y ¿____, señora Pérez?
   C ____ no, ____ está fatal.
5. A ¡Oh, una cámara y unas gafas de sol! – ¿No son ____,
   Maricarmen?
   B No, ____ están en mi mochila.
   A ¿De quién son, entonces? ¿No son ____, José ?
   C No, no ____ tampoco son. No sé de quién son.
6. A ¡Oh, chicos, qué suerte! ¡Allí está mi cámara!
   B ¿Tu cámara?
   A Sí, ¡qué suerte, Dios ____!

13 Reaccione. Reagieren Sie.

1. ¿De quién es el paraguas? ¿Es suyo señora?   Ich weiß es nicht, mir gehört er nicht.
2. Aquí hay unas llaves, ¿no son tuyas?   Nein, es sind nicht meine. Es sind Pablos.
3. ¿Se puede filmar aquí?   Nein, es ist nicht erlaubt.
4. Perdón, señor, no está permitido telefonear aquí.   Entschuldigung, dann gehe ich in die Bar.
5. ¿Se puede aparcar delante del hotel?   Nein, es ist verboten. Hinter dem Hotel ist es erlaubt.

14 Una vista fantástica   Eine fantastische Aussicht

 Hören Sie den Dialog und beantworten Sie anschließend die Fragen.

1. ¿En qué piso está la habitación de Isabel?
2. ¿Y la de José?
3. ¿Cómo es la vista desde su habitación?

4. ¿Cómo van arriba los chicos? ¿Por qué?
5. ¿Cuál es el problema de José?

1 Lesen Sie die Anzeigen und suchen Sie vier Aktivitäten aus, die Sie interessieren.

2 Suchen Sie einen Partner / eine Partnerin, um auszugehen und machen Sie Vorschläge. Einigen Sie sich auf mindestens zwei verschiedene Aktivitäten.

3 Erzählen Sie dann im Kurs: Mit wem gehen Sie aus? Wohin? Wie? Wann? ...

¿Adónde vamos?

¿Por qué no vamos a ...?

Podemos ir hoy a ... y mañana a ...

Mejor ...

¿Puedo ir contigo?

¿Por qué no vamos (todos) juntos?

¿Cómo vamos?

16 **En su ciudad**

 Schreiben Sie sich gegenseitig SMS (*mensajes SMS*) und planen Sie das nächste Wochenende in Ihrer Stadt oder in der Nähe Ihres Dorfes.

Ejemplo:

Hola ... ¿Vamos al cine el sábado?

No, no puedo.

¿Y el domingo?

No sé. ¿Qué dan?

17   La factura del hotel

Ergänzen Sie die Dialogteile des Hotelgastes.

cliente	recepcionista
grüßt und möchte seine/ihre Rechnung begleichen →	Un momento, por favor. Enseguida preparo su factura. ¿A nombre de quién?
gibt den Namen an und fragt, ob die Sauna inklusiv sei →	Sí, por supuesto, la sauna está incluida. ¿Otros servicios? ¿Bebidas en la habitación? ¿Bar? ¿Servicio de oficina? ¿Teléfono? ¿Fax? ¿Internet?
zwei Bier in der Hotelbar, ein Fax nach Barcelona möchte wissen, ob er/sie mit Kreditkarte zahlen kann →	Por supuesto puede pagar con tarjeta. ¿Qué tarjeta tiene?
gibt an, welche Karte er/sie hat →	Ah, muy bien. Aquí está su factura, son 258 euros.
staunt über die Summe und fragt, ob die Steuern schon inbegriffen seien →	Sí, está todo incluido.
bedankt sich und verabschiedet sich →	Muchas gracias y buen viaje.

18   Un congreso

 Usted está invitado a un congreso internacional en el Hotel Bellavista.
Zwei Personen sind Gäste, die anderen Rollen werden aufgeteilt: *taxista*, *recepcionista*, *camarero/-a*.

1 Sie sind am Bahnhof. Erkundigen Sie sich bei der Touristinformation, wo das Hotel ist und wie Sie dorthin kommen.

2 Sie sind im Hotel angekommen und gehen zur Rezeption. Fragen Sie nach einem Zimmer für drei Tage. Nennen Sie Ihren Namen und sagen Sie, dass Sie zum Kongress kommen.

¿Puedo reservar una habitación para tres días?
A nombre de ...

3 Erkundigen Sie sich, ob das Zimmer Internetanschluss hat. Fragen Sie auch, ob es eine Nachricht für Sie gibt und in welchem Stockwerk der Konferenzraum ist.

4 Gehen Sie in die Bar. Bestellen Sie sich etwas und fragen Sie nach internationalen Zeitungen. Grüßen Sie jemanden, den Sie kennen und unterhalten Sie sich eine Weile. Zahlen Sie die Getränke, auch für Ihren Partner / Ihre Partnerin.

Bocadillo cultural

„La Caixa" und andere Sparkassen

Anders als die mächtige Sparkasse von Barcelona, „La Caixa", sind die weit verbreiteten Cajas de Ahorro in Lateinamerika nur auf lokaler Ebene relevant. Sie erfüllen aber gemeinsam mit den vielen Mutuales und Cooperativas aller Art eine sehr wichtige Funktion: Sie dienen den Interessen der einfachen Leute, besonders in ländlichen Gebieten. Der Kooperativismus könnte mittelfristig eine echte Chance für Lateinamerika bieten: Hilfe zur Selbsthilfe anstatt internationaler Abhängigkeit.

En la sala de conferencias

Mil preguntas

Pablo acaba de llegar de Madrid, de la Feria de las Golosinas. Ya está otra vez en la oficina. En una reunión de personal informa sobre la feria.

Los colegas miran los catálogos y folletos y comentan las últimas novedades del ramo. Ponen todas las muestras de productos en la mesa: bombones, chocolates, caramelos y golosinas de todos tipos y precios, de todos los tamaños y colores …

Todos están entusiasmados y hacen mil preguntas. Felipe, el aprendiz, también está allí. Él sólo escucha y come y come: ¡un caramelo tras otro!

a El orden del día

TORRES & COMPAÑÍA, S.L.

Reunión de trabajo

Lugar: sala de conferencias
Día: viernes 3 de octubre
Hora: 17:00 h.

Orden del día:
Informe del Sr. Iturraspe
Comparación de productos
Análisis del mercado

ARENALES 15–19 | 08180 FLORES
TEL 937 878 600 | Fax 937 878 666
WWW.CHOCOTORRES.COM | ADMIN@CHOCOTORRES.COM

b No sé bien …

Ana María: ¿De dónde son estos caramelos?
Pablo: Son todos de España. Son estupendos, ¿no?
Ana María: Sí, magníficos. ¡Qué presentación tan bonita!
Alicia: Y esos verdes, ¿también son de España?
Pablo: ¡Qué va! Esos no son productos españoles.
Alicia: ¿De dónde son, entonces? ¿De Asia?
Ana María: Creo que sí, pero no sé bien de dónde.
Don Rogelio: ¿Son buenos?
Pablo: Malos no son y son muy baratos, pero claro, como los españoles no son …

c ¡Qué raro!

Don Rogelio: ¿Y aquellos chocolates de allí? ¿De dónde son?
Ana María: Creo que son suizos.
Pablo: Sí, claro. Son suizos. Son de una calidad excelente.
Don Rogelio: Sí, ya veo. Son de primera, pero nada baratos, ¿no?
Pablo: ¡Qué va! ¡Son muy caros!
Alicia: ¡Muy caros y muy exóticos! ¿No hay productos buenos y baratos?
Pablo: ¡Los italianos! Son bastante buenos y mucho más baratos.
Don Rogelio: ¿Cuáles son? Aquí no veo muestras italianas.
Pablo: ¡Sí, sí! ¡Hombre, Ana! ¿Dónde están?
Ana María: No sé, ¿quizás en el maletín?
Pablo: ¡Qué raro, aquí tampoco están!

1 Informe.

¿Dónde y cuándo es la reunión? ¿Quiénes van?
¿Quién habla primero?
¿Qué comentan?

¿De dónde son las muestras? ¿Cómo son?
¿Quién es Felipe? ¿Qué hace?
¿Qué problema hay?

d Un modelo exclusivo

Don Rogelio: Y eso, ¿qué es?

Pablo: ¿Esto? – Es un lolly-pop, un nuevo diseño de Casa Prado, un modelo exclusivo.

Alicia: ¿Eso es un chupa-chupa? ¡Pero si es puro plástico!

Pablo: Bueno, es una golosina moderna, para los chicos de hoy, ¿no? Además, la denominación chupa-chupa ya no existe. Ahora se habla sólo de lolly-pops.

Alicia: ¡Por Dios, maldito inglés!

Don Rogelio: Pues si nosotros deseamos vender y los chicos desean eso …

e ¿De la misma empresa?

Don Rogelio: ¿Y esos esqueletos de ahí?

Alicia: Son de una empresa mexicana, ya sabe usted que en México …

Don Rogelio: Sí, sí, ya sé. ¡Muy originales! Pero ¡qué precios!

Alicia: Aquellos de allí no son tan caros como esos.

Don Rogelio: ¿Son de la misma empresa?

Alicia: No sé exactamente. Creo que son de otra empresa. No estoy segura.

Don Rogelio: ¡Mmm! El sabor es excelente, pero …

Alicia: … nuestros chocolates son más ricos todavía.

Don Rogelio: ¡Gracias!

Alicia: No, no. Es la verdad.

f Una campaña virtual

Pablo: Las golosinas más baratas son sin duda las golosinas virtuales ¡Y esas sí que no engordan!

Don Rogelio: ¿Golosinas virtuales? ¡Qué novedad!

Pablo: Sí, es genial: tú haces clic y entras al espacio virtual, miras el "menú" y hay olor a fresa, a limón, a vainilla …

Alicia: ¡Qué interesante! ¿Y eso es todo?

Pablo: Sí, es una campaña publicitaria de Casa Prado.

g Enseguida acabamos.

Alicia: Bueno, ¿hacemos una pausa?

Don Rogelio: No, no, ya enseguida acabamos.

Alicia: ¡Esa sí que es una idea estupenda!

Pablo: Sí, pero hay que hacer una lista y digitalizar la información.

Don Rogelio: ¿Digitalizar? ¿Para qué?

Alicia: ¡Hombre! Para poder comparar mejor, claro.

2 Informe.

¿Cuál es la denominación actual de los chupa-chupa?

¿Cuál es el problema de estos productos?

¿Son caros los productos mexicanos? ¿Cómo son?

¿Cómo es la campaña publicitaria de Casa Prado?

¿Hay golosinas que no engordan?

¿Qué hay que hacer todavía?

Bocadillo cultural

Reunión familiar en el día de los muertos

En muchas regiones de México y de Guatemala, el 1 de noviembre las familias se reúnen para recordar a quienes ya no están en este mundo. Festejan alegremente, con grandes comidas, entre flores y esqueletos. Para los niños, ese día hay golosinas especiales en forma de esqueletos o calaveras. Los platos más exquisitos son para los muertos, ya que ellos son los invitados de honor.

Realidad hispánica

BOMBONES DE CHOCOLATE

Hay infinitas especialidades de chocolate, todas deliciosas y apetitosas. Las denominaciones son diferentes según los diseños y los rellenos. Hay bombones de praliné, de distintos tipos de licores, de fruta o de nugat. Son todos exquisitos y son siempre el regalo perfecto. En estos momentos, el chocolate amargo, o de vainilla, es el que tiene el mayor protagonismo en Europa. Es que los consumidores siguen las tendencias más sanas: el chocolate amargo tiene muchísimo cacao y el porcentaje de azúcar reducido. Pero las últimas novedades del mercado son, sin duda, los chocolates exóticos: con sal y pimienta o con chili.

Ana Lumbreras (texto adaptado)

La Pajarita
Desde 1852, La Pajarita está entre los artesanos más tradicionales. Sus flores y pajaritos de chocolate amargo son inconfundibles. Cuestan 45 € el kilo.

Juncal
Más de cien clases diferentes de bombones distinguen a esta firma. Entre las especialidades están las ostras rellenas de praliné y cinco tipos de trufas. 68 € el kilo.

Godiva
Esta casa de origen belga es muy conocida por sus más de setenta especialidades. Entre las más famosas están el Ganduja, de chocolate con leche, decorado con líneas blancas y el Autant, con café y aroma de coñac. El precio es de 8,90 € los 100 gramos.

Richart
Esta empresa familiar francesa lleva muchos años en España. Los productos más típicos son los minibombones Petit Richart. Su diseño es innovador.

Mallorca
Dos de las especialidades más exquisitas de esta empresa son la guinda bañada en chocolate y la trufa al brandy de Jerez con chocolate oscuro. Cuestan 56 y 65 € el kilo.

Santa
Estos bombones, denominados Gigantes, son de origen español y se diferencian por su tamaño: pesan 50 gramos y se venden por unidad, no por peso. En la foto, dos de los bombones más conocidos.

3 Informe.

¿Cuántas especialidades de chocolate hay?
¿Qué clases de rellenos hay?

¿Qué producto se vende mucho actualmente? ¿Por qué?
¿Cuáles son las últimas novedades del mercado?

4 ¿De qué país son? ¿De qué empresa son?

La empresa Santa es _____.
La empresa Godiva es _____.
La empresa Richart es _____.
Los productos más tradicionales son de la empresa _____ y los más innovadores son de _____.
Los bombones más grandes son de la empresa _____ y los más pequeños son de _____.
Los productos más caros son de _____ y los más baratos son de _____.

Recuerde

A Demonstrativbegleiter

Je nach Entfernung vom Sprechenden gibt es drei Demonstrativbegleiter, die immer bei einem Substantiv stehen.

aquí (hier, in der Nähe)	ahí (da, etwas weiter)	allí (dort, weiter entfernt)
este modelo (dieses Modell hier)	**ese** modelo (dieses Modell da)	**aquel** modelo (jenes Modell dort)
esta marca	**esa** marca	**aquella** marca
estos modelos	**esos** modelos	**aquellos** modelos
estas marcas	**esas** marcas	**aquellas** marcas

Die Demonstrativpronomen haben dieselben Formen, aber mit Akzent: ¿Cuál es tu coche? ¿Éste, ése o aquél?

Achtung: Die neutralen Pronomen eso, esto und **aquello** stehen nie vor einem Substantiv und tragen keinen Akzent.

B Regelmäßige Steigerung des Adjektivs

Grundform	Komparativ	Superlativ
	más + Adjektiv + que	el/la/los/las + más + Adjektiv
importante	**más** importante	**el más** importante
cara	**más** cara	**la más** cara
baratos	**más** baratos	**los más** baratos
nuevas	**más** nuevas	**las más** nuevas

Tan ist unveränderlich!

Bekräftigungsformen

mucho + **más** + Adjektiv	**mucho más** baratos
más + Adjektiv + todavía	**más** baratos **todavía**
mucho + **más** + Adjektiv + todavía	**mucho más** baratos **todavía**

Adjektive wie **excelente, estupendo** oder **magnífico** werden nicht gesteigert.

Tan + Adjektiv heißt: so …
¡Son **tan** baratos!
Sie sind so billig!

Statt **menos que** wird oft **no tan como** benutzt:
Estos **no** son **tan** caros **como** esos.
Diese sind nicht so teuer wie die da.

C Fragewörter

¿Cuál?	**¿Cuál?** ¿Éste?	Welches, dieses hier?
¿Cuáles?	**¿Cuáles** son mejores?	Welche sind besser?
¿Qué? + Substantiv	**¿Qué** caramelos?	Welche Bonbons?
¿Qué? + Verb	**¿Qué** hace Felipe?	Was macht er?

D *Si* wenn/ob

Si nosotros deseamos vender …
Wenn wir verkaufen wollen …
Achtung: Nicht verwechseln mit
sí – ja/doch.

E *Acabar de* + Infinitiv

Acabar bedeutet enden, zu Ende gehen:

Enseguida **acaba** la reunión. | Gleich ist die Besprechung zu Ende.

Die sehr geläufige Konstruktion **acabar de** + Infinitiv wird verwendet, wenn etwas gerade geschehen ist:

Pablo **acaba de** llegar de la feria. | Pablo ist gerade von der Messe zurückgekommen.

F *Creer + que* glauben

Creo que los caramelos son de México. | Ich glaube, dass …

No, **creo que** no. – Pues yo **creo que** sí. | Nein, ich glaube nicht. – …

G *Hacer* machen/tun

¿Qué **haces**? – No **hago** nada.
Hace clic.

5   Sí, sí, ya sé ...

 Erinnern Sie sich an diese Redemittel?

1 Übersetzen Sie die fehlenden Entsprechungen.

2 Finden Sie für jeden Abschnitt einen Titel.

1. _____

   Sí, sí ya sé ...   _____

   _____   Ja, das ist wahr.

   Eso sí que es ...   _____

   _____   ohne Zweifel

2. _____

   No sé bien.   _____

   _____   Ich weiß nicht genau.

   No estoy seguro.   _____

3. _____

   Creo que es italiano.   _____

   _____   Ich glaube, ja.

   Creo que no.   _____

4. _____

   _____   Das ist ja eine Neuigkeit!

   _____   Komisch!

5. _____

   Si es así ...   Wenn das so ist ...

   Si los chicos desean eso. _____

   _____   Wenn wir verkaufen wollen.

6. _____

   ¡Y ésas sí que no engordan! Und die machen tatsächlich nicht dick!

   ¡Ésa sí que es una idea excelente! Das ist wirklich eine tolle Idee!

7. _____

   Sie sind sehr lecker.   _____

   Sie sind ziemlich gut. _____

   Schlecht sind sie nicht. _____

6   Por favor, corrija.

 Lesen Sie nochmals die Lektion. Berichtigen Sie dann folgende Sätze.

Ejemplo: Pablo trabaja en una fábrica de muebles. – No, (no es verdad), trabaja en la fábrica de chocolate Torres.

1. Pablo está otra vez en la oficina. Acaba de llegar de las vacaciones.
2. Informa a los colegas y miran juntos fotos de la playa.
3. Están todos en la oficina de don Rogelio, pero Felipe, el aprendiz, está en la planta.
4. Los colegas escuchan el informe de Pablo. No preguntan nada.
5. Los colegas no están satisfechos con el informe de Pablo.
6. Este año no hay muchas novedades importantes en la feria.
7. Los colegas miran las muestras de coches, de todos los tamaños y colores.
8. Los lolly-pops están todavía en el aeropuerto.
9. La empresa Torres hace una campaña publicitaria virtual.
10. Don Rogelio come caramelos italianos, come uno tras otro.

7 ¿De qué color son las flores y los zapatos?

¿Cuál es la flor más bonita? Compare. Vergleichen Sie.

> Los zapatos de color crema son muy bonitos.

Ejemplo: La flor número 6 es celeste, es más bonita que las del número 3, las azules. Pero las más bonitas son …

Flores: violeta amarillo celeste naranja rojo azul rosa	Zapatos: ocre crema marrón blanco gris negro verde

Einige Farbnamen sind unveränderlich: color naranja, color rosa, color crema.

8 Diferentes marcas

Vergleichen Sie diese Schokoladenspezialitäten.

Ejemplo: El chocolate Mucho Gusto es más rico que el …
La calidad de Cho-Co-Chi-No no es tan alta como la calidad …
La presentación más bonita es la del chocolate …

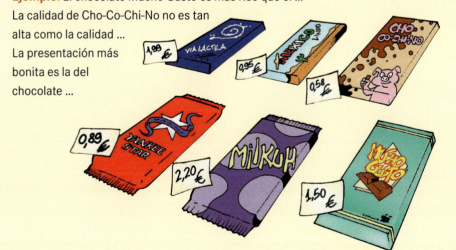

Criterios

el precio: caro – barato

la calidad: alta – baja

la presentación: bonita – interesante – aburrida

el sabor: rico – no tan bueno – feo

más … que …
no tan … como …
… más …

9 ¿Cuánto cuesta?

Converse sobre los productos. Unterhalten Sie sich zu zweit über die Produkte aus Übung 8.

A ¿De dónde es el chocolate Milkuh?
   ¿Cuánto cuesta?
   La presentación es bonita ¿no?
   Y el gusto, ¿qué tal es?

B No sé, creo que es un producto …
   (No) es muy caro. Cuesta …
   Sí, es verdad, es (bastante) bonita. / No, no es muy …
   El gusto es …, pero la calidad no es …

10 Bueno, bonito y barato

 Sie sind der Verkäufer / die Verkäuferin. Preisen Sie Ihre Ware an.

Ejemplo: Este portátil es muy bueno. La calidad es excelente y es ...

| ese | aquel |
| este | |

marca	modelo
diseño	calidad
precio	producto

caro	rápido
malo	interesante
bueno	excelente
bonito	estupendo
barato	magnífico

11 *¿Cuál, cuáles o qué?*

Ergänzen Sie die passenden Fragewörter.

1. Esos productos son buenos. – ¿_____?, éstos de aquí? – Sí, ésos. ¿_____ marca son? – Son Milkuh.

2. ¡_____ presentación más bonita! – ¿_____?, ¿la de los productos Milkuh o la de Kuhmilk?

3. ¡Caramba, _____ pregunta! ¡Kuhmilk es una marca de leche! – ¡Y _____ marca!

4. ¿_____ es la marca de chocolate más importante? – ¿En _____ país, en Alemania?

5. Sí, ¿_____ marcas se venden? – Hay muchas marcas buenas, pero no sé _____ es la más famosa.

6. ¿_____ caramelos son más ricos, los de fresa o los de limón? – Los de fresa. – ¿_____ son, ésos?

   – Sí, ¿ves _____ buenos que son?

12 *¿Acabar o acabar de?*

1. Marcela, _____ llegar un fax de Málaga. – ¿Qué problema hay?

2. Ya no hay más problemas. Yo _____ hablar por teléfono con el señor Ochoa.

3. El chocolate _____ llegar a Málaga.

4. Señor Torres, los clientes ya están aquí. – ¿Ya están en la oficina? – Sí, _____ llegar del aeropuerto.

5. Un momento, por favor. El señor Torres está en una reunión. La reunión _____ en cinco minutos. ¿Un café?

   – No, gracias, _____ (wir) tomar algo en el avión.

6. Aquí están los nuevos catálogos: _____ llegar. – Muy amable, gracias.

7. ¿Cuándo _____ la feria? ¿Mañana? – No, el lunes.

8. ¿Cuánto cuesta aquí la cerveza? – 4 euros. – ¿Tanto? ¿Estáis seguros? – Sí, _____ mirar la lista de precios.

13 Un concurso Ein Wettkampf

Welche Gruppe ergänzt die Dialoge schneller?

Grupo A

1. ¿De dónde son est_____ caramelos?

   – Es_____ son español_____.

2. Son estupend_____, ¿no? – Sí, magnific_____.

3. ¡Qué bonit_____ presentación!

4. ¿Y estos verd_____? ¿Y es_____ amarill_____?

5. Ésos no son español_____. Creo que son

   italian_____.

6. ¿Son buen_____? – Mal_____ no son y son muy

   barat_____.

7. ¿Y aquel_____ chocolatinas pequeñ_____?

   ¿De dónde son?

8. Son aleman_____. Son buenísim_____.

9. Sí, ya veo. Son de primera, pero nada barat_____,

   ¿no?

10. ¡Qué va! ¡Son muy car_____! Pero son modelos

    exclusiv_____.

Grupo B

1. ¿Y es_____ caramelos ahí? ¿Son de la mism_____

   empresa?

2. ¿Cuáles? ¿Ést_____? No, creo que son de una

   empresa american_____ o mexican_____.

3. Son muy ric_____. – Sí, el sabor es excelent_____

   y son muy barat_____.

4. Pues, más barat_____ todavía son las golosinas

   cuban_____.

5. Hay una campaña publicitari_____ muy

   interesan_____ y muy innovador_____.

6. Sí, es una campaña magnific_____, ¡golosinas

   virtual_____!

7. ¿No hay productos buen_____ y barat_____?

8. No sé, quizás los italian_____.

9. Son mucho más barat_____ y bastante buen_____.

10. ¿Dónde están? Aquí no veo muestras italian_____.

14 ¿De dónde son?

Traduzca. Übersetzen Sie zu zweit.

1. Von welcher Firma sind diese Produkte hier? Ist es eine
   neue Firma? – Ich glaube, es ist eine Schweizer Firma.
   Ihre Produkte sind von ausgezeichneter Qualität.
2. Diese Kataloge da, sind die von der gleichen Firma?
   – Das weiß ich nicht genau. Ich glaube, dass sie von einer
   anderen Firma sind.
3. Die Firma Presto ist eine Firma aus Madrid, oder?
   – Nein, aus Madrid ist sie nicht. – Woher ist sie denn?
   – Ich glaube, dass sie aus Italien ist. – Ah, ja, das stimmt!
4. Ist das ein Muster? – Ja, es ist ein Produkt der Firma
   Presto. – Ja, ja, ich sehe schon, die Aufmachung ist
   ausgezeichnet. – Und die Qualität auch.
5. Gut, ist das alles? Gibt es noch etwas? Wenn es keine
   Fragen mehr gibt, machen wir eine Pause und trinken
   Kaffee.

Al aire libre

Para una empresa siempre es importante saber qué hace la competencia. Mucho más importante todavía es saber lo que desea el público consumidor, cuál es la tendencia del mercado. Después de la reunión, don Rogelio todavía tiene algunas preguntas. Él siempre quiere saber todos los detalles. Por eso invita a Pablo a tomar algo.

a ¡Estás preocupado!

Don Rogelio: ¿Tienes tiempo, Pablo? ¿Tomamos una copa?
Pablo: No sé, ahora necesito un poco de aire fresco.
Don Rogelio: Pues, si quieres, vamos al campo de golf.
Pablo: Estupendo. ¿Vamos a pie? Así conversamos tranquilos.
Don Rogelio: ¿Por qué? ¿Qué pasa?
Pablo: Nada, nada. No es nada grave.
Don Rogelio: Pero estás preocupado, ¿no? ¿Quizás por las golosinas virtuales?
Pablo: ¡Pero no! ¡Qué va!

b Eso no es nada nuevo.

Pablo: El mayor problema es la competencia.
Don Rogelio: Eso no es nada nuevo …
Pablo: Bueno, sí, en realidad sí. Tiene que leer el artículo en el periódico de hoy … La competencia actual es durísima …
Don Rogelio: Sí, sí, ya sé …

c ¿Tomamos una cervecita?

Don Rogelio: Pero Pablo, los precios son bajos, es verdad, pero los productos, ¿son de la misma calidad que los españoles?
Pablo: No sé, no sé. Yo no estoy nada tranquilo.
Don Rogelio: Bueno, ¿qué quieres tomar?
Pablo: Agua. Una botella de agua. Tengo mucha sed.
Don Rogelio: ¿No prefieres una cervecita?
Pablo: Sí, después una cerveza bien fría y quizás unas tapas.
Don Rogelio: Aquí tienen unas aceitunas de primera, y el queso manchego, ¡es riquísimo! Pero ¿no tienes ganas de comer algo caliente?
Pablo: No, no, hambre no tengo. Sólo algo para acompañar la cerveza, unas patatitas y una ración de manchego.
Don Rogelio: ¡De acuerdo! Camarero, ¡por favor …!

1 ¡Sin mirar el texto!

Ergänzen Sie die Sätze, ohne noch einmal in den Text zu schauen.

1. Para una empresa es importante …
2. Más importante todavía es …
3. Don Rogelio quiere …..
4. Por eso invita a …
5. Pablo está preocupado porque …
6. Pablo tiene sed. Quiere …
7. No tiene ganas de comer porque …
8. Sólo quiere algo para …
9. En el bar hay …

2 Complete.

Um jemanden zum gemeinsamen Handeln aufzufordern benutzt man die _____ Person _____.
Man benötigt keine weitere Übersetzung von „sollen wir …" oder „lasst uns" / „lassen Sie uns".

Bueno, ____ al campo de golf.

Sí, ____ una cervecita.

d ¡Qué sorpresa!

Don Rogelio: ¡Ahí viene López! Conoces a López, ¿no?

Pablo: ¿Qué López? ¿El famoso Inocencio López, de la fábrica de coches?

Don Rogelio: No, no, Constancio López, el del "Lopecito". Creo que es el hermano menor del otro López. Muy buen comerciante y ¡gran deportista! ¡Hola, López! ¿Qué tal?

Sr. López: ¡Ah, don Rogelio! ¿Tan temprano? ¡Qué sorpresa, y entre semana!

Don Rogelio: Sí, aquí mi socio, el señor Pablo Iturraspe, necesita un poco de aire ...

Sr. López: Ah, mucho gusto, señor Iturraspe.

Pablo: Igualmente. ¿Así que usted es el famoso "Lopecito"?

Sr. López: Sí, sí. ¿Y usted, qué hace? ¿Trabaja con don Rogelio, mi gran amigo?

e El peor problema

Don Rogelio: ¡Pablo es mi mejor vendedor! Acaba de llegar de Madrid, de la Feria de las Golosinas.

Sr. López: ¡Estupendo! ¿Y qué tal la feria?

Pablo: Pues, como todas las ferias: ¡mucha gente y poco aire!

Sr. López: El aire es el peor problema, ¿eh?

Pablo: Sí, es siempre lo mismo.

f ¡Gracias a Dios!

Don Rogelio: ¿Y usted, qué tal, López? ¿Qué tal la nueva colección? ¿Es fácil de vender?

Sr. López: Pues sí, gracias a Dios se vende bien.

Pablo: Es que sus productos son de primera calidad.

Sr. López: ¡Ah! ¿Usted conoce nuestros productos?

Pablo: ¡Hombre, claro! El diseño es magnífico. Lámparas como las suyas no hay otras.

Sr. López: ¡Gracias! ¡Gracias!

Don Rogelio: ¡Uy! Tengo que hacer una llamada a México. Perdón, López, pero es una llamada importantísima, ¿sabe?

Pablo: ¡Oh! ¡Y yo tengo una cita! ¡Tengo mucha prisa!

Sr. López: Comprendo. Si quieren, otro día comemos juntos ...

Don Rogelio y Pablo: Pues sí, claro, con mucho gusto.

3 Informe.

¿A quién ven?

¿Qué productos vende?

¿Qué tal se venden? ¿Por qué?

¿Qué quieren hacer otro día?

4 Busque.

Suchen Sie im Text alle Ausdrücke mit *tener*.

tiene algunas preguntas
¿Tienes ...?

Bocadillo cultural

Una cuestión de respeto

¿A quién tutear? ¿Y a quién no? – La respuesta no es fácil. La decisión depende de muchos factores. Por un lado, la gente joven usa más el tuteo que la gente mayor. Por otro, se usa más en la ciudad que en el campo. No hay una regla universal: hay grandes diferencias sociales y regionales. Lo interesante son las asimetrías. Por ejemplo, hay muchos profesores que tutean a los estudiantes, pero pocos estudiantes que tutean a sus profesores. Es una cuestión de respeto. Lo mismo pasa en las empresas tradicionales: los jefes tutean al personal, pero el personal trata de usted a sus superiores. Claro que en muchas empresas modernas, con jefes jóvenes, todos se tutean.

Realidad hispánica

5 Hipótesis

1 Lesen die Überschrift des Artikels. Was könnte in diesem Artikel stehen? Schreiben Sie drei kurze Sätze mit Ihren Vermutungen.

2 Lesen Sie dann den Artikel in Ruhe und vergleichen Sie mit Ihren Hypothesen.

RANKING MUNDIAL DE EXPORTADORES EN 2003

Puesto	Pais	Valor exportaciones (miles de mill. euros)
1	Alemania	658,09
2	Estados Unidos	635,67
3	Japón	414,32
4	China	384,91
5	Francia	337,76
14	España	133,36

Fuente: OMC

Dura competencia para productos españoles

Madrid. Con casi ciento treinta y cuatro mil millones de euros al año, España es uno de los catorce mayores exportadores del mundo. Los productos típicos españoles son vinos, naranjas, limones, etcétera. Pero España también exporta coches o barcos, componentes para aviones o satélites e incluso *know-how*. La situación actual es muy difícil para las empresas españolas, sobre todo para las pequeñas empresas. El problema son los bajos precios internacionales. Sobre todo los precios de los productos asiáticos – y muy especialmente los de los "pequeños tigres"– son muy bajos, en comparación con los europeos. ¿Cómo es posible esto? Muy fácil: en esos países los costos de producción son menores que en España. Los obreros allí no ganan "nada": trabajan más y ganan menos. Los precios, entonces, también son mucho más favorables y competitivos. Actualmente muchos empresarios españoles producen menos e importan más, ya que los productos importados ofrecen las tres "B": son buenos, bonitos y sobre todo muy baratos y fáciles de vender.

Dr. Pérez Villas
Universidad Autónoma de Madrid

6 Informe.

1 ¿Cómo es la situación para los productos españoles?
¿Cuál es el problema?
¿Por qué son baratos los productos asiáticos?

¿Qué significa que los obreros no ganan "nada"?
¿Qué hacen los empresarios españoles?
¿Cómo son los productos importados?

2 Otros exportadores – Mire el *ranking* y explique la situación de Alemania. ¿Sabe qué productos exporta?

7 Todo es excelente.

Die *Hispanos* sind sehr freundlich und loben gerne. Was würde man in Deutschland in einer ähnlichen Situation sagen?

En España
Pues aquí, todo es ¡buenísimo!
Sí, señores. ¡Y los españoles son simpatiquísimos!
¡Muy buen comerciante y gran deportista!
¿Trabaja con don Rogelio, mi gran amigo?
Pablo es mi mejor vendedor.
Sus productos son de primera calidad.
El diseño es magnífico.

En Alemania
Pues aquí, todo es muy bueno.
Los alemanes son ...
...

Recuerde

A Adjektive mit unregelmäßigem Komparativ

Adjektiv	Komparativ	Superlativ
bueno/-a	**mejor**	**el/la mejor**
malo/-a	**peor**	**el/la peor**
pequeño/-a	**menor** / más pequeño/-a	**el/la menor** / el/la más pequeña
grande	**mayor** / más grande	**el/la mayor** / el/la más grande

B Adjektive mit Lang- und Kurzformen

Adjektive stehen im Spanischen in der Regel hinter dem Substantiv. In Einzelfällen können sie auch davor stehen. Dann werden einige Adjektive verkürzt:

gran/grande

gran + Substantiv (Singular, maskulin/feminin)

un **gran** futbolista

una **gran** idea

un **gran** amigo

Achten Sie auf den Bedeutungsunterschied:

un hotel **grande**	ein großes Hotel
un **gran** hotel	ein großartiges Hotel
un hombre **bueno**	ein guter Mensch
un **buen** vino	ein guter Wein

buen/bueno

buen + Substantiv (Singular maskulin)

un **buen** vino	un vino **bueno**
aber: una **buena** cerveza	una cerveza **buena**

mal/malo

mal + Substantiv (Singular maskulin)

un **mal** producto	un producto **malo**
aber: una **mala** semana	una semana **mala**

C Das Adverb *bien*

Verb + bien	Adverb + bien	bien (= muy) + Adjektiv	Verwechseln Sie **bien** nicht mit
Estoy **bien**.	muy **bien**	**bien** difícil	buen(o): bien steht nie mit
No sé **bien**.	bastante **bien**	una cerveza **bien** fría	Substantiv!
Habla **bien** inglés.	no está demasiado **bien**	**bien** barato	

D Conocer

Das Verb **conocer** bedeutet „kennen, kennen lernen" und steht:

mit der Präposition a	ohne die Präposition a
bei Personen: ¿**Conoce a** López?	bei Sachen: **Conozco** sus productos.

Die 1. Person Singular ist unregelmäßig: yo conozco.

E Querer, preferir, tener

Diese Verben verändern den Stammvokal e in ie (außer 1. und 2. Pers. Pl.).
Sie werden alleine oder mit einem anderen Verb im Infinitiv benutzt.

Yo prefiero descansar.

querer (ie)	preferir (ie)	tener (ie)		
qu**ie**ro	pref**ie**ro	tengo **!**	¿**Quieres** una cerveza?	Willst du ein Bier?
qu**ie**res	pref**ie**res	t**ie**nes	¿**Quieres** comer algo?	Willst du etwas essen?
qu**ie**re	pref**ie**re	t**ie**ne	**Prefiero** agua mineral.	(Ich trinke) lieber ein Mineralwasser.
queremos	preferimos	tenemos	**Prefieren** descansar.	Sie ruhen sich lieber aus.
queréis	preferís	tenéis	**Tenemos** hambre.	Wir haben Hunger.
qu**ie**ren	pref**ie**ren	t**ie**nen	**Tengo** que trabajar.	Ich muss arbeiten.

8 ¿Tomamos una copa?

Aufforderungen zu handeln. Ergänzen Sie die Redemittel.

____   ¿Tomamos una copa?

____   ¿Vamos arriba?, así conversamos tranquilos.

____   ¿Por qué no descansamos un momento?

Sollen wir eine Pause machen?   ____

Sollen wir morgen arbeiten?   ____

Lassen Sie uns in mein Büro gehen!   ____

9 ¡Qué aproveche!   Guten Appetit!

Verteilen Sie die Speisen und Getränke auf die beiden Wörternetze. Fallen Ihnen noch mehr Begriffe ein?

bebidas

tapa / ración de

atún	tortilla
horchata	aceitunas
gambas	limonada
jamón	cerveza
vino tinto	agua mineral
calamares	champiñones
chorizo	jamón York
lomo	coca-cola

10 En un bar

Spielen Sie zu dritt: zwei Gäste und ein/e Kellner/in. Sie können z. B. die Gerichte und Getränke aus Übung 9 bestellen.

¿Qué quiere ...?   ¿Y para ...?   Para mí, ... por favor.   Yo prefiero ...   ¿Algo más?

Nada más, gracias.   La cuenta, por favor.   ¿Cuánto es? – Son ... euros.   Aquí tiene.

11 ¡Hola, buenos días!

Complete con las formas correctas: *bien* o *buen/o/a/os/as*.

1. ¡Hola, ____ días! – ¿Cómo está? – Pues muy ____, gracias. ¿Y usted? – ____ también.

2. ¿Qué tal el hotel? – Pues, es un ____ hotel, pero es un poco caro.

3. ¡Usted habla ____ español! – No, no. Todavía no hablo ____.

4. Por suerte el señor Aguilar es un ____ profesor. Él explica muy ____ la gramática.

5. En realidad, ya comprendo bastante ____ y leo mucho. – Este libro, ¿qué tal es? – Es un ____ libro y los temas son ____ actuales.

6. Bueno, ¿tomamos algo ahora? – Sí, es una ____ idea: una cerveza, pero ____ fría.

7. ¡Hombre! Éste es un ____ restaurante, ¡aquí la cerveza siempre está ____ fría!

8. Y unas ____ tapas, para acompañar, ¿no? – Pues, claro. Está ____, unas tapitas también.

12 Duro, muy duro, durísimo

 Fragen Sie sich gegenseitig und antworten Sie.

Ejemplo:

A ¿Qué tal el trabajo?
B Es interesante, pero duro.
A ¿Sí? ¿Es duro?
B Muy duro, durísimo.

el trabajo	muy	duro
la semana	demasiado	simpático
el nuevo gerente	un poco	difícil
la situación actual	bastante	agradable
la competencia	bien	interesante

13 Traduzca.

1. Don Rogelio ist besorgt. Ana María ist auch besorgt. In der Firma sind alle besorgt.
2. Der Wettbewerb heutzutage ist sehr hart, äußerst hart.
3. Die Preise der neuen Produkte sind niedrig, aber die Qualität ist nicht besonders gut.
4. Herr López ist sehr nett. Er ist ein guter Freund von don Rogelio.
5. Marta und Pablo sind auch gute Freunde.
6. Ana und Carmen sind beunruhigt. Sie haben große Probleme.
7. Mein Wagen ist ziemlich neu, aber der Wagen meines Bruders ist noch neuer.
8. Bilbao ist eine große Stadt mit viel Industrie. Aber Barcelona ist noch größer als Bilbao.
9. Der Strand von Torremolinos ist fantastisch. Aber der Strand von Marbella ist noch schöner.
10. Die Universität von Madrid ist sehr, sehr gut. Aber die von Salamanca ist noch berühmter.

14 ¿Qué es lo contrario?

 Finden Sie das Gegenteil.

bajo ≠ _____   menor ≠ _____   mejor ≠ _____

bueno ≠ _____   más ≠ _____   bien ≠ _____

15 Es mejor.

 Complete con la palabra correcta.

| difícil | fácil | alto/-a | bajo/-a | mejor | peor | buen/o/a |

1. El chocolate Milkuh es un _____ producto.

2. Es el _____ que hay en el mercado.

3. La calidad es muy _____, pero es _____ de vender.

4. Es que el precio es _____.

5. El chocolate Cho-Co-Chi-No no es de tan _____ calidad.

6. Sí, pero el precio es _____ y es _____ de vender.

7. La marca Mucho Gusto es _____ que Cho-Co-Chi-No.

8. La calidad es bastante _____, pero no es nada especial.

9. Es un producto estándar. Hay productos _____.

16 Si quieres …

Relacione.

1.

Si quieres tomar algo,	1	a vamos mañana al museo.
Si tenéis ganas,	2	b podemos hacer una pausa.
Si podemos,	3	c todavía hay sangría.
Si todavía hay tiempo,	4	d compramos un coche nuevo.

2.

Puedes comer en mi casa	1	a si necesitan algo.
Vamos primero arriba	2	b si tienen prisa.
Pueden preguntar aquí	3	c si ustedes prefieren.
Es mejor tomar un taxi	4	d si quieres.

17 El fin de semana

Complete con *querer*, *tener*, *tener que*.

A   ¿Qué ____ hacer esta noche, Marisa?

B   Nada, estoy muy cansada. Y vosotros, ¿qué ____ hacer?

A   Yo ____ que trabajar esta noche en el bar.

C   Y yo ____ estudiar un poco.

B   ¿Y mañana? ¿____ (ihr) ganas de ir a la playa?

A+C   ¿A la playa? ¡Imposible!, ____ (wir) muchísimo trabajo!

B   ¿Y el fin de semana? ¿Qué ____ (ihr) hacer?

A   Pues yo ____ estudiar. ____ un examen el lunes y no sé nada.

B   ¿Y tú, Sergio, ____ algo qué hacer?

C   No sé todavía, si ____ (du), podemos hacer algo juntos.

18 ¿Vamos?

Escuche los tres diálogos.

¿De qué hablan?	¿Dónde está?	Servicios
el restaurante Manolo		

19 Una invitación

Haga otros diálogos.   Überlegen Sie: *¿qué es? ¿dónde está? ¿cómo es? ¿cuándo? ¿qué hay allí?* … Benutzen Sie:

> ¿Tienes ganas de …?   ¿Quieres…?   ¿Por qué no …?   ¿Qué hacemos …?   Si quieres, podemos …

Bocadillo cultural

"Hoy pago yo"

Los españoles van mucho "de tapas". Beben una copa de vino o una caña y comen algo para acompañar la bebida, pero poco. Sólo pican algo saladito. Lo importante es estar con los amigos. Normalmente, una persona paga la cuenta de todos. Muchas veces hay discusiones, ya que para los españoles pagar es un honor.

En Hispanoamérica también es así. Si nadie tiene bastante dinero, lo mismo piden la cuenta de todos juntos, y reparten la suma en partes iguales, o simplemente hacen "una vaquita" y cada uno paga lo que puede. Ese es el método, por ejemplo, de los estudiantes.

1 Übersetzen Sie den Dialog gemeinsam mit Ihrem Partner / Ihrer Partnerin.

acabar de + Infinitiv   conocer (a)   ir al instituto de idiomas   hacer un curso de informática
querer, tener (que), preferir   todavía (no)   ya (no)

A Ein Bier, Pablo?

B Nein, lieber ein Mineralwassser.

A Möchtet ihr schon etwas essen?

C Nein, danke, noch nicht. Wir haben gerade gegessen und haben noch keinen Hunger.

A Was möchtet ihr heute Abend machen, Carmen?

C Nichts. Wir sind müde. Und was willst du machen, Pedro?

A Ich weiß es noch nicht. Marta und Daniel möchten Valladolid kennen lernen, aber ...

B Du kennst Valladolid schon, oder?

A Sicher. Außerdem muss ich morgen früh arbeiten.

C Wir auch. Was anderes: Was machen Carla und María? Sind sie immer noch in Madrid?

A Nein, nicht mehr. Weißt du, was sie machen, Pablo?

B Sie sind nie zu Hause. Sie müssen Englisch lernen. Sie gehen zum Bla-Bla-Institut.

A Ah, wie schön! Ich kenne dieses Institut nicht. Ist es gut?

B Sehr gut. Willst du auch Englisch lernen?

A Nein, ich ziehe es vor, einen Informatikkurs zu machen.

C Carla auch. Und ich, ich muss Französisch lernen. Gerade ist ein Fax aus Frankreich gekommen. Meine Kollegin ist nicht da und ich verstehe gar nichts.

A Ich habe eine Idee: Wir lernen zusammen Französisch.

C Ja, warum nicht?

A Ich komme morgen um fünf aus dem Büro. Dann habe ich Zeit, um darüber zu sprechen.

C Ich auch. Bis morgen!

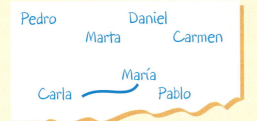

2 Machen Sie eine Skizze zur Personenkonstellation und erklären Sie sie.

Pedro   Daniel
    Marta   Carmen

        María
Carla ——— Pablo

María y Carla:
curso de inglés

3 Versuchen Sie jetzt zu viert ein neues Gespräch zu führen.
Überlegen Sie zuerst, wie Sie alle miteinander bekannt sind.
Stellen Sie sich vor, Sie treffen sich in einer Bar. Spielen Sie die Situation vor.

En la Cámara de Comercio e Industria

Ustedes ya conocen a varias de las personas que trabajan en nuestra empresa. ¿Quieren conocer la empresa también? ¡Están cordialmente invitados!

a Presentación de la empresa

Las "Grandes Fábricas de Chocolates Torres S.L." producen la famosa marca de chocolate Mucho Gusto, y son una conocida empresa importadora-exportadora de Barcelona. En realidad las "Grandes Fábricas de Chocolates" no son tan grandes. Al contrario, son sólo una empresa familiar: actualmente trabajan allí unas 30 personas.

El señor Rogelio Torres, a quien todos llaman don Rogelio, es el gerente general de la empresa y también el propietario principal. Es un típico hombre de acción dinámico y emprendedor, siempre con grandes ideas y proyectos, dispuesto a trabajar día y noche si es necesario.

Don Rogelio es un empresario con mucho éxito. Justo acaba de montar una fábrica totalmente nueva y super-moderna en Flores. El nuevo edificio es mucho más grande que el antiguo. Además, ahora la producción es completamente automática. Es una producción en línea: entran cacao, leche y azúcar y salen los productos terminados, listos para la venta.

La empresa Torres elabora chocolates, chocolatinas y todo tipo de productos a base de cacao. Las materias primas tiene que importarlas. El cacao lo compra directamente en México y el azúcar en Cuba. El precio del azúcar en Cuba es más bajo que el del mercado internacional y la calidad es excelente. También importa la leche. La compra generalmente en Holanda.

Los chocolates Mucho Gusto son productos de tipo estándar, no de calidad superior, pero se venden muy bien por sus precios bajos y por la excelente publicidad.

La marca registrada Mucho Gusto, idea de la señora Ruiz Sabater, la esposa de don Rogelio, es un éxito completo. Es líder en el mercado catalán y es una de las marcas de chocolate más conocidas en toda España, especialmente entre los niños.

Todos los productos Torres se exportan a Portugal y ahora don Rogelio quiere introducirlos también en otros países, ¡claro que eso no es nada fácil!

1 Subtítulos

 Geben Sie jedem Absatz eine Überschrift.

- la exportación
- la producción
- la empresa
- el gerente
- los productos
- las materias primas
- la marca registrada

2 Informe mejor.

Sie wissen es besser. Schauen Sie noch einmal in den Text und korrigieren Sie.

1. La empresa Torres es una empresa importadora poco conocida.
2. Es una empresa familiar, por eso toda la familia trabaja ahí día y noche.
3. Los obreros son muy disciplinados. Entran y salen todos en línea.
4. Las materias primas las tienen que importar porque en España no hay.
5. El chocolate MG no es nada bueno, pero se vende bien por la publicidad.
6. La señora Ruiz es la líder de la empresa y es muy conocida en el mercado.

b De nuestro folleto

10 AÑOS AL SERVICIO DEL CLIENTE
TECNOLOGÍA DE PUNTA EN EL RAMO DEL CHOCOLATE
Para nosotros la calidad de los productos es fundamental.
Sobre todo es importante elaborar una calidad constante: el
chocolate tiene que tener siempre el mismo aroma, el mismo
color y naturalmente el mismo sabor, el típico Mucho Gusto.
Por eso, en nuestra empresa hay un sistema de control automá-
tico durante todo el proceso de producción, que nos permite
garantizar la excelente calidad de nuestros productos.
Calidad Mucho Gusto
Calidad Certificada: ISO 2000

GRANDES FÁBRICAS DE CHOCOLATES
TORRES & CÍA. S.L.

c/ ARENALES 15–19 – 08180 FLORES – ESPAÑA
TEL 937 878 600 – FAX 937 878 666
WWW.CHOCOTORRES.COM
INFO@CHOCOTORRES.COM
GERENTE GENERAL: ROGELIO TORRES MORENO
SOCIO FINANCIERO: FRANCISCO NAVARRO

3 Datos de la empresa

Lea el folleto y complete los datos. Lesen Sie den Prospekt und ergänzen Sie die Angaben.

Razón social (nombre): _____   Propietarios (socios): _____

Domicilio legal (dirección): _____   Marca registrada: _____

4 Informe.

¿Qué es más importante, el precio o la calidad?   ¿Cómo es el sistema de control?
¿Cómo tiene que ser el chocolate?   ¿Qué significa "tecnología de punta"?
¿Cuándo se controla la producción?

5 Abreviaturas

Wissen Sie, was diese Abkürzungen bedeuten? Ordnen Sie zu.

Abreviatura		Significado	
c/	1	a	marca registrada
& Cía.	2	b	Normas Internacionales de Calidad
S.L.	3	c	Sociedad Anónima
®	4	d	calle
ISO 2000	5	e	y Compañía
S.A.	6	f	Sociedad Limitada

Realidad hispánica

La empresa en el mundo económico

Una empresa moderna es sólo un punto en una red de relaciones nacionales e internacionales. Las empresas del sector primario, o sea, la agricultura, la ganadería, la pesca, la explotación forestal y la minería, suministran las materias primas. Los establecimientos del sector secundario o industrial procesan y elaboran productos útiles a partir de ellas. Muchos de estos productos tienen que pasar por distintas fábricas hasta adquirir su forma definitiva. Por último el comercio lleva los productos terminados a los consumidores. El comercio pertenece al sector terciario, como todas las empresas de servicios: bancos, agencias de viajes o de publicidad, etc., y también las profesiones liberales, por ejemplo abogados o médicos …

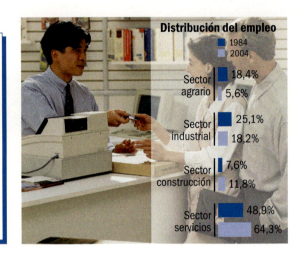

Distribución del empleo

	1984	2004
Sector agrario	18,4%	5,6%
Sector industrial	25,1%	18,2%
Sector construcción	7,6%	11,8%
Sector servicios	48,9%	64,3%

6 Los sectores económicos

¿Cuáles son los sectores económicos?

7 La Casa Torres en el mundo – relaciones comerciales

Fragen Sie sich gegenseitig nach den fehlenden Angaben und ergänzen Sie. Die Partnerseite finden Sie auf Seite 167.

1. Principales proveedores

Empresa	País	Producto
Azucarera Fidelia		
_____	México	cacao
Van der Melk		leche
_____	Suiza	aromas sintéticos
Gran Papelería Isabel Cía.		

¿Quiénes son y qué suministran?

A ¿Cuál es la empresa proveedora de …?
B Es la empresa … y ¿quién es el proveedor de …?
A Cuál es el nombre de la empresa que suministra los aromas?

2. Cartera de clientes

¿Quién compra?	¿Qué?	¿Para qué?
Hipermercados Ibéricos S.A.		
_____	granulado	pasteles
Industrias Cosméticas Ibéricas		
_____	elaborados	venta al público
Maldonado – El dorado del helado	base de chocolate	
_____	chocolate para diabéticos	venta al público
_____	residuos de cacao	alimentos para animales

Presentamos los siete principales clientes. ¿Quién compra qué? ¿Para qué?

A ¿Qué compra la empresa Maldonado?
B Compra base de chocolate.
A ¿Para qué lo compra?
B Lo usa para hacer helado / para elaborar …

Recuerde

A   Direkte Objektpronomen

El azúcar, **lo** importan.	Den Zucker, den importiert man.	Quieren importar**lo**.
Los productos, **los** conozco.	Die Produkte, die kenne ich.	Acabo de conocer**los**.
La leche, **la** compra en ...	Die Milch, die kauft er in ...	Prefiere comprar**la** en ...
Las materias primas, **las** importa.	Die Rohstoffe, die importiert er.	Tiene que importar**las**.

Stellung

Das direkte Objektpronomen wird vor das konjugierte Verb gesetzt. Es kann auch an den Infinitiv angehängt werden.

Conoce los productos.	**Los** conoce.	**Los** acaba de conocer.
		Acaba de conocer**los**.

Verdoppelung

Wenn das Objekt vor dem Verb steht, muss man es im Spanischen mit Hilfe des Pronomens verdoppeln:

La leche, **la** compra en Holanda.   Die Milch, die kauft er in Holland.

Verneinung

Die Verneinung setzt man vor das Pronomen: (Él) no **la** compra.   Er kauft sie nicht.

Regionale Unterschiede

Bei Personen wird in Spanien oft lo zu le und los zu les:

Conoce al señor García.	**Lo**/**Le** conoce.	**Lo**/**Le** acaba de conocer.
Conoce a los clientes.	**Los**/**Les** conoce.	Acaba de conocer**los**/**les**.

B   Adverbien auf -*mente*

Bei den Adjektiven auf -o/-a wird -mente an die weibliche Form angehängt.
Bei den Adjektiven auf -e oder auf Konsonant wird -mente an die gemeinsame Singularform angehängt.

El trabajo está completo.	**completa**	El trabajo está **completamente** listo.
El control es automático.	**automática**	La producción se controla **automáticamente**.
Felipe es alegre.		Trabaja **alegremente**.
El problema es muy actual.		**Actualmente** hay muchos problemas.

Manche Adverbien haben zwei Formen: Pedro comprende **rápido**.   Pedro comprende **rápidamente**.

C   Pronomen *se*

Wenn im Spanischen das unpersönliche se steht, wird im Deutschen meist Passiv verwendet:

El chocolate **se** produce a base de cacao.	Die Schokolade wird ...
Los productos **se** exportan a todo el mundo.	Die Produkte werden ...

¿Cómo se hace? heißt:
Wie wird das gemacht? Oder:
Wie macht man das?

Recursos de comunicación	
ein Thema einführen	auf die Realität verweisen
Usted ya conoce esto, ¿verdad?	Por el contrario, sólo ...
¿Sabe que justo en este momento ...?	En realidad, ...
¿Quiere conocer también ...?	En este momento ...

8 Diferentes clases de productos

1 Relacione.

productos elaborados	1	a Zusatzprodukte
productos semielaborados	2	b fertige Produkte
productos adicionales	3	c Restprodukte (Derivate)
productos residuales	4	d halb fertige Produkte

2 Gama de productos
Sortieren Sie nun die Produkte.

> chocolates   granulado de chocolate   chocolatinas
> residuos de cacao   chocolates para diabéticos   manteca de cacao
> base de chocolate   bombones finos   cacao en polvo

productos "MG", elaborados	productos semielaborados	otros productos "Torres" adicionales y residuales
		manteca de cacao

9 El mundo de la empresa

Welche Begriffe passen dazu? Bilden Sie Wörternetze.

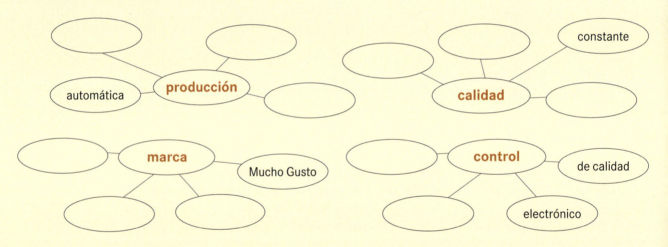

automática — **producción**

calidad — constante

marca — Mucho Gusto

control — de calidad — electrónico

10 ¿El cacao? – Lo compra en …

Conteste las preguntas.

Ejemplo:
A ¿Dónde compra don Rogelio las materias primas?
B Las importa de Cuba y México.

¿Dónde compra don Rogelio …
… el cacao?
… la leche?
… el papel?
… los aromas sintéticos?
… el azúcar?

¿Quiénes compran …
… las chocolatinas?
… la manteca de cacao?
… los productos residuales?
… el granulado de cacao?
… la base de chocolate?

11 ¿Quién conoce (a) ...?

Conteste con *sí* o *no*. Escriba dos frases para cada persona.
Schreiben Sie je zwei Sätze für jede Person. Verwenden Sie *a*, wo es nötig ist.

Sí, claro que conozco a don Rogelio.

yo	la playa grande	señor Navarro
tú	el hotel Cervantes	el aeropuerto nuevo
ella	la fábrica Seat	Marta y Pablo
nosotros	las Ramblas de Barcelona	los amigos de Pepe
vosotras	Picasso	señora Ruiz Sabater
ustedes	las hijas de don Rogelio	la empresa "Chocolatl Popocatepetl"

12 ¿Singular o plural?

1. Los productos MG se vende___ muy bien.
2. También se exporta___ a varios países.
3. El azúcar se importa___ de Cuba.
4. Los productos MG no se vende___ en Alemania.

5. Los chocolates se elabora___ a base de cacao.
6. La calidad se controla___ constantemente.
7. Se habla___ mucho de la marca MG.
8. Los productos se conoce___ en toda España.

13 ¿Quién conoce mejor los productos Torres?

Relacione y complete.

Los productos Torres	1		a	se fabrica ...
El cacao	2		b	se fabrican a base de ...
Para los enfermos diabéticos	3		c	se importa de ...
Muchos cosméticos	4		d	se elaboran a base de ...
Los productos semi-elaborados	5		e	se usan para ...

14 ¿Adjetivo o adverbio?

Ergänzen Sie die passende Adjektiv- oder die Adverbendung *-mente*.

1. La producción es automátic_____.
2. El control también es automátic_____.
3. Se controla todo automatic_____.
4. La producción actual_____ es de 80.000 t.

5. Actual_____ trabajan 30 personas allí.
6. La marca MG es un éxito complet_____.
7. La producción es complet_____ automática.
8. Los productos se venden direct_____.

15 La Casa Torres

Traduzca y conteste.

1. Kennen Sie die Firma Torres? Was produziert sie?
2. Wer ist der Firmeninhaber? Was wissen Sie von ihm?
3. Wo hat die Firma ihren Sitz?
4. Woher importiert die Firma die Rohstoffe und wer sind die wichtigsten Zulieferer?

5. Hat die Firma Torres eine „eingeschriebene Marke"? Welche?
6. Wie viele Sorten von Produkten verkauft die Firma?
7. Wer kauft die Schokoriegel?
8. An wen verkauft die Firma Torres halb fertige Produkte?

16 Problemas con los pedidos

Durante toda la mañana Ana María habla por teléfono con los clientes. Como siempre, anota todo en una lista.
Al mediodía llega don Rogelio y quiere saber qué novedades hay, pero ¡Ana no encuentra la lista!
Können Sie ihr helfen?

1 Wer könnte was wünschen?

Tienda León: _____ Guau Guau S.L.: _____ Bicigoza – Fábrica de Bicicletas, Zaragoza: _____

 2 Hören Sie die Telefonate und überprüfen Sie Ihre Vermutungen.
Verbinden Sie Kunden und Produkte.

Ana María habla con ...	de la empresa	que desea
Antonia	Tienda León	no quiere nada
Rodolfo Cardoso	Guau Guau S.L.	pregunta por residuos
el señor Rodríguez	Bicigoza	necesita chocolatinas

 3 Hören Sie nochmals zu und beantworten Sie dann folgende Fragen:

Diálogo 1: ¿Qué problema hay con el fax de Tienda León? ¿Cómo es la empresa Tienda León? ¿De quién es?
Diálogo 2: ¿Quién es el señor Cardoso? ¿Por qué productos pregunta? ¿Qué más quiere saber?
Diálogo 3: ¿Con quién quiere hablar Ana María y no puede? ¿Con quién habla? ¿Cuál es el problema?
        ¿Cuál es el número correcto?

17 Diálogos

1 Lesen Sie den Dialog und unterstreichen Sie die Gruß- und Höflichkeitsformeln.

No conozco ese producto.

A Hipermercados Latinos. ¡Buenos días!

B Buenos días, señorita. Aquí tenemos el pedido de hoy: 5.000 chocolates comunes y 2.000 blancos. ¿De cuáles quieren? ¿De los grandes?

A No, preferimos los pequeños. ¡Oh, qué suerte que llama, señorita! Necesitamos también cacao.

B ¿Cacao? ¿Cuánto?

A Pues, 1.000 kilos, 800 del normal, con azúcar y 200 del otro, sin azúcar.

B Muy bien. Y chocolate sin azúcar, especial para diabéticos, ¿no necesitan?

A No sé, todavía no conozco ese producto. ¿Es bueno?

B Sí. Es un producto nuevo. La calidad es excelente y se vende muy bien.

A Bueno, si es así, 250 chocolates para diabéticos también.

B Está bien. ¿Eso es todo?

A Sí, por hoy, sí. Gracias. ¡Hasta luego!

B ¡Gracias a usted! ¡Hasta pronto!

2 Notieren Sie die Bestellung von Hipermercados Latinos.

Hipermercados Latinos S. A. **PEDIDO**				
Torres & Cía. S. L. 08180 Flores				
Cantidad	Producto	Especificación	Precio por unidad	**Total**

3 Lesen Sie den Dialog und suchen Sie die unten angegebenen Redemittel.

Varias calidades

A Empresa Torres. ¡Buenos días!

B ¡Buenos días, señorita. Soy Virginia Pacheco, gerente del CE-CO, el Centro de Cosmetología de Madrid.

A Encantada, señora Pacheco. ¿En qué puedo servirle?

B Quisiera hacerle una pregunta, señorita: ustedes producen manteca de cacao, ¿verdad?

A Sí, sí, claro.

B ¿Es de buena calidad?

A Sí, bueno, yo no entiendo mucho, pero sé que hay varias calidades. ¿Para que necesitan la manteca?

B Pues, somos una pequeña empresa de Madrid, que produce productos cosméticos y la manteca de cacao es una de las mejores bases para cosméticos.

A Tiene que hablar con el señor Romero. Él es el experto. Hoy no está en la fábrica, pero si quiere llamar mañana …

B Bueno, entonces, ¡hasta mañana! Y ¡gracias por la información!

Womit kann ich dienen? ____	Wenn Sie morgen anrufen möchten … ____	
Ich möchte Sie etwas fragen. ____	Ich weiß, dass es mehrere Güteklassen gibt. ____	

4 Berichten Sie jetzt über die beiden Telefonate. Die Fragen helfen Ihnen dabei.

¿Qué necesitan los Hipermercados Latinos?

¿Cuál es el producto que no conocen?

¿Compran también ese producto?

¿Qué quiere comprar el CE-CO?

¿Para qué?

¿Cómo tiene que ser?

¿Qué tiene que hacer la señora Pacheco?

 5 Denken Sie sich zu zweit neue Telefonate aus.

18 Escenario profesional

1 Jede Gruppe entwirft eine „eigene" Firma und präsentiert sie.
Bringen Sie Ihre Erfahrung ein und lassen Sie Ihrer Fantasie freien Lauf.
Sie können Produktmuster mitbringen, „Ihre" Marke vorstellen, ein Logo entwerfen.

2 Erstellen Sie auch einen Prospekt „Ihrer" Firma.

3 Zum Abschluss veranstalten Sie eine Mustermesse und stellen den anderen die Firma vor.

los productos	¿Qué productos elabora la empresa?
el control de calidad	¿Cómo es?
la marca (el logotipo)	¿Es conocida?
los clientes	¿Quiénes son? ¿Dónde están?
la producción	¿Es automática?
la empresa	¿Cuánta gente trabaja allí?
la dirección	¿Quiénes son?

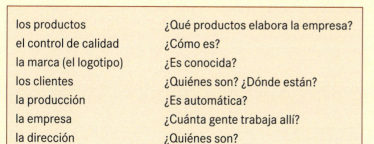

Organigrama

Al entrar a una empresa, normalmente, lo primero que se ve es el organigrama con los distintos departamentos y los nombres de sus encargados. En la Casa Torres aparecen los empleados de la casa con sus respectivas funciones y responsabilidades y, para una mayor transparencia, incluso con foto.

TORRES & CÍA. S.L.

Rogelio Torres Moreno

Propietario y Gerente General

Francisco Navarro Baigorria

Socio Financiero

Hortensia Díaz Vélez

Directora del
Departamento
Administrativo

**Pablo Iturraspe
Barrionuevo**

Director del Departamento
Comercial

Ana María Pérez Ortiz

Secretaria general

Encargada de Exportación
e Importación

Dra. Marcela Ruiz Sabater

Encargada del
Departamento de
Márketing y Publicidad

Jefa de Recursos Humanos

Ramón Romero Ballester

Gerente de Producción

Director del Departamento
de Investigación y
Desarrollo

Carmen Chu-Lin

Empleada
administrativa

Encargada de
Contabilidad

**Felipe Navarro
Velázquez**

Aprendiz

Alicia Alonso Arrieta

Estudiante en
Prácticas

**Antonio García
Gómez**

Portero

Encargado de la
Recepción

Begoña Bengoechea

Obrera especializada

Investigación y
Desarrollo

Javier Zapatero

Obrero especializado

Responsable de la
Planta de Producción

---

1 ¿Qué hacen?

Pregunte y conteste.

	responsable de …	propietario/-a
¿Quién es el/la …?	encargado/-a de …	portero/-a
	gerente de …	aprendiz
¿Quiénes son los/las …?	director/a de …	secretario/-a
	obrero/-a …	estudiante en prácticas
		empleado/-a

Una entrevista en la revista "Hola"

2 ¿Quién es?

Acabamos de ver un organigrama de la empresa Torres, pero un "organigrama" dice mucho y no dice nada. Por eso ahora hablamos con el señor García, y sus informaciones, ¡son otra cosa!

1 Schauen Sie sich noch einmal das Organigramm an und versuchen Sie zu erraten, um wen es sich handelt.

	en su opinión	según la entrevista
Tiene todo bajo su control, pero no es el jefe.	———	———
Tiene éxito en todo, pero no en el amor.	———	———
Tiene nombre español y apellido extranjero.	———	———
Trabaja poco, pero tiene mucho estrés.	———	———
No trabaja para vivir: vive para trabajar.	———	———

> Creo que es Alicia.

> No sé, supongo que es el socio.

> Yo pienso que es la señorita Díaz.

 2 Hören Sie nun das Interview und vergleichen Sie mit Ihren Vermutungen.

3 Lesen Sie den Text. Unterstreichen Sie die Adjektive und ordnen Sie sie.

carácter	perfil profesional
....	....
_____	_____

Serie: las empresas españolas de siempre

Esta semana: Torres & Cía. S.L.

+ Usted trabaja en la Casa Torres. ¿Conoce a todo el personal?

– Pues sí, claro. Conozco a todos, somos como una gran familia, ¿sabe?

+ Claro, claro. Una pregunta: ¿qué tal el jefe?

– ¿Don Rogelio? Es un hombre de acción, un poco nervioso, pero …

+ ¿Y el señor Navarro?

– ¿El socio? Siempre correcto y reservado. Tiene mucha experiencia y si es necesario, colabora en todo. Es muy competente.

+ La señorita Díaz es muy exigente, ¿verdad?

– ¡Terrible! Bueno, pero es muy trabajadora, muy responsable. Cree que sin ella la empresa no funciona. No tiene familia y ¡vive para la empresa!

+ ¡Increíble! ¿Y la esposa de don Rogelio?

– ¿Marcela? Es muy agradable, muy simpática. Eso sí, viene cuando puede, y trabaja pocas horas, claro, con tres hijos … ¡Siempre tiene estrés!

+ ¿Qué hace Ramón Romero?

– Controla la calidad, ¡por eso está cada día más gordo! Ramón es ingeniero y un gran innovador, pero es muy sencillo, muy amable.

+ ¿Quién es la nueva empleada?

– ¡Carmen! Nunca sé el apellido, es que es muy difícil porque su padre es chino. ¡Y Carmen habla los dos idiomas! Es una chica maja, creativa, siempre dispuesta a colaborar en todo.

+ ¿Y las otras chicas?

– Ana María es muy elegante, pero un poco arrogante. ¡Ni saluda! Alicia es muy joven e inteligente. Siempre está con un libro en la mano, ¡hasta mientras come! Es que quiere ser empresaria …

+ ¿Y Felipe, el hijo del señor Navarro?

– ¡Es un vago! Eso sí, es alegre y divertido …

+ Es el encargado de ventas, ¿no?

– ¡Qué va! El jefe de ventas es Pablo. Pablo Iturraspe siempre está de buen humor. Es un tío abierto, dinámico y flexible: viaja mucho, tiene mucho éxito en todo, ¡no sólo en el trabajo! Sólo con Ana María no tiene suerte …

+ Gracias por la entrevista.

– ¡De nada! Ya sabe, yo siempre estoy bien informado. Tengo todo bajo control, sé quién entra y quién sale … bueno, para eso soy el portero, ¿no?

---

4 Beschreiben Sie jetzt die Personen. Benutzen Sie *es*, *está*, *tiene*.

Realidad hispánica

EL PLACER DEL BUEN COMER

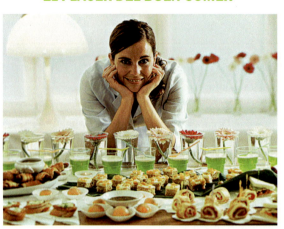

El cátering se ha popularizado mucho en España en los últimos años. Con una inversión de 120.000 euros se puede montar una empresa de cátering, para escuelas, hospitales, etc.

El producto estrella son los banquetes de boda con ambiente exclusivo en castillos.

Pilar García de la empresa Buenamesa afirma que existe un importante hueco en el mercado: el cátering para empresas.

"Hay muchas posibilidades de servicios: desayunos, cócteles, cenas, congresos, reuniones con clientes, fiestas con servicio de comidas para dar a conocer nuevos productos. Hay que ser original y diferente a la competencia. La innovación es fundamental y para eso es necesaria una plantilla de personal muy competente".

La señora García sabe que no es nada fácil encontrar un equipo como el suyo y piensa que tiene mucha suerte. Está muy satisfecha y dice orgullosa: "Nuestro equipo es estupendo. Somos casi una familia". Es porque Buenamesa tiene una estructura jerárquica bastante plana: la jefa sólo organiza y coordina las distintas actividades y los empleados son responsables del trabajo.

Además, como la empresa es relativamente pequeña, hay personas que tienen más de una función. En realidad todos colaboran en las distintas actividades. Por eso el clima de trabajo es excelente y todos están a gusto.

3 Cinco preguntas

Escriba cinco preguntas sobre el texto y pregunte a sus compañeros y compañeras.

Ejemplo: ¿Qué inversión es necesaria para montar una empresa de cátering?

4 ¿En qué se diferencian?

1 Marque con los símbolos: muy importante: ☺, bastante importante: 😐, nada importante: ☹.

	estructura jerárquica tradicional	estructura jerárquica plana
iniciativa propia		
disciplina		
flexibilidad		
responsabilidad		
competencia comunicativa		
competencia profesional		
confianza		
control		

2 Explique ahora con sus palabras.

Ejemplo: En una empresa con estructura ... es muy importante la/el ..., también ..., pero ...
Yo prefiero trabajar en una empresa ...

Y para usted, ¿qué es importante?

Para mí es importante tener buena presencia.

Recuerde

A Verben mit unregelmäßiger 1. Person Singular

otros verbos:

hacer	**poner**	stellen, legen	**salir**	(hin)ausgehen	**tener** (ie)	haben
hago	**pongo**		**salgo**		**tengo**	
haces						
hace	**suponer**	vermuten	**traer**	bringen	**venir** (ie)	(her)kommen
hacemos	**supongo**		**traigo**		**vengo**	
hacéis						
hacen						

B „Meinungsverben"

pensar	creer	suponer
p**ie**nso	creo	**supongo !**
p**ie**nsas	crees	supones
p**ie**nsa	cree	supone
pensamos	creemos	suponemos
pensáis	creéis	suponéis
p**ie**nsan	creen	suponen

¿Qué **piensas** tú?

Supongo que …

Creo que …

C Negation mit *ni*

Ella **ni** saluda.	Sie grüßt nicht (ein)mal.

D Muy – mucho

Muy ist immer Adverb. Das Adjektiv mucho kann auch als Adverb verwendet werden, dann verändert es sich nicht.

muy

vor Adjektiv	productos **muy** caros	Está **muy** nerviosa.	Es **muy** interesante.
vor Adverb	Se vende **muy** bien.	Gana **muy** poco.	Habla **muy** mal el inglés.

mucho

vor Substantiv	**mucho** dinero	**muchos** clientes
	mucha gente	**muchas** vitaminas
nach Verb	Telefoneo **mucho**.	Se vende **mucho**.
	Trabajamos **mucho**.	Los obreros ganan **mucho**.

E Konjunktionen

wenn	**si**	falls; wenn	Trabaja día y noche **si** es necesario.
	konditional	vorausgesetzt, dass	**Si** puedo, voy a tu casa esta noche.
	cuando	(immer) wenn	Marta habla catalán **cuando** no hay clientes.
	temporal		**Cuando** voy a Alemania, bebo cerveza.
während	**durante** + Substantiv		Se controla la calidad **durante** la producción.
	mientras + Verb		Marta lee el periódico **mientras** desayuna.

5　Por favor, informe mejor.

Ejemplo: La empresa Torres es conocida, eso es verdad, pero no es de Madrid, es de ...

1. La empresa Torres es una conocida empresa importadora-exportadora de Madrid.
2. Es una empresa familiar: allí trabajan sólo el señor Torres, su mujer y sus tres hijos.
3. Ana María, la esposa de don Rogelio, no trabaja porque los niños son pequeños.
4. Marcela es la encargada del márketing. Trabaja día y noche.
5. El señor García viaja mucho, pero el señor Iturraspe no viaja nunca.
6. El hijo del señor Iturraspe es estudiante. Hace un período de prácticas en la empresa.
7. Hortensia Díaz es muy joven y muy inteligente. Siempre está con un libro en la mano.
8. Alicia Alonso es la responsable de la planta. Es una gran innovadora.
9. Begoña es estudiante y hace prácticas, pero quiere ser empresaria.
10. El señor Navarro es muy alegre, pero su hijo es muy reservado. Son obreros especializados.

6　Häufigkeitsangaben

Ordnen Sie die adverbialen Ausdrücke in aufsteigender Tendenz (nie ... immer).

☐ siempre　　☐ normalmente　　☐ casi nunca　　☐ nunca
☐ muchas veces　☐ casi siempre　☐ a veces　　☐ a menudo (oft)

7　¿*Mientras* o *durante*?

Complete con *mientras* o *durante*.

1. El Sr. Navarro trabaja muchísimo, también _____ la pausa.

2. _____ espera la comida, lee el periódico y _____ come, mira la televisión.

3. En el coche habla por teléfono con los clientes _____ todo el viaje.

4. Por la noche, _____ conversa con su familia, piensa en el trabajo.

5. Hoy quiere trabajar _____ toda la noche porque hay muchísimo trabajo.

8　¿*Muy* o *mucho*?

Complete con la forma correcta de *muy* o *mucho/-a/-os/-as*.

1. El Sr. Navarro tiene _____ experiencia. El Sr. Torres y el Sr. Navarro son _____ dinámicos.

2. La Srta. Díaz no es _____ simpática, pero es _____ trabajadora y siempre hace _____ horas extra.

3. Pablo hace _____ viajes. Es _____ amable y simpático y tiene _____ amigos y _____ amigas.

4. Alicia es _____ sencilla y _____ maja. También es _____ inteligente. Trabaja _____ y lee _____ libros.

5. El ingeniero tiene que comer _____ chocolate para controlar la calidad. Por eso está _____ gordo ahora.

9 ¿Si o cuando?

1. _____ el avión llega, los turistas bajan. _____ es tarde, toman un taxi, pero _____ pueden, van al hotel en autobús.
2. _____ quieres, comemos un bocadillo en el bar, o una tortilla _____ no hay bocadillos.
3. _____ Pablo va a Madrid, vive en el hotel Cervantes. _____ no hay habitaciones libres, busca una pensión.
4. _____ vas a Granada, tienes que conocer la Alhambra. – Sí, claro, _____ tengo tiempo, quiero verla.
5. El jefe viene _____ puede. _____ no puede, no viene, pero _____ hay mucho trabajo, siempre hace horas extra.

10 ¿Conoce los productos Mucho Gusto?

Complete con *a* o *al* si es necesario.

1. Los clientes ya conocen _____ la Srta. Alonso, pero todavía no conocen _____ Sr. Torres.
2. Ellos conocen _____ los productos MG, por eso quieren conocer _____ la fábrica.
3. Los clientes conocen _____ Barcelona, pero todavía no conocen _____ Flores.
4. ¿Y usted conoce _____ la empresa Torres? ¿Conoce también _____ los clientes?
5. ¿No? ¿No conoce _____ los Sres. Meyer y Schulte?

11 Verbos con *-go*

Complete la tabla.

	infinitivo	1ª persona sg.
	hacer	
stellen		pongo
	suponer	
	tener (ie)	
ausgehen		salgo
(her)kommen		
her/bringen		traigo

12 En la Casa del Libro

Complete el diálogo con los verbos del ejercicio 11.

A ¿Está Nora? _____ que hablar con ella. _____ de Madrid, de la Editorial Nowtilus.
B _____ que está en el depósito. Voy a ver. Enseguida _____.
– No, Nora ya no está.
A ¿Y ahora qué _____? Aquí _____ unos libros para ella. ¿Los _____ mañana?
B Si usted quiere, yo los _____ ahí para ella, en su casilla (Fach).
A No, gracias. _____ mañana y los _____. ¿Hasta cuándo están ustedes aquí?
B Pues, yo _____ de la librería a las dos de la tarde. _____ una pausa y vuelvo a las cinco. Nora tiene el mismo horario. Trabajamos hasta las nueve.

13 ¿Es verdad?

¿Qué cree que hacen sus compañeros/-as?

Supongo que ...

desayunar	☐ en la oficina	☐ en casa
ir al trabajo	☐ en bicicleta	☐ en autobús
trabajar	☐ en el ordenador	☐ en la producción
tomar café	☐ en la oficina	☐ en el bar
tener que	☐ telefonear mucho	☐ escribir e-mails
por la noche	☐ ver la televisión	☐ leer mensajes SMS
el fin de semana	☐ salir con los amigos	☐ leer una novela (Roman)

A Yo supongo que Paula desayuna en la oficina.

B Yo pienso que desayuna en su casa con su mamá.

C ¡Qué va! Yo no desayuno nunca.

Creo que ...

Pienso que ...

14 Un amigo suyo hace un período de prácticas.

Traduzca y pregunte a su compañero/-a.

1. Wo befindet sich die Firma?
2. Wie fährst du hin?
3. Was produziert die Firma?
4. Wer ist der Chef?
5. In welcher Abteilung arbeitest du zur Zeit?
6. Ist das interessant?
7. Wie ist das Arbeitsklima?
8. Wie sind deine Kollegen?
9. Mit wem arbeitest du am liebsten? **(preferir)**
10. Wie viele Stunden arbeitest du pro Tag?
11. Machst du Überstunden?
12. Arbeitest du auch samstags?
13. Wo isst du mittags?
14. Bist du zufrieden?

15 ¿Quién puede ser?

Beschreiben Sie die anderen Kursteilnehmer/innen. Erkundigen Sie sich nach den neuen Wörtern.

¿Quién es ...?
... alto/bajo
... moreno/rubio
... gordo/delgado

¿Quién lleva ...?
... ropa elegante
... ropa deportiva

¿Quién tiene ...?
... bigote/barba
... pelo largo/corto
... pelo blanco/negro

16 En el aeropuerto

1 Eine Person aus dem Kurs verlässt den Raum. Per Handy wird ihr mitgeteilt, wie die Person aussieht, die sie am Flughafen empfangen wird.

2 Er/Sie kommt wieder herein und sucht die beschriebene Person. Die beiden machen sich miteinander bekannt.

17 Una persona que ...

1 Traduzca y pregunte. Jede Gruppe stellt der anderen Fragen.

Ejemplo:
A ¿Quién habla dos idiomas y pronto va a China?
B Creo que es ...

> Wer hat keine Familie und lebt für die Firma?

> Wer hat viel Erfahrung und kann alles machen?

> Wer spricht zwei Sprachen und fährt bald nach China?

> Wer ist ziemlich faul, aber sehr nett?

> Wer hat immer fürchterlichen Stress?

> Wer ist intelligent und hat immer ein Buch dabei?

> Wer ist sehr elegant und ziemlich arrogant?

> Wer ist ein Mensch der Tat und manchmal etwas nervös?

2 ¿Es usted un "torreólogo"?

Die Gruppen schreiben neue Fragen zur Firma Torres und zu ihren Beschäftigten. Dann tauschen sie die Karten untereinander aus und spielen das Spiel mit den Karten, die sie von der anderen Gruppe bekommen haben.

El español de América

España	América Latina
departamento de personal	departamento de recursos humanos
departamento de publicidad y propaganda	departamento de relaciones públicas
jefe de ventas	gerente de ventas
jefe de producción	director de producción
el/la jefe/-a	también: el patrón / la patrona
el/la estudiante en prácticas	el/la pasante (La Plata)
el período de prácticas	la pasantía

En la terraza de la empresa

A media mañana las chicas hacen una pausa. Hoy salen un momento a la terraza para tomar un café. Hablan sobre sus proyectos de vacaciones. Como la empresa Torres tiene que abastecer a las heladerías, no cierra en verano y los empleados toman vacaciones poco a poco. Cuando la pausa está a punto de acabar viene la Srta. Díaz.

a Planes de viaje

Carmen: ¿Cuándo tienes vacaciones este año, Ana?
Ana María: El mes que viene. Tengo casi tres semanas.
Carmen: ¿Y cómo piensas pasarlas? ¿Vas a ir otra vez al sur con tu novio?
Ana María: No, el sur ya lo conocemos. Esta vez queremos recorrer "la España Verde". ¿Y vosotras?
Alicia: Yo no tengo vacaciones hasta el invierno. Quiero ir a esquiar a Sierra Nevada.
Carmen: Yo tengo todo agosto libre y pienso ir a México. ¡Estoy contentísima!
Alicia: ¿A México? ¡Qué suerte! Pero va a ser un viaje muy caro, ¿no?
Carmen: No tanto, ahora hay vuelos muy baratos.
Alicia: ¿Y ya tienes ofertas?
Carmen: No, todavía no, pero están por llegar de un momento a otro.

b El Camino de Santiago

Carmen: ¿Vais a hacer el Camino de Santiago, Ana?
Ana María: Sí, ¡en bicicleta! Vamos en coche con unos amigos hasta Santo Domingo, visitamos la catedral con sus gallinas y desde allí vamos todos en bicicleta hasta Santiago.
Alicia: ¡¿Cómo?! ¿Gallinas en una iglesia? ¿Estás loca?
Ana María: No, no. ¿No conocéis la leyenda?
Carmen: Yo sí. A mí me gusta mucho. ¡Es una historia tan bonita!
Ana María: Pues sí, es muy romántica. Si quieres leerla, Alicia, en mi guía está.
Carmen: ¿Y cómo vais a volver? ¿También en bicicleta?
Ana María: No, no. Quizás en tren. A lo mejor pasamos por Salamanca. Pero no es seguro todavía.

c ¿Qué vas a hacer?

Alicia: ¡Oh! Un fax para ti, Carmen, de la agencia de viajes.
Carmen: ¡Qué bien! ¡Oh, hay un viaje fantástico! Empieza el día uno de agosto y termina el viernes veintiséis. ¿No es una suerte?
Alicia: Vaya, claro, así aprovechas el tiempo al máximo, pero ¿qué vas a hacer sola en México? ¿A ti te gusta viajar sola?
Carmen: Sí, ¿por qué no? Primero voy a ir a casa de unos amigos de mi hermana que viven en Guadalajara y voy a estar unos días con ellos. Después pienso ir a Veracruz y ... No sé todavía. Quiero recorrer lo más posible, visitar las famosas pirámides, conocer ciudades ...

Rutas Jacobeas

GALICIA

TURISMO VERDE

1   Informe.

¿Cuándo tienen vacaciones las chicas?
¿Por cuánto tiempo?
¿Adónde van a ir?
¿Cómo va a viajar Ana María?
¿Qué piensa hacer Carmen?

| d | ¿Cómo vas a viajar?

Alicia: ¿Vas a alquilar un coche?

Carmen: No, prefiero viajar en "camión" porque me gusta hablar con la gente. Para mí eso es lo más interesante. Además es lo más barato.

Ana María: ¡Qué lindo! ¡Platicar con los mexicanos! ¿Eh ...? Son muy guapos, ¿no?

Alicia: De eso, ¡nada! A Carmen le interesa la historia ...

Carmen: Pues sí, mi sueño es visitar las pirámides mayas en Guatemala, pero no sé si voy a poder.

Alicia: ¿Las pirámides en Guatemala?

Carmen: Sí, están en medio de la selva. Es difícil de llegar, las carreteras son malas ...

Alicia: Bueno, pero ver las ruinas de una civilización que duerme bajo la selva ... ¡Es fascinante!

| e | Yo ya no tengo vacaciones.

Srta. Díaz: ¡Qué suerte tenéis! Yo este año ya no tengo vacaciones. Al contrario: voy a hacer muchas horas extra.

Alicia: Pues, yo no entiendo por qué trabaja tanto usted.

Srta. Díaz: Es que los Torres van a ir a Ibiza y yo quedo de sustituta.

Alicia: Ah, entonces vamos a trabajar siempre juntas.

Srta. Díaz: ¿Cómo, tú tampoco vas de vacaciones?

Alicia: ¡Imposible! En octubre son mis exámenes y tengo que estudiar. Lo malo es que con este calor no tengo ganas de hacer nada ...

Srta. Díaz: Bueno ... hasta el otoño falta todavía y en la oficina hay aire acondicionado, ¿no?

Carmen: ¡Ánimo, Alicia! ¡Vas a pasar todos los exámenes!

Ana María: ¡Y después, a Sierra Nevada a esquiar!

2   ¿Qué planes tienen?

Cuente todo lo que sabe.   Erzählen Sie alles, was Sie wissen.

| ¿Cuándo ...?   ¿Qué va a hacer ...?   ¿Adónde quiere ir ...?   ¿Cómo piensa ...?   ¿Por qué quiere ...?   ¿Con quién ...? |

Alicia · Carmen · Srta. Díaz · Ana María

3   ¿Y usted?

Traduzca las preguntas y pregunte al compañero / a la compañera.

Wann haben Sie Ferien in diesem Jahr?   Was haben Sie vor?   Schließt Ihre Firma im Sommer?

Realidad hispánica

En sus viajes de vacaciones, nosotros le llevamos en las mejores condiciones.

Las más Económicas

Cruceros

Descuento **4%**

Nuestro programa Hoteles y Apartamentos

Descuento **5%**

Otros Programas

Descuento **5%**

Nuestros Programas Seleccionados

Descuento **7%**

No acumulable a otros descuentos

El mejor Servicio

☛ Atención Exclusiva

☛ Asesoramiento Profesional

Con nuestra Garantía

La más amplia red de oficinas a su disposición

Líder en el Sector del Turismo

C.I.E. 68

SOLICITE INFORMACION EN CUALQUIER OFICINA DE

VIAJES **ECUADOR**
LA GARANTIA DE AHORRO PARA SUS VIAJES

L'esprit ACCOR

---

4 Un folleto

¿Qué sabe usted de la empresa?　　¿Y las condiciones?　　¿Para qué ofertas hay descuentos?

¿Qué ofrece?　　¿Cómo es la atención?　　¿De cuánto son?

---

5 Palabras profesionales

1 Schauen Sie sich die Anzeige nochmals an und konzentrieren Sie sich auf den Fachwortschatz.

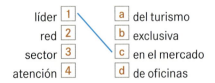 2 Relacione.

líder 〔1〕　　〔a〕 del turismo

red 〔2〕　　〔b〕 exclusiva

sector 〔3〕　　〔c〕 en el mercado

atención 〔4〕　　〔d〕 de oficinas

3 Traduzca.

Ofrecemos …

… unsere Garantie.

… den größten Rabatt.

… den besten Service.

… die besten Konditionen.

… die günstigsten Programme.

… die modernsten Kreuzfahrtschiffe.

Recuerde

A Vorhaben ausdrücken

Konjugiert wird
nur das erste Verb:
Voy a estudiar.

ir a	Yo **voy a** ir de vacaciones.	etw. (bald) machen
pensar	**Pienso** hacer un viaje.	etw. vorhaben
querer	**Quiero** conocer Cancún.	etw. wollen
estar por	Las ofertas **están por** llegar.	im Begriff sein, etwas zu tun

B Ir a

Die Konstruktion **ir** + **a** + Infinitiv wird vor allem in der gesprochenen Sprache
benutzt, um sich auf die unmittelbare Zukunft zu beziehen.

Voy a viajar en autobús.	Ich werde mit dem Bus fahren.
¿**Vas a** alquilar un coche?	Hast du vor, ein Auto zu mieten?

C Die Bedeutung von *lo*

das + substantiviertes Adjektiv	**Lo** interesante es hablar con la gente.	Das Interessante ist …
	Lo mejor es que la empresa paga el hotel.	Das Beste ist, dass …
	Lo más divertido es ir a la playa.	Es macht am meisten Spaß …
als adverbiale Verstärkung	Va a venir **lo** antes posible.	Sie kommt so früh wie möglich.
Relativpronomen: (das), was	No sé **lo** que voy a hacer.	Ich weiß nicht, was ich machen werde.
Pronomen „es"	**Lo** siento.	Es tut mir Leid.

D ¿Por qué?

como	da	Erklärung vorangestellt	**Como** la empresa no cierra, el personal no toma vacaciones.
porque	weil, denn	Erklärung nachgestellt	El personal no toma vacaciones **porque** la empresa no cierra.
ya que		Erklärung nachgestellt	El personal no toma vacaciones **ya que** la empresa no cierra.
por eso	darum, deshalb	Ursache, Folge	La empresa no cierra. **Por eso** el personal no toma vacaciones.

E Indirekte Objektpronomen

betont	unbetont	
a mí	**me**	mir
a ti	**te**	dir
a él/ella/usted	**le**	ihm, ihr, Ihnen
a nosotros/-as	**nos**	uns
a vosotros/-as	**os**	euch
a ellos/ellas/ustedes	**les**	ihnen, Ihnen

Es gibt für jede Person jeweils ein betontes und ein unbetontes
Objektpronomen. Das unbetonte steht immer mit dem Verb,
das betonte steht allein oder vor dem unbetonten als Verstärkung:
¿**A ti te** gusta viajar sola?

F Gustar, interesar

Verben wie **gustar** (gefallen) oder **interesar** (interessieren) werden normalerweise nur in der 3. Person benutzt.

¿No te **gusta** esta historia?	Magst du diese Geschichte nicht?
A mí me **gusta** mucho.	Mir gefällt sie sehr.
A Carmen le **interesan** las pirámides.	Carmen interessiert sich für die Pyramiden.

6 Planes y proyectos

Complete las expresiones.

_____	Ferien haben	pasar una semana		_____
_____	einen Monat frei haben	pasar por un lugar		_____
_____	in Urlaub fahren	pasarlo bien	Spaß haben	_____
_____	im Urlaub sein	pasar los exámenes		_____
_____	vielleicht	Vamos a ver.		_____
Mi sueño es ...	Ich träume davon ...	No es seguro todavía.		_____

7 Y usted, ¿cuándo tiene vacaciones?

1. ¿Cuándo cierra su empresa por vacaciones?
2. ¿Cuántas veces por año tiene Ud. vacaciones?
3. ¿Cuándo son sus próximas vacaciones?
4. ¿Por cuánto tiempo son?

5. ¿Qué planes tiene?
6. ¿Con quién va a viajar?
7. ¿Qué más piensa hacer?
8. ¿Cuál es su sueño?

> Yo tengo vacaciones en julio.

8 Una encuesta Eine Umfrage

1 Ordene del 1 al 5. ¿Para usted, qué es ...

... lo más importante?
- [ ] viajar con un grupo simpático
- [ ] estar en un buen hotel
- [ ] poder descansar del trabajo y hacer lo que usted quiere
- [ ] conocer mucho, viajar por "todo" el país
- [ ] hacer un viaje barato, pero ver muchas cosas diferentes

... lo más interesante?
- [ ] conocer las grandes ciudades
- [ ] visitar pueblos típicos
- [ ] ir a comprar algo
- [ ] ir a los museos o entrar a una catedral antigua
- [ ] mirar la gente que pasa por la calle

... lo más divertido?
- [ ] ir a un restaurante y probar la comida típica
- [ ] ir a la playa, tomar el sol y mirar la gente
- [ ] conocer gente y hacer algo juntos
- [ ] comprar algo en un mercado y discutir el precio
- [ ] ir a una fiesta típica con música y bailes tradicionales

2 **¿Quién piensa lo mismo?** Suchen Sie jetzt Gleichgesinnte!

A Para mí lo más importante es …, pero también es importante … ¿Y para ti/usted? ¿Qué es lo más …?
B Para mí también es importante …
A Entonces podemos viajar juntas …

9 ¿Qué otros planes tiene usted?

 Haga preguntas.

| ¿Qué piensa hacer?   ¿Qué quiere hacer?   ¿Qué va a hacer usted? |

| hacer un curso de informática   hacer prácticas en …   comprar un/a …   viajar … meses con la mochila por … |
| buscar un trabajo en …   terminar mi formación profesional y …   ir a vivir con …   hacer el examen de … |

| en verano   el año que viene   después del examen   todavía no |

10 Lolo hace lo que quiere.

 Complete con *lo* o *lo que* y traduzca las frases.

> Lo hago si tengo ganas y si no, no lo hago.

1. Lolo hace _____ quiere.
2. Lo difícil no _____ hace.
3. Hace _____ puede, pero _____ hace sólo si tiene ganas.
4. Sabe que no está bien _____ hace.
5. _____ hace sólo para llamar la atención.
6. No dice _____ piensa.
7. Sabe más de _____ dice.
8. Claro, no quiere decir _____ sabe.
9. Es que no _____ puede decir.
10. ¡Qué va! ¡Puede decir _____ quiere! Pero no sabe _____ quiere.

11 ¿Le gusta viajar?

 1 Explique lo que quiere hacer Carmen.

1. ¿Cómo quiere viajar?
2. ¿Con quién va a viajar?
3. ¿Qué quiere visitar?
4. ¿Qué le gusta hacer?

> A mí me gusta ir a la playa.

 2 A Carmen le gusta viajar sola. ¿Y a usted? ¿Cómo le gusta viajar? ¿Adónde? Pregunte a su compañero/-a.

| solo/-a   con mi familia   con un/a amigo/-a   en grupo |

| en autobús   en avión   en tren   en barco   en moto |

| al mar   a las montañas   a una ciudad   a la selva |

> ¡A mí también!

> Pues a mí no me interesa la playa.

12 Verben mit Veränderung des Stammvokals

Complete con los verbos. Ergänzen Sie die passenden Verben in der richtigen Form.

empezar	tener	preferir	entender	cerrar	querer	pensar

1. Yo _quiero_ beber té. Y vosotros, ¿qué _____ tomar? – Nosotros _____ café.

   – No, yo no. Yo _____ una caña. Y usted, señora, ¿_____ hambre? ¿Qué _____

   tomar? ¿Un café, quizás? – No, no, _____ también algo fresco.

2. Don Rogelio _____ en la situación, pero no _____ hablar más de eso. _____

   hablar de otro tema. Pablo pregunta: ¿Qué _____ usted del problema, don Rogelio? – ¡Yo no

   _____ nada de nada! _____ hablar con Marcela.

3. En España muchas fábricas _____ en el verano. Por la mañana _____ a trabajar muy

   temprano. A mediodía _____ por dos o tres horas. La gente _____ trabajar hasta las ocho,

   pero hacer la siesta.

13 Preparo mi maleta y pongo ...

Sie kennen das Spiel! Also „packen" Sie alle Ihre
Vokabeln in einen Koffer.

A Preparo mi maleta y pongo mis libros.
B Preparo mi maleta y pongo mis libros y un video.
C Preparo mi maleta y pongo mis libros, un video y ...

14 Podemos estudiar juntos.

Traduzca los diálogos.

1. La amiga enferma
A Wirst du heute Nachmittag zu Hause sein?
B Nein, ich werde arbeiten müssen.
A Und am Wochenende?
B Da kann ich auch nicht. Ich fahre nach Valencia.
A Was machst du in Valencia?
B Ich muss meine Freundin besuchen, sie ist krank.

2. Podemos estudiar juntos.
A Ich will noch ein bisschen lernen.
B Wir können am Wochenende gemeinsam lernen.
A Einverstanden. Wenn du willst, können wir bei mir zu
   Hause lernen.
B Ich kann schon am Vormittag kommen, dann haben
   wir mehr Zeit.

3. ¿Tienes ganas de ir al centro?
A Hallo, woher kommst du so spät?
B Ich komme von der Arbeit – und du?
A Ich komme von der Schule.
B Ich fahre jetzt in die Stadt. Hast du Lust
   mitzukommen?
A Ah, fährst du mit dem Bus?
B Nein, ich habe heute das Auto meines Vaters.
A So ein Glück! Dann komme ich mit.

15 Infórmese e informe.

Cada grupo se informa sobre un tema.

La España Verde	El Camino de Santiago
Las pirámides de México	Otro tema de su interés
Al-Andalus	

¿Cómo aprender?

¡En español, por favor!
Suchen Sie Informationen stets auf Spanisch.
Schreiben Sie die wichtigsten Daten auf.
Machen Sie eine kurze Zusammenfassung.
Sagen Sie es mit eigenen Worten.

16 Sus vacaciones

Usted es el/la guía.
Bringen Sie die Karten,
Prospekte und Reiseführer
von Ihrem letzten Urlaub mit.
Erklären Sie der Gruppe,
was es am Urlaubsort zu
sehen gibt.

El español de América

El caso del chocolate

Normalmente, los españoles y los latinoamericanos se
entienden sin problemas. Los hispanoamericanos no
hablan tan rápido como los españoles, pero se entienden
perfectamente con ellos, ya que la gramática es casi
idéntica y el vocabulario en gran parte también lo es.
Sin embargo, entre el español hispanoamericano y el
peninsular hay algunas diferencias:

Arcaísmos: palabras españolas antiguas, como por
ejemplo plata, que se usa en lugar de *dinero*, *lindo* por
bonito, *platicar* por *conversar*.

Neologismos: palabras modernas, muchas veces con
influencia estadounidense como *computadora*, *celular* o
chequear.

Americanismos: palabras de origen indígena. Designan
con frecuencia la flora y fauna americana. Es el caso del
chocolate que viene del nahuátl (*chocolatl*), de los
tomates, del *tabaco*, del *puma*, del *jaguar* y de tantos otros
términos. En ocasiones no sólo se usan en español, sino
también en otros idiomas, de modo que son verdaderos
internacionalismos como, por ejemplo, *ananá*, *banana*,
tomate o *canoa*, que proviene del Caribe.
¿Conoce otros productos de origen americano?

¿Recuerda? Si no, pregunte al profesor o a la profesora
por las diferencias.

España	América Latina
bonito	_____
conversar	_____
_____	el camión, la guagua
_____	el auto, el carro
la tienda	el almacén
el dinero	_____
el ordenador	_____
_____	el celular

En la oficina de Ana María

Ana María está sola en su oficina y tiene muchísimo trabajo, pero, cada vez que empieza a trabajar, suena el teléfono. Muchos llaman para hablar con el jefe, otros piden una cita o quieren aplazar una fecha o dicen que tienen que cancelarla. Ya son las doce y cuarto y el trabajo sigue sin hacer …

a Va a venir enseguida.

Ana María: Empresa Torres. ¡Buenos días!

Sr. Gil: ¡Hola! ¿Con la oficina del señor Torres?

Ana María: Sí, señor, aquí Ana María, la secretaria. ¿Quién habla?

Sr. Gil: Alberto Gil Giménez. ¿Está don Rogelio, por favor?

Ana María: No, lamentablemente el señor Torres no está en este momento. ¡Acaba de salir!

Sr. Gil: ¡Qué mala suerte!

Ana María: ¿Por qué asunto es?

Sr. Gil: ¡Mmm…! Tengo que hablar personalmente con él.

Ana María: Don Rogelio va a venir a las doce y media o a la una. ¿Quiere dejar su teléfono?

Sr. Gil: No, gracias, prefiero volver a llamar más tarde. ¡Hasta luego señorita!

b ¡Pero es urgente!

Sr. Gil: Hola, soy yo otra vez, Gil. ¿Está el señor Torres ahora?

Ana María: No, lo siento, todavía no, pero debe de estar a punto de llegar.

Sr. Gil: Pero ¿cómo? ¡Ya es casi la una!

Ana María: Sí, es verdad. A esta hora él ya está siempre aquí, no sé qué pasa hoy. Debe de estar en un atasco.

Sr. Gil: No tiene móvil, ¿no?

Ana María: No. ¡Ni tiene, ni quiere!

Sr. Gil: Ya entiendo.

c ¿Dónde lo puedo encontrar?

Sr. Gil: Tengo un dato muy interesante, un negocio brillante. ¿A qué hora llega don Rogelio por la tarde?

Ana María: A las cuatro y media va a estar aquí seguro.

Sr. Gil: A esa hora yo tengo que tomar el avión. ¿No sabe cómo puedo localizarlo antes?

Ana María: Pues normalmente almuerza sobre las dos, en el Lola. ¿Lo conoce?

Sr. Gil: Sí, sí. Entonces voy a ir a comer algo yo también. A ver si encuentro a don Rogelio … Gracias, señorita.

Ana María: De nada, adiós, señor Gil.

1 Informe.

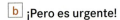

¿Quién llama y por qué asunto?

¿Cuándo va a estar don Rogelio en la oficina?

El Sr. Gil, ¿puede llamar por la tarde?

¿Cuándo y dónde puede hablar con don Rogelio?

2 ¿No tienes móvil?

Un móvil tiene ventajas y desventajas. ¿Cuáles? Bilden Sie zwei Gruppen. Eine Gruppe sammelt die Vorteile des Handys, die andere die Nachteile. Stellen Sie Ihre Ergebnisse im Kurs vor und diskutieren Sie.

El móvil es muy práctico.

Pero es muy caro.

Es rápido.

d ¿Sigue el mal tiempo?

Sr. Meyer: Meyer, Stefan Meyer de la empresa Marz & Pan.

Ana María: Ah, señor Meyer, ¿cómo está? ¡Cuánto tiempo!

Sr. Meyer: Muy bien, gracias. Y ustedes, ¿qué tal en Flores?

Ana María: Pues como siempre, con mucho trabajo. Mucho trabajo y mucho frío.

Sr. Meyer: ¿Hace mal tiempo?

Ana María: Como dice el refrán: abril, aguas mil. En este momento por suerte no llueve, pero hay sólo 12 grados.

Sr. Meyer: Eso para nosotros ya es primavera.

Ana María: Y en Hamburgo, ¿qué tiempo hace ahora? ¿Sigue el invierno?

Sr. Meyer: Tenemos 2 grados bajo cero y está bastante nublado, pero ...

Ana María: ¡Qué frío! Debe de haber mucha nieve, ¿no?

Sr. Meyer: ¡Qué va! Como estamos cerca del mar, casi nunca hay nieve aquí, ¿sabe?

e ¡Esto es una casa de locos!

Ana María: Bueno, ¿y cuándo van a venir a Flores? ¿Ya tiene la fecha del viaje?

Sr. Meyer: Precisamente llamo para concretarla. Es difícil conseguir vuelos directos, por eso queremos hacer la reserva cuanto antes, pero no sé bien para cuándo.

Ana María: Para nosotros es lo mismo fijar una fecha u otra. Ustedes eligen. ¿Cuándo quieren venir? ¿Quizás a fines de abril? ¿O en mayo?

Sr. Meyer: Tan pronto no es posible. Mejor a principios de junio.

Ana María: ¡Mmm...! A mediados de junio estamos en la feria y antes de la feria, ¡esto es una casa de locos!

Sr. Meyer: Comprendo. ¡Ah, y nosotros tampoco podemos!

f El jueves es fiesta.

Sr. Meyer: ¿Y en la semana veintiséis?

Ana María: A ver, un momentito, por favor. ¡Uy, lo siento, la 26 ya está completa, tenemos visita de Japón toda la semana. Pero si quiere en la 27 ...

Sr. Meyer: De acuerdo, entonces en la 27. Si es posible, el jueves o el viernes, así pasamos el fin de semana en España.

Ana María: Lo siento. El jueves es festivo, es la Fiesta Patronal y el viernes es puente. ¿Por qué no vienen el lunes 4? Pasan un buen fin de semana y el lunes a primera hora los esperamos.

Sr. Meyer: Pues sí, puede ser. Entonces, quedamos así.

Ana María: Perfecto. El lunes 4 de julio. ¿A qué hora? ¿A las 10 h. está bien?

Sr. Meyer: Sí, estupendo. La llamo unos días antes para confirmar. Muchas gracias y ¡hasta luego!

3 Informe.

¿Desde dónde llama el Sr. Meyer?

¿Qué tiempo hace en ...?

¿Para qué llama?

¿Cuándo quiere ir a Flores?

¿Por qué no es posible a principios de junio?

¿Qué día de la semana prefiere y por qué?

¿Qué significa "un puente"?

¿Qué fecha fijan?

Realidad hispánica

GESTIÓN DE TIEMPO

"El tiempo es oro", por eso hay que aprovecharlo lo mejor posible. En las empresas modernas se estudia la gestión de tiempo como parte importante de la "gestión de calidad total". El objetivo de la gestión de tiempo es aprovechar al máximo el tiempo, tanto del personal como de las máquinas. Las máquinas son el mayor capital de la empresa. Tienen que producir constantemente. Por eso hay que planificar bien la producción y en lo posible evitar pérdidas de tiempo, por ejemplo, para hacer cambios de herramientas o para el mantenimiento de las máquinas.

En la oficina es necesario dar prioridad a los trabajos más importantes, evitar interrupciones y pérdidas de tiempo, por ejemplo, por falta de papel. Lo principal es una buena planificación del trabajo: hay que establecer objetivos claros. El resultado es bueno para todos: menos estrés, mejor clima de trabajo e incluso mayor éxito empresarial.

⚷ Minidiccionario

_____	Zeitmanagement
_____	die Zeit nutzen
_____	das Ergebnis
_____	das Ziel

4 Métodos

Kreuzen Sie an, was Ihrer Meinung nach richtig ist.

1. Hay que hacer …
   - ☐ … primero los trabajos poco importantes y después, con tiempo, los más importantes.
   - ☐ … todos los trabajos a la vez porque en una empresa todos los trabajos son importantes.
   - ☐ … primero los trabajos más importantes y los otros después o al día siguiente.

2. Para evitar pérdidas de tiempo…
   - ☐ … no hay que hacer pausas nunca porque todas las pausas son una pérdida de tiempo.
   - ☐ … es muy importante hacer pausas regularmente y después trabajar con ganas.
   - ☐ … no hay que interrumpir nunca el trabajo. Para trabajar tranquilo lo mejor es desconectar el teléfono.

5 Objetivos y resultados

⚷ ¿Qué hay que hacer?

GESTIÓN DE TIEMPO

personal	máquinas
_____	_____
_____	_____

Recursos de comunicación	
¡Qué lástima!	Wie schade!
¡Qué mala suerte!	So ein Pech!
Lo siento.	Es tut mir Leid.
Lamentablemente no puedo.	Ich kann leider nicht.

Recuerde

A Pedir, seguir, decir

Verben mit Veränderung des Stammvokals:

pedir	seguir	decir
pido	sigo	**digo** !
pides	sigues	dices
pide	sigue	dice
pedimos	seguimos	decimos
pedís	seguís	decís
piden	siguen	dicen

B Deber de

Deber de benutzt man, um eine Vermutung zu äußern:

Debe de estar a punto de llegar.
Er wird wohl gleich kommen.
Debe de haber mucha nieve.
Es gibt sicherlich viel Schnee.

La 1ª persona del verbo *decir* es: *yo digo.*

C Das Datum

¿Qué fecha es hoy?	Welches Datum ist heute?	a principios de mes	am Monatsanfang
Es (el) dos de enero.	Es ist der 2. Januar.	a mediados de semana	in der Wochenmitte
¿En qué mes es la feria?	In welchem Monat ...?	a fines del año que viene	Ende nächsten Jahres

Achtung: „Falsche Freunde"

el dato	Tipp, Information	la fecha	das Datum

D Die Uhrzeit

¿Qué hora es?

12:00	Son las doce (del mediodía).	12:30	Son las doce y media.
12:45	**Es** la una menos cuarto.	13:00	**Es** la una en punto.
14:05	Son las dos y cinco.	14:10	Son las dos y diez.
14:15	Son las dos y cuarto.	14:20	Son las dos y veinte.
07:00	Son las siete de la mañana.	19:00	Son las siete de la tarde.
11:00	Son las once de la mañana.	23:00	Son las once de la noche.

Ya es la una de la mañana.

¿A qué hora es la reunión?	Um wie viel Uhr ...?	A las 9:30 h.	Um 9.30 Uhr.
a primera hora	früh am Morgen	a última hora	im letzten Augenblick

E *De ... a ...* und *desde ... hasta ...*

Das sind zwei verschiedene Begriffspaare. Bitte nicht verwechseln!

de ... **a** ...	von ... bis ...	Trabajo **de** ocho **a** doce.
desde las ... **hasta las** ...	von (genau) ... bis (genau) ...	Trabajo **desde las** ocho menos cuarto **hasta las** doce y media.

F Etwas noch einmal machen

volver + **a** + Infinitiv	Tienes que **volver a** llamar.
konjugiertes Verb + **de nuevo**	Llama **de nuevo**.
konjugiertes Verb + **otra vez**	Llama **otra vez**.

G Das Wetter

Hace sol.	Hace calor.	Hace frío.	Hace viento.	Nieva.	Llueve.	Está nublado.

6 En la oficina

Complete las frases y explique.

Ana María
1. No puede _____ porque _____.
2. Ya son las _____ y Ana María tiene _____.
3. Habla con _____ que quiere _____.
4. Le pregunta al Sr. Gil si quiere _____.

El Sr. Gil
5. Quiere _____, pero _____.
6. Pregunta si _____.
7. Dice que tiene _____.
8. Va a _____.

El Sr. Torres
9. Acaba de _____.
10. Está a punto _____.
11. Debe de _____.
12. Normalmente va a _____.

7 El jefe vuelve a la oficina.

Complete con los verbos.

Don Rogelio: Hola, ¿qué tal, Ana María?¿_____ todo bien?

Ana María: Pues, como siempre. El Sr. Gil _____ que tiene que hablar con usted.

Don Rogelio: ¡Qué lástima, ya es tarde, pero es que nunca _____ aparcamiento cerca.

Ana María: Es siempre el mismo problema. ¿Alicia _____ enferma?

Don Rogelio: Sí, y la Srta. Díaz también, las dos _____ mal. – ¡También, con este tiempo!

Ana María: Acaban de llamar de la empresa Marz & Pan, _____ que van a venir en junio.

Don Rogelio: Ah, ¿_____ interesados en nuestros productos?

Ana María: Sí, creo que en Alemania no _____ tan buenos precios.

Don Rogelio: Pues, yo siempre _____ que los precios son lo más importante en este momento.

Ana María: Puede ser. Los clientes _____ calidad, pero después miran el precio ...

seguir
pedir
decir
conseguir

8 El tiempo

1 ¿Qué significan los símbolos?

nublado   soleado
cubierto   lluvia   niebla
nieve   tormenta

2 ¿Qué tal el tiempo en ...?
Pregunte y conteste.

Flores (bei Barcelona)   Hamburgo
Roma   París   Varsovia   aquí

9 La hora

Corrija los relojes.

Son las doce menos veinte.

Es la una en punto.

Son las siete menos cinco.

Son las dos y cuarto.

Son las nueve y media.

¡Es la hora de comer!

Son las cuatro y veinticinco.

Es la una y media.

10 En un chat

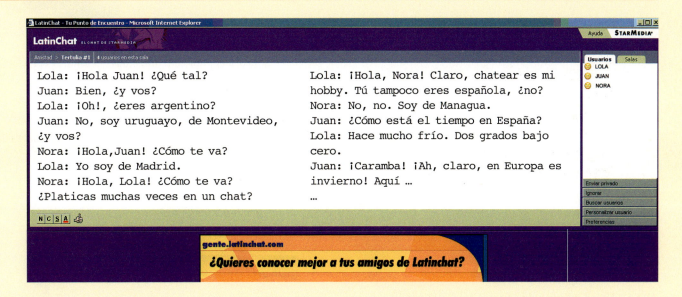

Lola: ¡Hola Juan! ¿Qué tal?
Juan: Bien, ¿y vos?
Lola: ¡Oh!, ¿eres argentino?
Juan: No, soy uruguayo, de Montevideo, ¿y vos?
Nora: ¡Hola, Juan! ¿Cómo te va?
Lola: Yo soy de Madrid.
Nora: ¡Hola, Lola! ¿Cómo te va? ¿Platicas muchas veces en un chat?

Lola: ¡Hola, Nora! Claro, chatear es mi hobby. Tú tampoco eres española, ¿no?
Nora: No, no. Soy de Managua.
Juan: ¿Cómo está el tiempo en España?
Lola: Hace mucho frío. Dos grados bajo cero.
Juan: ¡Caramba! ¡Ah, claro, en Europa es invierno! Aquí …
…

1 **Explique.** Warum denkt Lola, dass Juan Argentinier ist? Und woran merkt sie, dass Nora keine Spanierin ist?

2 **¿Nos chateamos?** Arbeiten Sie zu zweit. Suchen Sie sich eine Stadt auf den Karten der Umschlagseiten aus und schreiben Sie sich gegenseitig „E-Mails". Fragen Sie nach dem Wetter in der Stadt Ihres Partners / Ihrer Partnerin. Stellen Sie dann auch andere Fragen und antworten Sie.

11 Llamo para confirmar la hora.

Traduzca.

_____	Anfang des Monates	_____	zu früher Stunde
_____	Mitte der Woche	a última hora	_____
_____	Ende des Jahres	_____	in der 35. Woche
concertar una cita	verabreden _____	concretar el día	_____
fijar la fecha	_____	confirmar la hora	_____

12 Hablar por teléfono

1 Va a escuchar tres diálogos. Escuche y apunte las informaciones.

| Llama ... | Quiere hablar con ... | El número de teléfono es el ... | Es por ... |

2 Escuche otra vez. Ergänzen Sie in anderer Farbe. Wie viel haben Sie jetzt verstanden?

 3 Ahora lea los diálogos en la página 171 y haga una lista de los recursos de comunicación.

1. Wie meldet man sich am Telefon?
2. Wie erkundigt man sich, wer „dran" ist?
3. Wie fragt man nach der gewünschten Person?

4. Wie erfährt man, worum es geht?
5. Wie kann man sich verabschieden?

13 Una llamada

Ahora llama usted. Su pareja contesta.

A Ist Frau Ortiz zu sprechen?
B Sie ist leider nicht da.
A Wann kommt sie zurück?
B Sie ist bis Montag im Urlaub.
A Es ist aber sehr dringend. Ist Herr Ruiz auch nicht da?
B Nein, tut mir Leid, er ist nicht da. Aber er kommt gleich.
A Dann rufe ich später wieder an.

14 Rompehielos

Lea, informe y compare.

Lo mismo si es personalmente o por teléfono, antes de negociar, españoles y latinoamericanos empiezan la conversación con un pequeño diálogo personal, el llamado "rompehielos", así conocen un poco a la otra persona, o, si ya la conocen, saben cómo está. Uno de los temas favoritos es el del tiempo.

¿Qué significa "rompehielos"? ¿Cómo es en su país?
¿Cuál es su función? ¿Qué otros temas conoce?
¿Cuál es el tema preferido? ¿Qué diferencias hay?

15 ¿Vamos a la exposición?

Usted quiere salir con una colega española.
Traduzca el diálogo.

A   B

Es gibt eine große Dalí-Ausstellung, weißt du das? → Oh, wenn du möchtest, können wir zusammen hingehen.
Ja, gerne, aber wann? → Ich weiß (es) nicht. Du hast (ja) nie Zeit.
Und du auch nicht! Wir können am Wochenende hinfahren. → Einverstanden. Dann Samstag Vormittag.
Moment mal! Ich schaue im Kalender nach. Nein, am
Vormittag kann ich nicht, aber am Nachmittag. → Nein, am Nachmittag kann ich nicht. Ich bin schon verabredet, aber geht es am Sonntag?
Unmöglich, am Sonntag muss ich bei meinen Eltern essen. → Mensch, dann müssen wir an einem anderen Tag fahren.
Bis wann ist die Austellung? → Bis Januar, glaube ich.
Dann können wir in den Ferien hinfahren. → Gut, jetzt muss ich aber wieder ins Büro. Tschüss!

16 Una cita

 Ordene los diálogos.

1. ¿Qué fecha es?

☑2 A ver, el lunes es 31, ¿no?

☐ Gracias. ¡Mucha suerte en la feria!

☐ El otro lunes ya empieza la feria y no puedo.

☐ Sí, muy bien. Hasta luego. ¡Ah y buen viaje!

☐1 ¿Cuándo vienes otra vez a Barcelona?

☐ ¿Y el próximo lunes?

☐ Estupendo, pero no el primer día.

☐ ¡No, ya es 1 de junio! Pero tengo una reunión.

☐ ¿Y por qué no quedamos en la feria?

☐ Claro, ¿quizás el jueves o el viernes?

2. ¿Cómo quedamos?

☐ ¿A las 17 h. está bien?

☐ Sí, por qué no. ¿A qué hora? ¿A las 16 h.?

☐ Prefiero a última hora y después cenamos juntos.

☐ ¿Quizás el miércoles?

☐ De acuerdo. Adiós y saludos a su esposa.

☐ No, mejor más tarde.

☐ Muy amable, gracias. Saludos a su esposo también.

☐ Ésa es una buena idea. Quedamos así.

☐1 ¿Para cuándo quedamos?

☐ No sé. ¿Cuándo tiene tiempo usted?

17 Escenario profesional

1 Jetzt verabreden Sie sich. Verwenden Sie die Ausdrücke aus Übung 12 und Übung 16. Suchen Sie einen passenden Termin. Hier ist Ihr Wochenplan. Ihr Partner / Ihre Partnerin arbeitet mit dem Wochenplan auf Seite 168.

A Llamo para fijar la fecha de la entrevista. ¿Quizás a mediados de mes?

B Sí, para nosotros es lo mismo. ¿Qué día? ¿El miércoles 18?

A Perfecto, ¿y a qué hora? ¿Puede ser a las nueve?

B No, a las nueve tengo una reunión muy importante, mejor a las ...

2 Ahora llame para cancelar una visita o para cambiar la fecha.

A Llamo para cancelar la entrevista del miércoles 18. Lo siento mucho, pero ese día es imposible para mí.

B ¡Qué lástima! Si quiere, podemos aplazar la fecha ...

hora	lunes 16	martes 17	miércoles 18	jueves 19	viernes 20
8	correr	correr	desayuno de trabajo	correr	desayuno de trabajo
9					
10	agencia de publicidad	cita con el abogado			visita de la arquitecta, diseño de nuevos productos
11				visita a la prensa local	
12	visita de clientes	reunión de la comisión de planes y proyectos			
13			entrevista con la directora de Atención al Cliente		
14		comida con el Sr. Puig		visita a la feria de ...	
15	clientes de Buenos Aires		viaje de negocios a Portugal	visita de clientes	
16					
17		clientes de Valencia			conferencia en la Cámara de Comercio
18					
19					
20	cena de trabajo con los clientes	exposición de una amiga			

¿Pasamos por el hotel?

Son las diez de la noche y don Rogelio todavía está en la empresa. Marcela ya está un poco preocupada. Llama a la oficina para preguntar qué pasa.

a Paella para todos

Don Rogelio: ¡Hola! ¡Diga!

Marcela: ¡Hola, Rogelio! ¿Qué pasa? ¿Te quedas a dormir en la oficina hoy?

Don Rogelio: No, Marcela, es que estoy con unos clientes de Alemania. Las negociaciones son duras, ¿sabes? Pero enseguida acabamos.

Marcela: Eso espero. Es que la paella está lista y si no vuelves pronto, ¡adiós, paella!

Don Rogelio: Si quieres, voy inmediatamente, pero ¡con los clientes!

Marcela: Por mí pueden venir, ¿por qué no? Si saben español, mejor. ¡Paella para todo el mundo y listo!

Don Rogelio: Eres un ángel, Marcela. Ya salimos para casa.

b ¿De qué se trata?

Don Rogelio: Hay un cambio de programa, señores.

Sr. Meyer: ¿De qué se trata?

Don Rogelio: Dejamos las negociaciones para mañana y nos vamos a mi casa a comer, así conocen a mi familia.

Sr. Meyer: ¿A su casa? ¿No es mucha molestia para su esposa?

Don Rogelio: No, al contrario, ella siempre se alegra de conocer a nuestros clientes.

Sr. Meyer: Pues si es así, encantados. Gracias por la invitación. Pero ¿podemos pasar antes por el hotel?

Don Rogelio: ¡Naturalmente!

c ¡Adelante!

Don Rogelio: Hola, ¿cómo? ¿Ya estás en casa, Lito?

Lito: Sí, acabo de llegar del fútbol.

Don Rogelio: ¡Adelante, por favor! Mi hijo mayor. Nuestros clientes de Alemania.

Sr. Meyer: Encantado. Yo soy Stefan Meyer y él se llama Tim Schulte y no habla nada de español.

Sr. Schulte: ¡Ca-si na-da!

Sr. Meyer: Bueno, casi nada. Y tú, ¿cómo te llamas?

Lito: Yo me llamo Lito, Rogelito, bueno, Rogelio, como mi padre.

Sr. Meyer: ¿Y te gusta jugar al fútbol?

Lito: Sí, pero no juego muy bien. Me gusta más tocar la guitarra.

1 Informe.

Rogelio Torres

¿Dónde está?

¿Cree Ud. que es normal trabajar a esa hora?

¿Por qué está en la oficina todavía?

¿Con quiénes quiere ir a su casa?

Los clientes

¿A quién van a conocer los clientes?

¿Qué quieren hacer primero?

¿Qué dice el Sr. Meyer del Sr. Schulte?

Marcela Ruiz

¿Dónde está?

¿Qué hace? ¿Por qué?

¿Para qué espera a su esposo?

¿Qué piensa ofrecer a los clientes?

Lito

¿Quién es Lito?

Lito es el sobrenombre, ¿cómo se llama realmente?

¿Por qué se llama así?

2 Explique en otras palabras.

Hay un cambio de programa.

Si no vuelves pronto, ¡adiós, paella!

¡Paella para todo el mundo y listo!

Eres un ángel.

d ¿Quiere pasar a arreglarse?

Don Rogelio: ¿Dónde está Marcela?

Lito: Está arriba. Baja enseguida.

Don Rogelio: ¡Por aquí, por favor! Podemos sentarnos un momento en la sala.

Sr. Meyer: Gracias, pero ¿puedo lavarme las manos primero?

Don Rogelio: Por supuesto, mi hijo lo acompaña. ¿Por qué no se sienta, señor Schulte?

Sr. Schulte: Emmm, sí ...

Don Rogelio: ¿No se siente bien con este calor? ¿Quiere pasar a arreglarse un poco usted también?

Sr. Schulte: Sí, sí, por favor.

e ¡A darse prisa!

Don Rogelio: ¡Ah!, mis hijas.

Isabel + Belén: Buenas noches. Mucho gusto.

Sr. Meyer: ¡Hola! ¡Oh! ¿Sois gemelas? ¿Cómo os llamáis?

Isabel: Yo soy María Isabel y ella es Ana Belén.

Sr. Meyer: ¡Qué nombres tan bonitos, los dos! ¿Y cuántos años tenéis?

Belén: Dieciséis ... y medio, casi ...

Isabel: Yo soy la mayor, tengo un día más que Belén.

Sr. Meyer: Aquí tengo algo para vosotras, un regalito.

Isabel: ¡Gracias, pero hoy no es nuestro cumpleaños! ¡Oh, un libro! ¡Qué bien! ¡Suerte que no es chocolate!

Don Rogelio: Bueno, ¡a darse prisa! Ya sabéis que mamá se enfada si la comida está lista y nadie viene a comer.

f ¿Podemos empezar?

Marcela: Bienvenidos a Flores. Me alegro mucho de conocerlos. Para mí es interesante conocer a los clientes de Casa Torres.

Sr. Meyer: Gracias, señora. Nosotros también nos alegramos de estar con ustedes. Tiene tres hijos encantadores.

Marcela: ¡Gracias! ¿Pero dónde está Lito?

Don Rogelio: Quiere ducharse, ya viene.

Marcela: Entonces, ¡vamos al comedor! ¡Adelante, señores!

Don Rogelio: Yo me ocupo de las bebidas. ¿Quieren ver mi bodeguita?

Sr. Schulte: ¿La bodega? ¡Claro que sí!

3 Informe.

¿Qué quiere hacer el Sr. Meyer?

¿Y el Sr. Schulte?

¿A quién esperan?

¿Cuántos hijos tienen Rogelio y Marcela?

¿Cómo se llaman las chicas?

¿Les gusta el regalo? ¿Por qué?

¿Dónde está Lito?

¿De qué se ocupa don Rogelio?

4 ¿Y usted?

¿Lleva regalos cuando está invitado?

¿Qué lleva normalmente?

> Bueno, depende de la ocasión. Si voy a una fiesta de amigos, llevo ...

> Yo llevo una botella de vino.

> Yo prefiero llevar flores.

Realidad hispánica

CONCILIACIÓN – ¿MISIÓN IMPOSIBLE?

Un 60 % de las parejas españolas con hijos prefiere hacer jornada intensiva, pero según el último informe del Instituto de Estudios Laborales, que analiza 87 convenios colectivos firmados entre septiembre de 2003 y febrero de 2004, la realidad es otra: sólo el 10,4 % de los convenios establece este tipo de jornada.

Las políticas de conciliación entre familia y trabajo son, por ahora, sólo buenas intenciones y no se discuten todavía en las mesas de negociación. Sólo el 3,7 % de los convenios laborales prevé la preferencia de turno de trabajo para trabajadores con responsabilidades

familiares y sólo el 2,7 % introduce la flexibilidad de horario para conciliar mejor la vida familiar y laboral.

En España un 66 % de la población prefiere un modelo de familia igualitario entre hombre y mujer, pero esto no se refleja en la realidad laboral, donde más del 80 % de los contratos a tiempo parcial corresponde a mujeres. En España el 75 % de las esposas depende económicamente de sus maridos – es una situación realmente preocupante.

Fuente: Emprendedores, Nº 81, junio 2004 (Texto adaptado)

5 Relacione.

trabajar a tiempo parcial	1		a	poder elegir (aussuchen) el turno
hacer jornada intensiva	2		b	trabajar de 9 a 13 h. y de 16 a 20 h.
trabajar en dos turnos	3		c	trabajar media jornada o pocas horas
tener preferencia de turno	4		d	trabajar todo el día, en un sólo turno

> Un 60 % de las parejas españolas ...

6 ¿De qué trata el informe?

¿De quién es el informe?
¿De qué trata?
¿Cuántos convenios analiza?
¿De cuándo son los convenios analizados?

7 Conteste.

¿Qué tanto por ciento ...
1. ... de las parejas con hijos prefiere hacer jornada intensiva?
2. ... de padres y madres puede hacer jornada intensiva?
3. ... de los españoles quiere igualdad entre hombres y mujeres?
4. ... de los contratos a tiempo parcial corresponde a hombres?
5. ... de las esposas no depende económicamente de sus maridos?

8 ¿Y en Alemania?

1 Marque con una cruz.

1. La situación es	☐ muy similar.	☐ muy diferente.	☐ bastante parecida.
2. El problema lo tienen	☐ las madres solteras.	☐ los padres separados.	☐ todas las mujeres.
3. Lo que falta son	☐ trabajos a tiempo parcial.	☐ guarderías (Kindergärten).	☐ canguros para niños pequeños.

2 Compare.

> Para mí ...

> No sé, pero creo que ...

> Pues, yo pienso que ...

> En mi opinión ...

Recuerde

A   Reflexivpronomen

me	mich	nos	uns
te	dich	os	euch
se	sich	se	sich

Die Reflexivpronomen stehen vor dem konjugierten Verb. Wenn es einen Infinitiv im Satz gibt, können sie auch an diesen angehängt werden:

¿No **te** lavas las manos? – **Me** acabo de duchar. / Acabo de duchar**me**.

B   Reflexive Verben

alegrarse (sich freuen)	**llamarse** (heißen)	**sentarse** (sich setzen)	**ocuparse de** (sich kümmern um)
me alegro	me llamo	me siento	me ocupo de
te alegras	te llamas	te sientas	te ocupas de
se alegra	se llama	se sienta	se ocupa de
nos alegramos	nos llamamos	nos sentamos	nos ocupamos de
os alegráis	os llamáis	os sentáis	os ocupáis de
se alegran	se llaman	se sientan	se ocupan de

C   Die Verben *jugar* (*ue*) und *tocar*

¡Yo toco la batería!

Dem deutschen Verb „spielen" entsprechen im Spanischen zwei Verben: jugar und tocar.
Bei Spielen und Sportarten verwendet man jugar + a, bei Musikinstrumenten tocar.
Im Singular und in der 3. Person Plural von jugar ändert sich der Vokal: u wird zu ue.
Die Formen von tocar sind regelmäßig.

Lito **juega** al fútbol. – También **toca** la guitarra. | jugar (spielen) | **jue**go | **jue**gas | **jue**ga | jugamos | jugáis | **jue**gan |

D   Die Präpositionen *por* und *para*

Der Gebrauch der beiden Präpositionen por und para ist genau definiert:

por

Ursache	No puedo ir **por** los clientes.	Ich kann wegen der Kunden nicht kommen.
persönl. Beweggrund	**Por** mí, pueden venir.	Meinetwegen können sie kommen.
Wegbeschreibung	Pasamos **por** el hotel.	Wir fahren beim Hotel vorbei.
Zeitangabe	Estamos aquí **por** tres semanas.	Wir bleiben drei Wochen hier.
Preisangabe	¿Qué se puede comprar **por** 10 euros?	Was kann man für 10 Euro kaufen?

para

Bestimmung	Paella **para** todo el mundo.	Paella für alle.
Meinung	**Para** mí es muy interesante.	Für mich ist es sehr interessant.
Zweck	Llama **para** preguntar qué pasa.	Er/Sie ruft an, um zu fragen, was los ist.
Ziel	Ya salimos **para** casa.	Wir machen uns auf den Weg nach Hause.
Termin	Dejamos eso **para** mañana.	Verschieben wir das auf morgen.

¿Cómo aprender?

"Un lugar para cada cosa y cada cosa en su lugar"

Schreiben Sie alle Ausdrücke mit **para** auf die eine und die mit **por** auf die andere Seite Ihres Vokalheftes. Lassen Sie Platz für neue Ausdrücke und notieren Sie alles, was zusammengehört.

9   ¡No hay problema!

1 Busque en el texto de la lección la expresión equivalente.

El problema es que tengo clientes.   *Es que estoy …*

No vamos a poder comer la paella.   _____

Paella para todos. ¡No hay problema!   _____

Eres muy buena.   _____

2 Complete las expresiones del texto.

¿Podemos pasar …?   _____

Si saben español, …   _____

Pero enseguida …   _____

Ya salimos …   _____

10   Pronombres reflexivos

Complete la tabla con las formas verbales y *me – te – se – nos – os – se*.

	alegrarse	irse	enfadarse	sentirse (ie)	ocuparse	darse prisa
yo	*me alegro*					
tú		*te vas*				
usted			*se enfada*			
nosotras				*nos sentimos*		
tú y Pepe					*os ocupáis*	
los clientes						*se dan prisa*

11   ¡A darse prisa!

¿Qué grupo conjuga más rápido?

sich waschen   sich duschen   sich zurechtmachen   heißen   dableiben   sich setzen

12   Siempre tengo que ocuparme de todo.

Complete.

La familia Torres

1. Por la mañana, Marcela _____ (ducharse) con agua fría y _____ (ocuparse) del desayuno.
2. Don Rogelio _____ (sentarse) a leer el periódico hasta que bajan las chicas.
3. Ellas nunca están listas. _____ (arreglarse) horas y nunca _____ (darse) prisa para nada.
4. Hoy Isabel _____ (quedarse) en casa porque no _____ (sentirse) muy bien.
5. *Marcela:* ¡Ah, Isabel, _____ (alegrarse) de verte! ¿Estás mejor?
   Isabel: Más o menos. ¿Cómo _____ (llamarse) el médico nuevo?
   Marcela: No sé. ¿No _____ (sentirse) bien todavía? ¿No quieres _____ (sentarse) y tomar un té?
6. *Lito:* ¡Vamos, Belén, tenemos que _____ (darse) prisa ahora!
   Marcela: Sí, chicos, papá _____ (enfadarse) si no estáis listos. Yo ya _____ (ocuparse) de todo. ¿Ya _____ (irse), Rogelio?
   Rogelio: Sí, ya es tarde, tengo que _____ (irse).

13 En la oficina con los clientes

 1 Complete las preposiciones: *a – con – de – en – para – por*.

1. Está _____ la oficina _____ los clientes.
2. Ella llama _____ preguntar.
3. Se ocupa _____ todo.
4. Vamos _____ comer _____ mi casa.

5. ¿Te quedas _____ dormir _____ la oficina?
6. Se alegra _____ conocer _____ los alemanes.
7. Es una molestia _____ su esposa.
8. _____ mí pueden venir.

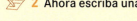 **2** Ahora escriba una historia con ayuda de estos apuntes (*Stichwörter*).

14 Pregunte y conteste.

 Pregunte ...

– wie Ihr/e Partner/in heißt und wie alt er/sie ist.
– ob er/sie Geschwister hat (Name, Alter, Beruf ...).
– wann er/sie Geburtstag hat.

– was für ein Geschenk er/sie sich wünscht.
– ob er/sie ein Instrument spielt. Welches?
– ob er/sie Sport treibt (jugar al tenis, al fútbol, al voleibol ...).

15 ¿Qué hace usted los domingos? / ¿Qué haces el fin de semana?

A ¿Los domingos? Depende, cuando estoy solo, no hago nada. ¿Y tú? / ¿Y usted?
B Normalmente juego a las cartas con mis amigos. ¿Y usted, señora? / ¿Y tú?
C Yo nunca juego ... yo prefiero ...

nunca casi nunca a veces normalmente muchas veces (casi) siempre	conversar descansar jugar a las cartas / al tenis no hacer nada escuchar música navegar por Internet ver la tele ir en bicicleta ir de copas ir al cine / a la discoteca	solo/-a con un amigo / una amiga con mis padres en grupo con mi perro

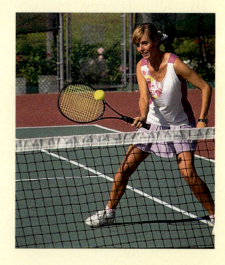

16 ¿Recuerda los recursos?

 Complete.

Was ist los? _____

Ich komme gleich. _____

Wir sind gleich fertig. _____

Das hoffe ich. _____

Wenn ... umso besser. *Si saben español, mejor.*

Ein Glück, dass ... _____

Hier entlang ... _____

Macht es nicht zu viel Mühe? _____

Danke für die Einladung. _____

Schnell, schnell. _____

Du weißt schon, dass ... _____

Im Gegenteil, ich freue mich. _____

17 ¿Para o por?

1
1. _____ mí pueden venir, ¿_____ qué no?
2. Mi esposa acaba de llamar _____ preguntar cuándo vamos.
3. ¿No es mucha molestia _____ su esposa?
4. ¿Podemos pasar _____ el hotel, _____ favor?
5. Gracias _____ el regalo.

2
1. ¿_____ quién es este catálogo? ¿Es _____ mí?
2. Sí, es _____ usted, señor.
3. Muchas gracias _____ la información y también _____ el catálogo.
4. De nada. ¿_____ cuándo necesita el chocolate?
5. _____ mañana, _____ favor.
6. ¡Eso es imposible! No podemos mandarlo _____ avión.

3
1. ¿Este fax es _____ mí? – No, no es _____ ti.
2. ¿Puedo leer las cartas? – _____ mí, ¿por qué no?
3. Podemos ir a comer algo. – _____ mí no es necesario.
4. ¿_____ quién es el libro? – Es _____ Carmen.
5. ¿Llamo un taxi? – No, _____ nosotros no es necesario.

4
1. La situación no es muy favorable _____ la industria.
2. El señor Torres está bastante preocupado _____ esa situación.
3. Sus productos son buenos. _____ los niños hay chocolates especiales, con mucha leche.
4. _____ suerte esos chocolates se venden muy bien, _____ el momento.
5. _____ elaborar esos chocolates son necesarias materias primas de la mejor calidad.

5
1. En estos momentos falta azúcar _____ los problemas que hay en Cuba.
2. _____ suerte, la empresa Torres todavía tiene azúcar en almacén _____ dos meses, _____ lo menos.
3. Una clienta pregunta _____ las nuevas chocolatinas.
4. Ana María la informa _____ teléfono.
5. La clienta pregunta todos los detalles, también pregunta _____ los precios.
6. Ana María dice: "_____ más información, puede visitarnos en nuestra página web."

18 Minidiálogos

Traduzca los diálogos.

1. Un momento, por favor.
Cliente: Kann ich bitte mit Don Rogelio sprechen?
Ana María: Einen Augenblick, ich weiß nicht, ob er da ist. (...) Nein, er ist nicht da. Können Sie bitte etwas später anrufen?
Cliente: Um wie viel Uhr (wann) kommt er ins Büro?
Ana María: Ich weiß es nicht. Es tut mir Leid!

2. Vuelve enseguida.
Don Rogelio: Wo ist Herr Romero?
Srta. Díaz: Er ist noch in der Anlage.
Don Rogelio: Gut, ich muss noch einen Anruf erledigen (machen). Kümmern Sie sich bitte um die Kunden, Frau Díaz?
Srta. Díaz: Ja, aber ich alleine mit drei Kunden?
Don Rogelio: Ich werde mich beeilen.
Srta. Díaz: Herr Romero kommt gleich zurück.

3. Acabamos de tomar ...
Alicia: Willkommen in Flores! Wie war die Reise?
Cliente: Danke, zum Glück ging alles gut. Ist Don Rogelio schon da?
Alicia: Natürlich, aber er muss noch telefonieren. Er ist gleich bei Ihnen. Möchten Sie eine Tasse Kaffee?
Cliente: Nein, danke, sehr nett. Wir haben gerade im Hotel Kaffee getrunken.

4. ¿Qué pasa?
Don Rogelio: Was ist los, wo sind die Kunden?
Ana María: Sie haben gerade angerufen. Sie sind noch im Hotel, aber sie kommen mit dem Taxi.
Don Rogelio: Warum denn so spät?
Ana María: Herr Wakabayashi will sich noch duschen. Er beeilt sich. Sie werden gleich hier sein.
Don Rogelio: Dann warten wir auf sie.

19 Cartas de los lectores

Escriba una carta a la revista *Emprendedores*.

Al Jefe / A la Jefa de Redacción
de la Revista *Emprendedores*

Munich, 27 de julio de 20..

Ref.: Su artículo ... publicado
en el número ..., de ...

Estimados señores:

No sólo en España hay problemas que solucionar ...
En mi país, por ejemplo ...
Además ...

Le saluda muy atentamente

(firma)

20 Escenario profesional

A y B trabajan en la empresa Reyes & Campos, Bilbao.
C y D son clientes de la empresa y están de visita en la oficina.

A bekommt eine der folgenden Nachrichten und erklärt,
dass es eine Programmänderung gibt.
B erkundigt sich, was los ist, und verspricht, sich um alles zu
kümmern.
C und D sind mit allem einverstanden und freuen sich darauf.
C möchte zum Hotel gehen, wenn es nicht zu viel Mühe macht,
und verspricht sich zu beeilen.
A sagt, dass er/sie kurz weg muss, und verabschiedet sich „bis
gleich".

1 Un SMS

Hola, estoy aquí, viaje de negocios,

sólo 5 horas.
Mañana sigo viaje.
¿Cenar juntos?
Abrazo
Roque

2 Un e-mail

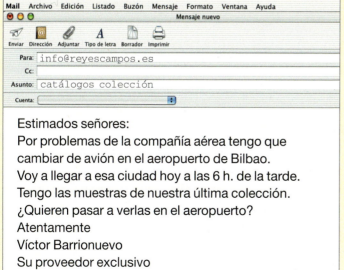

| Mail | Archivo | Edición | Listado | Buzón | Mensaje | Formato | Ventana | Ayuda |

Mensaje nuevo

Enviar Dirección Adjuntar Tipo de letra Borrador Imprimir

Para: info@reyescampos.es
Cc:
Asunto: catálogos colección
Cuenta:

Estimados señores:
Por problemas de la compañía aérea tengo que
cambiar de avión en el aeropuerto de Bilbao.
Voy a llegar a esa ciudad hoy a las 6 h. de la tarde.
Tengo las muestras de nuestra última colección.
¿Quieren pasar a verlas en el aeropuerto?
Atentamente
Víctor Barrionuevo
Su proveedor exclusivo

3 Un mensaje en el contestador automático

¡Hola! ¿Dónde estás?
Ya estamos todos en la fiesta de Mariluz,
sólo faltas tú. ¿Todavía estás en la oficina?
¿Por qué no vienes? Si todavía están tus clientes,
pueden venir también, no hay problema.
Un beso
Lucrecia

En el comedor de los Torres

La familia está completa ahora y se sienta con la visita a la mesa. Durante la comida todos conversan como viejos amigos. Como la conversación es tan agradable, se quedan para tomar un café.

a ¡A la salud de todos!

Don Rogelio: ¡Salud! Y otra vez: ¡bienvenidos a Flores!

Sr. Meyer: Gracias, a la salud de su familia.

Marcela: A la de todos y ¡mucho éxito!

Sr. Meyer: Gracias señora, son ustedes muy amables.

Marcela: ¿Es la primera vez que están en España?

Sr. Meyer: No, venimos una vez por año.

Sr. Schulte: ¡Oh! ¿Paella?

Marcela: Sí, paella y pollo. Paella de primero y pollo con patatas de segundo.

b ¡Qué música estupenda!

Sr. Meyer: Mm, la paella está riquísima.

Marcela: Es que tiene calamares.

Sr. Meyer: Excelente, realmente. Y la música es preciosa.

Marcela: Sí, sí. ¿Conocen a de Falla?

Sr. Meyer: Sólo de nombre. ¿Esta música es de Manuel de Falla?

Marcela: Claro, es la famosa "Danza del Fuego".

Sr. Meyer: Es muy alegre. Si mañana tengo tiempo, voy a comprar un CD. ¿Cómo dicen ustedes, "disco compacto"?

Marcela: Sí, pero también decimos CD.

Don Rogelio: A propósito, ¿a qué hora sale su avión?

Sr. Meyer: A la una y pico, a ver … ¡Oh! Mi agenda está en el hotel. ¡Mira en la tuya, Tim!

Sr. Schulte: A la una y treinta y cinco, exactamente.

Don Rogelio: Entonces queda tiempo para todo.

c Con mucho gusto.

Marcela: Lito, come más ensalada, y no sólo pollo … ¿Un poco más de pollo para usted, señor Meyer?

Sr. Meyer: No, gracias, para mí no. Está muy bueno, pero ya estoy satisfecho.

Marcela: ¿Y para usted, señor Schulte?

Sr. Schulte: No, no, muchas gracias, señora.

Marcela: Una copita de brandy, ¿entonces?

Sr. Meyer: Eso sí, con mucho gusto.

Don Rogelio: Lito, busca la botella que está en la cocina y trae también la fruta.

1   Una nueva forma verbal

 1 Búsquela, ¡por favor!

comer	mirar	traer	buscar
_____	_____	_____	_____

 2 ¿Sabe usted qué forma es? y ¿de qué persona gramatical se trata?

2   Informe.

¿Cómo es el ambiente durante la comida?   ¿Qué hacen después de la comida?

¿Qué hay para comer?   Y al día siguiente, ¿qué quieren hacer?

¿Sobre qué hablan los clientes con la familia?   ¿A qué hora sale el avión?

d Es usted un experto.

Sr. Meyer: Ustedes tienen unos cuadros preciosos: Dalí, Miró, Picasso, ese de allí seguro que es de ... ¿cómo se llama el pintor venezolano?

Marcela: ¿Se refiere a Botero? Botero es colombiano.

Sr. Meyer: ¡Ah, sí, tiene razón! ¡Es un gordito simpatiquísimo! Bueno, como todos sus cuadros.

Marcela: Es verdad. ¡Vaya! Es usted un experto en arte.

Sr. Meyer: No, no. Son obras muy conocidas.

e Tiene mucho talento.

Sr. Meyer: Las obras que están en la entrada también son muy interesantes.

Marcela: No sé, ¿cuáles?

Sr. Meyer: Me refiero a los dos originales, a la izquierda.

Marcela: ¡Ah! ¿Esos? Son de Ana Belén y de María Isabel.

Sr. Meyer: ¡Hombre! Las chicas saben pintar muy bien. Y Lito toca la guitarra, ¿no?

Marcela: Sí, tiene mucho talento y toca muy bien.

Sr. Meyer: ¿Ah, sí? – Dime, Lito, ¿sabes tocar flamenco? A ver, ¡toca algo para nosotros!

Lito: Lo siento, no puedo. Es que la guitarra tiene una cuerda rota, ¿sabe?

f Nos mantenemos en contacto.

Marcela: ¿Ya conocen Flores?

Sr. Meyer: No, conocemos sólo la fábrica.

Marcela: ¿No van a ir al centro? El casco antiguo es muy bonito.

Sr. Meyer: Es que tenemos muy poco tiempo. Quizás la próxima vez. Con su esposo siempre nos mantenemos en contacto y ...

Don Rogelio: Es verdad, no nos vemos mucho, pero ...

Sr. Meyer: Este año ya es la segunda vez y si usted va a Berlín ...

Don Rogelio: Pues, ¡nos encontramos en la feria! ¡Claro!

g Ya saben, ¡ésta es su casa!

Marcela: ¿Cómo? ¿Ya se van? ¿No toman otro brandy?

Sr. Meyer: No, no. Muchas gracias, señora. Mañana tenemos que empezar temprano.

Don Rogelio: A propósito, ¿a qué hora? ¿A las ocho?

Sr. Meyer: Ahora es tarde. Mejor a las nueve, ¿no? Total, las condiciones están prácticamente claras, sólo hay que firmar el contrato ...

Don Rogelio: Por mí podemos quedar a las nueve. ¿Nos vemos en el hotel?

Sr. Meyer: Sí, en la recepción. – Adiós, señora, muchas gracias por todo.

Marcela: No hay de qué. Ya saben, ¡ésta es su casa!

Isabel: ¡Señor Schulte! ¡Un momento, por favor! ¡Un regalito, de Belén y mío!

¿Tan feo soy?

3 Informe.

Los clientes, ¿ya conocen la ciudad?

¿Quieren ver el casco antiguo?

¿Cuántas veces se ven normalmente con don Rogelio? ¿Y este año?

¿Por qué se van ya?

¿Qué tienen que hacer al otro día?

¿A qué hora quiere empezar don Rogelio?

¿Dónde y cuándo se van a encontrar?

¿Qué traen las chicas?

Realidad hispánica

¿Horarios españoles o europeos?

Telefónica

Locutorio

Horario
Mañanas de 9 a 14
Tardes de 17 a 22

Tradicionalmente en España se trabaja en dos turnos. Generalmente de 10 a 14h. y por la tarde de 17 a 20h., los sábados sólo de 10 a 14h. En la construcción suelen empezar a las 8 o 9h. y tener sólo una hora de pausa para comer. En verano, en algunos lugares tienen horario continuo, o sea que trabajan de 8 a 15h.

A mediodía, muchos españoles vuelven a casa, comen con la familia y descansan un momento. Antes de volver al trabajo se arreglan un poco para empezar la segunda parte de la jornada frescos y descansados.

Claro que también hay gente que vive lejos del lugar de trabajo y no puede volver a casa y, finalmente, hay también quién prefiere hacer jornada intensiva y tener la tarde libre.

Actualmente vivimos en una época de cambio y el horario europeo se impone cada vez más porque la presión de la economía es enorme. Para las empresas, sobre todo para los grandes consorcios, cerrar a mediodía es imposible ya que tienen que comunicarse con sus oficinas en París, Munich o Estocolmo. Por eso deben conciliar los horarios.

El mundo se globaliza y Europa se consolida. Los horarios tradicionales españoles, adecuados al clima, compatibles con la vida familiar, símbolos de la calidad de vida mediterránea – ¿son sólo un modelo en extinción?

4 Dos modelos

¿Qué asocia con cada modelo?

horario español

horario europeo

5 Ventajas y desventajas

Opine.

	1 ¿Cuáles son las ventajas?		2 ¿Y cuáles las desventajas?	
	horario español	horario europeo	horario español	horario europeo
para el personal	_____	_____	_____	_____
para la empresa	_____	_____	_____	_____

6 Causas y consecuencias

Explique las causas del cambio de costumbres y piense en las consecuencias.

7 Compare.

¿En su país hay diferentes horarios en verano y en invierno? ¿Cómo son los horarios en las empresas, las tiendas, los bancos, los colegios etc.?

Bocadillo cultural

Lob dem Lob

Komplimente sind in Spanien und Lateinamerika Teil des Alltags, sie gehören zum Begrüßungsritual. Gelobt wird alles Mögliche. Solche „Streicheleinheiten" tragen dazu bei, dass man sich in diesen Ländern so wohl fühlt. Das Lob ist auch ein Lückenfüller, wenn das Gespräch ins Stocken zu geraten droht. Lernen Sie den Umgang mit Komplimenten. Es ist nicht schwer: zunächst bescheiden abwehren, dann erwidern, aber nie zu dick auftragen!

Schauen Sie noch einmal in die Dialoge dieser Lektion und fertigen Sie eine Liste an: loben und darauf reagieren.

Recuerde

A Saber – poder

Die Verben **saber** (wissen) und **poder** (können) kennen Sie schon. In dieser Lektion kommen sie zusammen mit einem Infinitiv vor und werden mit „können" übersetzt.
Der Unterschied ist folgender:
Saber benutzt man für erworbene Fähigkeiten. Man hat etwas gelernt und ist in der Lage es zu tun.
Poder benutzt man, wenn die Möglichkeit bzw. die Erlaubnis besteht etwas zu tun.

saber + Infinitiv = jd. hat etwas gelernt
Lito **sabe** tocar la guitarra.
Los clientes **saben** español.

poder + Infinitiv = etwas ist möglich
No **puede** tocar porque la guitarra está rota.
Podemos quedar a las 9 h.

poder + Infinitiv = etwas ist erlaubt (dürfen)
¿**Puedo** lavarme las manos?
Kann/Darf ich mir die Hände waschen?

B Imperativ

Den Imperativ (Befehlsform) benutzt man für Aufforderungen, Ratschläge, Anordnungen und Befehle. Es gilt: „Der Ton macht die Musik!" Im Spanischen gibt es zwei verschiedene Formen: affirmative und negative, d. h. jemand soll etwas tun bzw. nicht tun.

Affirmative Befehlsform der regelmäßigen Verben in der 2. Person Singular:

Verben auf	Endung				
-ar	-a	buscar	**busca**	**Busca** la botella.	Hol die Flasche.
-er	-e	comer	**come**	¡**Come** más ensalada!	Iss mehr Salat!
-ir	-e	escribir	**escribe**	**Escribe** una postal.	Schreib eine Ansichtskarte!

Das Reflexivpronomen wird an die Befehlsform angehängt und ein grafischer Akzent zeigt die Betonung an:

¡**Dúchate**! — Dusch dich!
¡**Lávate** las manos! — Wasch dir die Hände!

¡Estudia los verbos!

Es gibt einige unregelmäßige Formen wie:

decir	**di**	**Dime**, ¿sabes tocar la guitarra?	Sag mal, kannst du Gitarre spielen?
tener	**ten**	**Ten**, ¡aquí está el dinero!	(Da) nimm, hier ist das Geld!
hacer	**haz**	¡**Haz** los deberes primero!	Mach zuerst die Hausaufgaben!

C Relativsätze

Die meisten Relativsätze auf Spanisch werden mit que gebildet.
Visito a unos amigos **que** viven en Guadalajara.
Ich besuche Freunde, die in Guadalajara wohnen.

Das deutsche Relativpronomen „was" übersetzt man mit lo que.
No sé **lo que** voy a hacer.
Ich weiß nicht, was ich machen werde.

Man unterscheidet grundsätzlich zwei Arten von Relativsätzen:
Notwendige Relativsätze
Ohne sie wird der Hauptsatz nicht verstanden, darum werden sie nicht durch Kommas abgetrennt.
Lito busca la botella **que** está en la cocina.
Lito holt die Flasche, die in der Küche steht.

Erklärende Relativsätze
Diese Relativsätze liefern nebensächliche Informationen. Sie sind nicht notwendig, um den Hauptsatz zu verstehen. Darum trennt man sie durch Kommas von der Hauptaussage.
Lito, **que** sabe tocar la guitarra, es el hijo mayor de don Rogelio.
Lito, der Gitarre spielen kann, ist der älteste Sohn von Don Rogelio.

8   De visita en España

Prepare los diálogos.

1. La bienvenida

A	B
¡Bienvenido/-a a España! Me alegro mucho de conocerlo/-la.	bedankt sich und drückt Freude aus, da zu sein.
Pues, entonces un cava para empezar. ¡A su salud!	erwidert den Trinkspruch auf die Gesundheit von A und dessen/deren Familie.
Gracias. ¡Mucho éxito en las negociaciones!	bedankt sich und sagt, A sei sehr nett.
¿Es la primera vez que está aquí?	gibt Auskunft, wie oft er/sie schon da gewesen ist.
¡Lástima que no está mi esposo/-a!	fragt, wo C ist; ob C immer noch im Büro ist.
Sí, claro, en este momento hay muchísimo trabajo.	fragt, ob C jeden Tag so spät kommt.
En realidad sí, pero acaba de llamar y dice que viene enseguida.	sagt, das sei ein Glück und drückt Freude aus.

2. En la mesa

A	B
¿Dónde quiere sentarse, aquí a mi lado o allí?	Hier, neben Ihnen.
¿Qué prefiere, pollo o paella?	Paella, bitte.
¿Un poco más de paella?	Nein, danke, ich bin schon satt.
¿Ensalada tampoco?	Ja, ein bisschen, bitte. Es ist sehr lecker!
Cómo no. Nosotros siempre comemos mucha ensalada.	Wir auch, fast jeden Tag.
¿Un poco de tomate?	Nein, vielen Dank, ich kann nicht mehr.
Entonces, ¿algo para beber?	Gerne, aber ich bin mit dem Auto hier.
¿Quiere algo sin alcohol? ¿Quizás un zumo o agua mineral?	Ja, gerne, ein Glas Wasser, aber bitte ohne Kohlensäure, wenn es nicht zu viel Mühe macht.
Pero, por favor, si no es molestia ...	

9   ¡Eso hay que celebrarlo!

1 Busque posibles motivos –privados o profesionales– para celebrar.

cumpleaños

nuevo contrato laboral   **fiesta**

2 Organice una cena.
Haga una lista de todo lo que necesita.
Puede usar un diccionario.

3 Haga minidiálogos para cada ocasión.

Sí, estoy contentísima.

¿Así que ahora ya eres jefa?

Pues, enhorabuena por el éxito.

tu cumpleaños	el contrato firmado
tu santo (Namenstag)	un nuevo trabajo
una boda (Hochzeit)	el examen aprobado
el nacimiento del hijo / de la hija (Geburt)	el proyecto terminado

10 ¿Cuántas veces?

¿Cuántas veces?	_____	_____	einmal pro Woche
cada dos semanas	_____	_____	zweimal pro Monat
la última vez	_____	_____	viele Male
muy de vez en cuando	_____	_____	das erste Mal
la única vez	das einzige Mal	_____	das zweite Mal
cada 15 días **!**	alle 14 Tage	una sola vez	ein einziges Mal

11 No es lo mismo saber que poder ...

1 Complete: *sabe ... – (no) puede ... – porque ...*

Ejemplo: Marcela sabe hacer una paella excelente, pero hoy no puede porque no tiene mucho tiempo.

1. El señor Meyer (hablar español)   2. Lito (guitarra)   3. Las chicas (dibujar)   4. Don Rogelio (golf)

2 ¿Y usted? Pregunte y conteste.

Ejemplo:

A ¿Sabe/s jugar al fútbol?
B Sí, por supuesto.
A ¿Juega/s esta tarde?
B No, hoy no puedo,
   no estoy bien.

1. bailar → no saber con quién
2. esquiar → no haber nieve
3. pintar → no tener papel ni lápiz
4. ir a caballo → estar caballo enfermo

5. tocar la guitarra → no tener tiempo
6. reparar el coche → no tener herramientas
7. jugar a las cartas → no tener aquí las cartas
8. cocinar (kochen) → tener mucho trabajo

12 ¿*Saber* o *poder*?

1. Ana Belén y María Isabel ____ pintar muy bien.
2. Lito ____ tocar la guitarra.
3. Hoy no ____ tocar porque la guitarra está rota.
4. Marcela ____ hacer una paella exquisita.
5. Ella ____ cocinar muy bien.
6. Lamentablemente tiene muy poco tiempo y no ____ cocinar casi nunca.
7. El señor Schulte ya ____ un poco de español.

8. Las chicas ____ esquiar.
9. En Granada se ____ esquiar todo el año.
10. ¿____ venir el sábado a la fiesta? – No, no ____.

13 Nos mantenemos en contacto.

Fragen Sie sich gegenseitig, ob Sie Freunde im Ausland haben und wie oft Sie voneinander hören.

Ejemplo:

A ¿Tienes un amigo en España?
B No, pero tengo una amiga en Portugal.
A ¿Ah, sí? Y ¿cómo os mantenéis en contacto?
B Le escribo una carta cada mes. Y tú, ¿tienes ...?

hablar por teléfono	chatear
escribir e-mails	enviar postales
verse en ...	visitarse

14 Costumbres

1 Mire los recursos de comunicación. ¿Los recuerda todos?

En Alemania es un poco diferente ...

Para comparar

aquí en Alemania en mi país en muchos países en todas partes	(casi) como ... (casi) igual (que ...) (un poco / muy) diferen- te (que ...)	allí en España en Colombia ...

Para explicar

aquí en mi país en Alemania nosotros los alemanes	sí no también tampoco depende	siempre casi siempre normalmente casi nunca nunca

2 Ahora lea las informaciones sobre costumbres españolas y compare.

Ejemplo: Los españoles exageran mucho. – En Austria, mi país, la gente ...

1. Por la mañana, los españoles toman un café con leche y comen poco o nada.
2. Muchas veces las invitaciones son espontáneas.
3. Después de comer descansan o duermen la siesta.
4. En los bares paga todo la persona que invita.
5. Muchas empresas cierran por vacaciones entre Navidad y Reyes.
6. Los españoles comen muy tarde, generalmente entre las dos y las tres, y cenan a las nueve o a las diez.
7. En los restaurantes siempre hay familias con niños, también por la noche.
8. Los españoles comen mucho pescado y marisco.

9. Muchas tiendas y oficinas cierran a mediodía y después abren hasta tarde, generalmente hasta las ocho.
10. Los supermercados están abiertos siempre hasta las ocho o las nueve de la tarde.
11. Muchas empresas cierran dos o tres semanas por vacaciones en agosto.

15 Imperativo

 ¡Dígalo de manera más directa! Sagen Sie es direkter!

1. ¿Puedes llamar a casa?
2. ¿Por qué no hablas con ella?
3. ¿No quieres ducharte antes de comer?
4. ¿Por qué no comes algo antes de irte?
5. Por favor, ¿podrías comprar naranjas?
6. ¿Escribes postales desde Mallorca?
7. Tienes que beber más agua.
8. ¿Puedes decirme dónde está mi diccionario?
9. Tú no comprendes que es imposible. Por favor, ...
10. Trabajas demasiado y no descansas nunca.

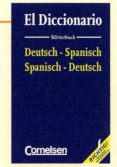

16 Oraciones relativas Relativsätze

 Conecte las frases con _que_. Verbinden Sie die Sätze mit _que_.
 ¿Se pone una coma, o no?

Ejemplo: El hotel es muy bueno. El hotel está en el centro. – El hotel, que está en el centro, es muy bueno.

1. Mi oficina tiene una vista muy bonita. La oficina está arriba.
2. Voy a visitar a mis amigos. Los amigos viven en Madrid.
3. Marcela es la jefa de personal. Marcela es muy simpática.
4. El paraguas no es de Pablo. El paraguas está en la recepción.
5. Hay algunos problemas. El jefe no los comprende.
6. Las máquinas son muy buenas. Las máquinas son españolas.
7. La fábrica está en el polígono industrial. La fábrica es muy moderna.

17 Todavía hay trabajo.

 Traduzca el diálogo.

	A		B
	Meine Arbeit ist fertig.	→	Dann kannst du gehen, wir bleiben noch eine Stunde im Büro.
Na gut, dann bleibe ich auch. Was kann ich tun?	→	Das hier ist sehr dringend.
Einverstanden, ich kümmere mich darum.	→	Prima! Ich muss jetzt noch einen Anruf erledigen.
Oh, ich auch: Ich muss Herrn González anrufen.	→	Mein Kunde ist nur bis 19 Uhr erreichbar.
Wenn du willst, kannst du zuerst anrufen.	↘	Danke, sehr nett von dir. Ich werde mich beeilen. Übrigens, kann ich morgen mit dir fahren?
Das geht nicht, ich habe im Moment kein Auto.	→	Und wie kommst du jetzt nach Hause?
Zu Fuß, es ist (ja) nicht weit.	↙	

18 Marcela está de vacaciones.

¿Ya te vas?

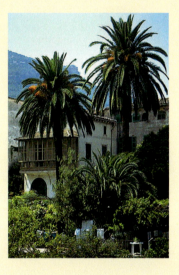

Marcela conversa con una conocida en el hotel.

> llamarse   ocuparse   mantenerse   darse   irse   quedarse   verse

1. ¿Ya _____ ? – Sí, tengo que _____. El lunes tengo que estar en la oficina.
2. ¿Dónde trabajas? – Trabajo en la empresa de mi esposo. La empresa _____ Torres.
3. ¿Y qué haces en la empresa? Yo, en mi trabajo, _____ de la publicidad.
4. ¡Qué interesante! Yo _____ de la contabilidad.
5. ¿Hasta cuándo _____ tú en Mallorca? – Hasta la semana que viene.
6. ¿Quién _____ de tus hijos? – Mi madre está con ellos.
7. Bueno, ya es tarde. Tengo que _____. – Sí, tienes que _____ prisa. ¡Buen viaje!
8. Gracias. _____ en contacto. Adiós.
9. Claro, y _____ el año que viene otra vez aquí.

19 Escenario profesional

1 Stellen Sie sich vor, Sie machen ein Praktikum in Spanien und sind bei der Familie Ihres Arbeitsgebers eingeladen. Teilen Sie die Rollen auf.
2 Machen Sie sich eine Liste der erforderlichen Redemittel.
3 Spielen Sie die Situation zunächst in der Gruppe, dann vor der Klasse. Viel Spaß!

El Mundo de Flores   Miércoles, 9 de marzo de 2005

IMPORTANTE EMPRESA INTERNACIONAL
necesita incorporar estudiantes en prácticas
para campaña publicitaria en las provincias
de ÁVILA, SALAMANCA, SORIA y VALLADOLID.
Contactar
móvil 679 247 627
lourdes_garcia@telefonica.net

Familie
– begrüßen, hereinbitten
– sich auch freuen
– Geschenk entgegennehmen, sich bedanken
– Gast zu Tisch bitten
– Weg zur Toilette zeigen
– sich bedanken
– Gerichte und Getränke anbieten
– ...
– sich bis zum nächsten Mal verabschieden

Gast
– Freude ausdrücken, die Familie kennen zu lernen
– kleines Geschenk überreichen
– nach Toilette fragen
– Wohnungseinrichtung/Bilder loben
– Essen und Getränke loben
– ...
– sich bedanken, verabschieden

Lección 18 — Una verdadera catástrofe

Una llamada desde Shangai

Don Rogelio está de viaje. Ha sido un viaje inesperado, una oportunidad única. Esta semana es la Feria Internacional del Alimento del Sudeste Asiático. El señor Ibarra, un empresario amigo de don Rogelio, ha enfermado y no ha podido viajar. Por eso ha viajado don Rogelio en su lugar. En la empresa nunca pasa nada, pero esta semana ha habido un problema tras otro. ¡Se ha caído el sistema del ordenador central! Toda la empresa ha estado paralizada durante más de cinco horas. Ha sido una verdadera catástrofe. Hasta los camiones de los transportistas han tenido que esperar horas para poder cargar las paletas preparadas. Lo peor es que las paletas han estado todo el tiempo al sol ... En medio del caos llama don Rogelio desde Shangai.

a La comunicación es mala.

Don Rogelio: ¿Ana María? ¿Qué tal?, ¿cómo estás?
Ana María: Bien gracias. Y usted, ¿qué tal en China?
Don Rogelio: Bien, también. ¿Todo en orden? ¿Habéis terminado la lista de precios y controlado todo?
Ana María: ¿Puede repetir la pregunta, don Rogelio?
Don Rogelio: Digo que si habéis hecho la lista y puesto los nuevos precios.
Ana María: No, lo siento. Lamentablemente todavía no hemos podido ni empezar.
Don Rogelio: ¿Cómo dices? ¿Puedes hablar más fuerte, por favor? ¿No habéis terminado? ¡Pero es urgente!
Ana María: Sí, sí, ya sé, pero es que hemos tenido muchos problemas.

b No hemos podido hacer nada.

Don Rogelio: Pero ¿cómo? ¿Qué problema hay?
Ana María: El ordenador. Resulta que se ha caído el sistema y ...
Don Rogelio: ¿Quieres decir el ordenador central?
Ana María: Sí, el central: la fábrica ha estado paralizada toda la mañana.
Don Rogelio: ¡Maldito ordenador! Y ¿qué habéis hecho?
Ana María: Pues hemos llamado al servicio técnico, a "S.O.S.", como siempre, pero los técnicos no han podido hacer nada desde Barcelona.

c Por suerte, sí.

Don Rogelio: ¿No han podido hacer nada? Pero ¿por qué? ¿Qué han dicho?
Ana María: Pues nada. Han mandado dos especialistas, pero hemos tenido que esperar más de dos horas.
Don Rogelio: Y en la planta, ¿tampoco han podido trabajar?
Ana María: No, ¡qué va! Ni en la planta ni en la oficina. Sin ordenador ... ¡imposible! Además los técnicos han estado aquí todo el tiempo. ¡Han revisado todo!
Don Rogelio: Bueno, pero ¿han encontrado el defecto?
Ana María: Sí, sí, por suerte sí.

1 Informe.

¿Quién es el señor Ibarra?	¿Adónde ha viajado don Rogelio?	¿Qué quiere saber?
¿Qué le ha pasado?	¿Con quién habla por teléfono?	¿Qué problemas hay?

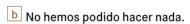

d Ya está todo solucionado.

Don Rogelio: Todavía no comprendo, ¿qué ha pasado?

Ana María: Pues no sé bien. Parece que usted ha puesto algo mal y …

Don Rogelio: ¿Yo? ¡Hombre! ¿Estás segura? ¿Yo he puesto algo mal …?

Ana María: No sé, yo no entiendo mucho. Los técnicos han dicho algo de un cambio del código de la red …

Don Rogelio: Bueno, pero ahora ya se puede trabajar, ¿no?

Ana María: Sí, ya hemos empezado, puede estar tranquilo.

Don Rogelio: Bueno, otra cosa: ¿habéis puesto el anuncio en el periódico?

Ana María: Sí, claro, y y ya han llamado varias personas interesadas.

Don Rogelio: ¡Un problema menos, entonces!

e Mañana a esta misma hora

Don Rogelio: Otra pregunta: ¿ha llegado por fin la carta del señor Núñez?

Ana María: No, pero él ha venido y ha preguntado por usted.

Don Rogelio: Estupendo. ¿Ha dicho algo más?

Ana María: No, nada más. Quiere hablar con usted personalmente …

Don Rogelio: Ah, muy bien, muy bien. Bueno, Ana María, llamo mañana otra vez, a esta misma hora. Saludos a todos.

Ana María: De acuerdo, hasta mañana entonces.

f Al día siguiente

Don Rogelio: ¿Qué tal, Ana María, todo en orden?

Ana María: No. Ha habido grandes problemas con el transportista. Acaban de llamar de El Corte Español y han dicho que el chocolate ha llegado en mal estado.

Don Rogelio: ¡No puede ser! ¡Pero si todos los camiones tienen aire acondicionado!

Ana María: Sí, es verdad. Hasta ahora nunca ha habido problemas, pero …

Don Rogelio: ¿Qué ha pasado? ¿Ya habéis hablado con el transportista?

Ana María: No, todavía no he podido hablar con él. Hemos llamado varias veces, pero sólo hay un contestador automático.

2 Informe.

¿Qué problemas ha habido en la empresa?

¿Qué han hecho los empleados?

¿Quién se ocupa de los ordenadores?

¿Quién ha llamado y por qué?

¿Qué ha pasado con los transportistas?

¿Cuál ha sido el problema?

3 ¿Qué ha hecho el servicio técnico?

Marque con una cruz.

	sí	no
Ha solucionado el problema por Internet.	☐	☐
Ha llegado rápidamente.	☐	☐
Ha revisado todos los ordenadores.	☐	☐
No ha encontrado el defecto.	☐	☐

4 El pretérito perfecto

1 Busque en el texto los ejemplos de la nueva forma verbal.

2 Explique con qué elementos se construye.

3 ¿Cómo se forma el participio?

Verben auf -ar   Endung _____

Verben auf -er und -ir   Endung _____

4 ¿Para qué se usa el pretérito perfecto?

_____ + participio

yo	*he podido*
tú	_____
él/ella/usted	_____
nosotros/-as	_____
vosotros/-as	_____
ellos/ellas/ustedes	_____

Realidad hispánica

UNA GRAN SOLUCIÓN

¿Quién no ha tenido nunca problemas con el ordenador? ¿Qué hacer en esos casos? ¿A quién pedir ayuda? Los españoles han encontrado la gran solución. Los usuarios de la página Web www.es.catholic.net han iniciado una campaña para designar a San Isidoro de Sevilla (560–636) como "Santo Patrono del Ordenador", con la función de proteger a los cibernautas, de prevenir la piratería virtual y de ayudar a solucionar los problemas informáticos. ¿Por qué San Isidoro? – Pues porque su currículum es excelente. Ha sido obispo, un puesto de alta jerarquía. Pero lo más importante es que ha creado la primera "base de datos" de la historia, su famosa "Etimología", una obra en 20 tomos con todo el saber de su época.

SAN ISIDORO.

5 Grandes amigos: verbos y sustantivos

¿Cómo es el sustantivo o el verbo correspondiente?

ayudar	la _____	la solución	_____
funcionar	la _____	la creación	_____
usar	el uso _____ – el/la _____	la prevención	_____
poner	el puesto _____	la protección	_____

6 Informe.

¿De dónde es San Isidoro?   ¿Qué ha escrito?   ¿Qué quieren hacer?

¿Cuándo ha vivido?   ¿Quiénes hacen una campaña?   ¿Cuáles deben ser las tres funciones del santo?

7 Experiencias

¿Ha tenido usted problemas con su ordenador? Marque con una cruz.

El problema ha sido con
- [ ] el ordenador.
- [ ] el monitor.
- [ ] el teclado.
- [ ] la grabadora.
- [ ] el disco duro.
- [ ] el ratón.
- [ ] la impresora.
- [ ] el escáner.
- [ ] el correo electrónico.
- [ ] el módem.
- [ ] Internet.
- [ ] Intranet.
- [ ] la cámara.
- [ ] un archivo.
- [ ] un directorio.
- [ ] un programa.
- [ ] un CD-ROM.

- [ ] He pedido ayuda a
  - [ ] un/a amigo/-a.
  - [ ] un/a colega.
  - [ ] un/a experto/-a.
- [ ] He solucionado solo/-a el problema.

He querido
- [ ] (des)conectar.
- [ ] hacer clic (doble).
- [ ] instalar un programa.
- [ ] buscar información.
- [ ] acceder al disco duro.
- [ ] imprimir.
- [ ] leer el correo.
- [ ] escanear.
- [ ] comunicarme por ...
- [ ] enviar un e-mail.
- [ ] navegar en la red.
- [ ] hacer una copia de seguridad.

Y no he podido porque
- [ ] se ha caído el sistema.
- [ ] ha desaparecido la imagen.
- [ ] se ha bloqueado.

Recuerde

A Pretérito perfecto

Das Perfekt wird gebildet mit der entsprechenden Form des Hilfsverbs **haber** und dem Partizip.

	haber	
yo	**he**	
tú	**has**	
él/ella/usted	**ha**	
nosotros/-as	**hemos**	**comido**
vosotros/-as	**habéis**	
ellos/ellas/ustedes	**han**	

Das Partizip ist unveränderlich.

Verben auf: -ar   Partizip: -ado
Verben auf: -er, -ir   Partizip: -ido

trabajar	vender	salir
he trabaj**ado**	he vend**ido**	he sal**ido**
has trabaj**ado**	has vend**ido**	has sal**ido**
ha trabaj**ado**	ha vend**ido**	ha sal**ido**
hemos trabaj**ado**	hemos vend**ido**	hemos sal**ido**
habéis trabaj**ado**	habéis vend**ido**	habéis sal**ido**
han trabaj**ado**	han vend**ido**	han sal**ido**

Man verwendet diese Vergangenheitsform bei abgeschlossenen Handlungen mit Auswirkungen auf die Gegenwart und bei Handlungen in einem noch nicht abgeschlossenen Zeitraum (hoy, este año, esta mañana, este mes, esta semana, todavía, nunca).

Hoy he comido muy bien.

Es gibt einige unregelmäßige Partizipien:

hacer	**hecho**	poner	**puesto**	ir	**ido**
decir	**dicho**	ver	**visto**	ser	**sido**
escribir	**escrito**	volver	**vuelto**	abrir	**abierto**

Zusammengesetzte Verben werden immer wie die Stammverben behandelt: poner – **puesto**, suponer – **supuesto**.

Bei den Verben auf -er und -ir, deren Stamm auf Vokal endet, trägt das Partizip einen Akzent: leer – **leído**, caer – **caído**.
Das Reflexivpronomen steht vor der Form von **haber**:
Hoy **me he** duchado a las ocho.

B Unpersönliche Ausdrücke

Man benutzt die 3. Person Plural, wenn der Sprecher unbekannt oder weniger wichtig ist.

Han llamado de El Corte Español.	Jemand vom Corte Español hat angerufen.
Dicen que el chocolate no ha llegado.	Sie sagen, dass die Schokolade nicht angekommen sei.

C Die Negation mit *ni*

Ni alleine heißt „nicht einmal".
No hemos podido **ni** empezar.
Wir haben noch nicht einmal angefangen.
¡No tengo **ni** idea!
Kein Ahnung!
¡**Ni** pensar en eso!
Das kommt gar nicht in Frage!

Ni ... ni ... heißt „weder ... noch ...".
No hemos trabajado **ni** en la planta **ni** en la oficina.
Wir haben weder in der Produktion noch im Büro gearbeitet.
No ha podido **ni** venir **ni** llamar.
Er hat weder vorbeikommen noch anrufen können.

D Noch

Je nach Kontext wird „noch" unterschiedlich ausgedrückt.

Menge		Zeit	
¿Qué **más**?	Was noch?	**Todavía** está en la oficina.	Er ist noch im Büro.
¿Algo **más**?	Noch etwas?	**Todavía** no he podido hacerlo.	Ich habe es noch nicht machen können.

8   Dicho y hecho.

 1 Complete con los participios.

viajar	_____	empezar	_____	llamar	_____
preguntar	_____	poder	_____	tener	_____
haber	_____	ser	_____	salir	_____

 2 ¿A qué verbos corresponden los siguientes participios?

visto	_____	dicho	_____	puesto	_____

9   Ana María informa.

Escriba lo que ha pasado.

No hemos podido terminar la lista de precios. Ha habido un problema ...

10   Un problema menos

Busque las expresiones en los diálogos.

Ana María no está segura.   Ella dice:

Ella no sabe exactamente qué ha pasado.   _____

Ella cree que el jefe ha puesto algo mal.   _____

Ella no es experta en ordenadores.   _____

¿Qué dice don Rogelio?   El jefe dice:

Wenn er nicht versteht, was passiert ist.   _____

Wenn er das Thema wechseln möchte.   *Bueno, otra cosa.*

Wenn ein Problem erledigt ist.   *Un problema menos, entonces.*

Wenn er mit etwas einverstanden ist.   _____

Wenn er die Mitarbeiter grüßen lässt.   _____

11   Lotería de verbos

 Una persona dice un número. Otra persona dice el participio del verbo con este número y lo traduce.

1. trabajar	5. escribir **!**	9. vivir	13. decir **!**	17. saber	21. leer **!**	25. poder
2. estudiar	6. jugar	10. volver **!**	14. hablar	18. poner **!**	22. estar	26. ser **!**
3. necesitar	7. preguntar	11. querer	15. ir	19. hacer **!**	23. pensar	27. haber
4. conocer	8. empezar	12. vender	16. ver **!**	20. tener	24. comprar	28. comprender

12 ¿Cuándo ha hecho qué?

Pregunte y conteste.

esta semana
esta tarde
hasta ahora
una vez
muchas veces
siempre

> Sí, esta mañana he tenido grandes problemas.

nunca
hoy
ya
esta mañana
casi nunca
todavía no

> ¿Ha/s tenido problemas con el ordenador?

> ¡Yo nunca he tenido problemas con el ordenador!

tener problemas con el ordenador	llegar tarde a la oficina	viajar en avión
estar enfermo	hacer una pregunta tonta	enfardarse "por nada"
escribir un e-mail a un amigo	poder aparcar sin problemas	empezar a leer un libro interesante
tener que ir al dentista	terminar sus estudios	controlar la cuenta en el bar
venir a clase sin estudiar	estar satisfecho	poder trabajar tranquilo

13 Pablo acaba de volver de Madrid.

Complete con las formas en perfecto.

ser	viajar	tener	encontrar	conocer	comer	beber	conversar
desayunar		discutir	estar	ver	hablar	volver	viajar

1. Pablo _____ en avión. El viaje _____ agradable.
2. _____ una semana dura, pero interesante.
3. En Madrid _____ en el hotel Moderno, bastante central.
4. Durante la feria es difícil encontrar hotel, pero él _____ suerte.
5. Pablo _____ a Marta en el hotel. _____ una gran sorpresa.
6. Por la mañana _____ juntos en el hotel.
7. En la feria _____ las últimas novedades.

8. También _____ los productos de la competencia y _____ a otros empresarios.
9. _____ mucho con ellos sobre las tendencias actuales y _____ sobre los nuevos productos.
10. Por la noche Pablo _____ a un buen restaurante y _____ muy bien.
11. También _____ mucho con otros colegas y todos _____ bastante, claro.
12. ¡Por suerte _____ en avión y no en coche!

14 Su problema

Escriba un e-mail y explique su problema informático.

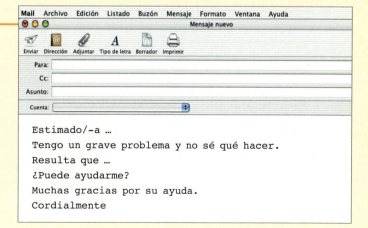

15 Descúbralo usted mismo.

 1 Mire estas frases. Was haben diese Sätze gemein?

Desde Barcelona no han podido hacer nada.
Acaban de llamar de El Corte Español.
Han dicho que el chocolate ha llegado en mal estado.

¡VIENEN MÁS QUE NUNCA!
Un millón de visitantes en la Feria de Abril

Han robado 33 automóviles
Serie de robos en Bilbao y Getxo

 2 Complete la regla.

Unpersönliche Ausdrücke werden in der _____ Person _____ gebildet.

Sie werden benutzt, wenn die Identität der Person, die die Handlung ausführt, _____ ist.

16 Todo es negativo.

 Complete.

ni	no	sin	tampoco	nunca	nada	nadie

1. ¿_____ han podido hacer _____ desde Barcelona?
2. No, _____ pensar en eso. Han tenido que venir aquí.
   _____ hemos trabajado _____ en la planta _____ en la oficina.

3. ¿Cómo? ¿En la planta _____ ha podido trabajar _____?
4. No, _____ ordenador _____ es posible hacer _____.
   En producción _____ ha trabajado en todo el día.
5. ¡Dios mío! ¡Qué catástrofe! _____ ha pasado algo así.

17 ¿Y tú? ¿Qué has hecho?

Haga preguntas a su compañero/-a. Él/Ella contesta.

hoy	por la mañana	temprano	ya	esta semana	primero	después
todo el tiempo	más tarde	hasta ahora	siempre	este año	todavía no	

¿Hoy ha/s tomado café?

Sí, he tomado un café con leche a las diez.

tomar café con leche …
leer tranquilo el periódico en …
hablar por teléfono con …

comprar …
ir a … en …
trabajar mucho en …

estar con … en …
conocer a …
comer en el restaurante …

18 Llamada desde Pekín

1 Haga el diálogo.

	A	B
	fragt, ob die Preislisten fertig sind	→ versteht nichts und bittet A lauter zu sprechen
	will wissen, ob alles in Ordnung ist	→ verneint und erklärt, dass es Probleme gab
	ärgert sich und meint, es sei sehr dringend	→ behauptet, dass es unmöglich war
	versteht nichts wegen der schlechten Verbindung	→ schlägt vor, A solle später wieder anrufen

2 Haga más diálogos.

1. todo bien – terminado todo – hay mucho ruido en la línea
2. haber problemas – llamar al servicio – tener que esperar
3. encontrar el defecto – solucionar todo – empezar otra vez
4. anuncio – encontrar – persona adecuada
5. El Corte Español – mal estado – aire acondicionado

Ejemplo:

A ¡Hola! Soy yo. ¿Qué tal? ¿Todo bien?
B ¡Ah, hola, don Raimundo! ¿Qué tal en China?
A Bien, bien. Y allí, ¿qué tal? ¿Ya han terminado todo?
B ¿Qué? ¿Cómo dice? Hay mucho ruido …

Traduzca uno de los diálogos con un/a compañero/-a. Represente la escena en clase.

Suchen Sie sich zu zweit einen Dialog aus, übersetzen Sie ihn und spielen Sie die Szene vor.

1. A propósito …

A Ich verstehe nicht, warum mein Kollege nicht kommt. Darf ich ihn im Hotel anrufen?

B Selbstverständlich, hier ist das Telefon.

A (llama por teléfono) Er fühlt sich nicht gut und kommt daher etwas später. Wir können aber schon anfangen.

B Übrigens, haben Sie schon gefrühstückt?

A Ja, ich habe gerade im Hotel gefrühstückt. Ein hervorragendes Frühstück!

B Eine Tasse Kaffee trinken Sie aber noch, oder?

A Kaffee immer! Sie kennen mich doch.

B Gut! Und dann fangen wir an.

2. ¿Cuándo nos encontramos?

A Haben Sie schon mit Frau Gualba gesprochen?

B Ja, gestern haben wir lange miteinander gesprochen.

A Und was hat sie gesagt?

B Sie ist mit allem einverstanden. Haben Sie den Vertrag schon vorbereitet?

A Frau Pérez schreibt ihn, er wird gleich fertig sein.

B Sehr gut. Ich muss jetzt leider gehen. Um wie viel Uhr treffen wir uns morgen?

A Ich weiß nicht, wann macht die Bank auf?

B Morgens um neun.

A Dann komme ich schon um acht. Ist Ihnen das recht?

B Einverstanden, dann bis morgen!

3. ¿Ha visto los nuevos catálogos?

A Haben Sie schon unsere neuen Kataloge gesehen?

B Ja, Ihre Sekretärin hat sie mir gezeigt, als Sie telefoniert haben. Hier sind sie.

A Sie sind für Sie.

B Vielen Dank! Wenn Sie möchten, können wir weitermachen.

A Gerne. Aber wenn Sie müde sind, können wir auch eine Pause machen.

B Nicht nötig, danke. Sehr nett. – Hier habe ich auch etwas für Sie.

A Oh, ein Terminkalender! Vielen Dank, das ist immer gut. Das Logo Ihrer Firma ist sehr hübsch.

4. ¿Dónde está Alcorta?

A Können Sie mir sagen, wo Alcorta liegt?

B Das weiß ich nicht genau, aber ich werde meine Sekretärin fragen.

A Ich muss in Alcorta eine deutsche Firma besuchen.

B Handelt es sich um die Westfalenwerke?

A Ja, genau. Kennen Sie sie?

B Aber sicher, wir haben schon oft Kontakt mit ihnen gehabt. Die Firma liegt nahe bei Valencia.

A Ja, das hat man mir auch gesagt.

B Wenn Sie dorthin wollen, kann ich mit Antonio reden. Er ist unser Chauffeur und kann Sie fahren.

El español de América

También en el vocabulario de la informática hay algunas diferencias entre España y Latinoamérica, por ejemplo:	España	América Latina
	el ordenador	la computadora
	la página web	el sitio web
	el ratón	el mouse, el ratón

Apéndice

Aussprache und Rechtschreibung

Das spanische Alphabet

A	a	a	H	h	hache	Ñ	ñ	eñe	U	u	u
B	b	be	I	i	i	O	o	o	V	v	uve
C	c	ce	J	j	jota	P	p	pe	W	w	uve doble
D	d	de	K	k	ka	Q	q	cu	X	x	equis
E	e	e	L	l	ele	R	r	erre	Y	y	i griega
F	f	efe	M	m	eme	S	s	ese	Z	z	zeta
G	g	ge	N	n	ene	T	t	te			

In Lateinamerika wird B meistens **b larga** und V **v corta** genannt; W heißt dann **doble v**.

Satzzeichen und Symbole

´	el acento ortográfico o la tilde	" "	las comillas	¿ ?	los signos de interrogación
.	el punto	–	el guión largo	/	la barra
,	la coma	-	el guión	\	la barra invertida
;	el punto y coma	_	el guión bajo	@	la arroba
:	los dos puntos	...	los puntos suspensivos	&	y
( )	los paréntesis	¡ !	los signos de exclamación	*	el asterisco

Die Aussprache

b	[b]	**B**arcelona	im Anlaut und nach **m** wie **b** in Baum
	[β]	be**b**er	zwischen Vokalen als weicher Reibelaut, fast wie **w**
c	[k]	**c**arta, **c**on, **c**uando	vor **a, o, u** wie **k**
	[θ]	**c**ero, **c**ine	vor **i** und **e** wie das englische **th** in think
ch	[ʧ]	mu**ch**o	wie **tsch** in klatschen
d	[d]	**d**ormir	im Anlaut wie **d**, im Auslaut kurz und weicher
	[ð]	na**d**a	zwischen Vokalen als weicher Reibelaut, etwa wie das englische **th** in those
g	[g]	**g**ato, **g**ordo, a**g**ua	vor **a, o, u** wie **g**
	[χ]	**g**erente, **g**igante	vor **i** und **e** wie **ch** in machen
h		**h**ola	wird nicht gesprochen

j	[χ]	**j**amón	wie **ch** in machen
ll	[ʎ]	ca**ll**e	etwa wie **j** in Jade
ñ	[ɲ]	a**ñ**o, ni**ñ**o	etwa wie **gn** in Champagner
qu	[k]	¿**qu**é?	wie **k** (ohne nachfolgenden Hauchlaut)
r	[r]	pe**r**o, t**r**es	gerollt
	[rr]	**r**ío, En**r**ique	im Anlaut und nach **l** oder **n** stark gerollt
rr	[rr]	pe**rr**o	stark gerollt
v	[b]	**V**alencia	im Anlaut und nach **n** wie **b** in Baum
	[β]	tele**v**isión	zwischen Vokalen als weicher Reibelaut, fast wie **w**
x	[ks]	e**x**posición	wie **ks**
y	[i]	**y**, Urugua**y**	allein oder in Diphthongen wie **i**
	[j]	**y**o, a**y**er	im Anlaut und zwischen Vokalen wie **j**
z	[θ]	a**z**úcar	wie das englische **th** in think

In Lateinamerika und auf den Kanarischen Inseln werden **c** vor **e** oder **i** und **z** immer wie **s** gesprochen.

Betonung und Akzente

hablo, es**cri**bes, com**pren**den	Wörter, die auf Vokal, -n oder -s enden, werden auf der vorletzten Silbe betont.
se**ñor**, espa**ñol**	Wörter, die auf Konsonant (außer -n und -s) enden, werden auf der letzten Silbe betont.
ale**mán**, te**lé**fono, a**quí**, **fá**cil	In allen anderen Fällen wird die Betonung durch einen grafischen Akzent auf dem Vokal der betonten Silbe angegeben.
fa-mi-**lia**, p**au**-sa	Die Vokale **i** und **u** bilden mit einem anderen Vokal oder miteinander einen Diphthong, d. h. eine einsilbige Verbindung.
Ma-**rí-a**, Ra-**úl**	Wenn ein Akzent auf dem **i** oder **u** steht, handelt es sich um zwei Silben.
a-e-ro-puer-to, mu-s**e-o**	Andere Vokalverbindungen bilden immer zwei Silben.

el	der	él	er	Einige einsilbige Wörter tragen Akzent, um sie besser von gleich lautenden Wörtern mit anderer Bedeutung zu unterscheiden.
se	sich	sé	ich weiß	
mi	mein(e)	mí	mir, mich	
si	wenn, ob	sí	ja, sich	
te	dich, dir	té	Tee	
tu	dein(e)	tú	du	

¿qué? ¿quién? ¿cómo? ¿cuándo? ¡qué! ¡cuánto!	Alle Frage- und Ausrufewörter tragen einen Akzent.

Die Zahlen

Die Grundzahlen

0	cero	14	catorce	33	treinta y tres	600	seiscientos/-as
1	uno, una, un	15	quince	40	cuarenta	700	**set**ecientos/-as
2	dos	16	dieciséis	50	cincuenta	800	ochocientos/-as
3	tres	17	diecisiete	60	**ses**enta	900	**nov**ecientos/-as
4	cuatro	18	dieciocho	70	**set**enta	1.000	mil
5	cinco	19	diecinueve	80	ochenta	2.000	dos mil
6	seis	20	veinte	90	**nov**enta	10.000	diez mil
7	siete	21	veintiuno, -una, -ún	100	ciento, cien	100.000	cien mil
8	ocho	22	veintidós	101	ciento uno, una, un	200.000	doscientos/-as mil
9	nueve	23	veintitrés	135	ciento treinta y cinco	500.000	**quinientos/-as** mil
10	diez	26	veintiséis	200	doscientos/-as	1.000.000	un millón
11	once	30	treinta	300	trescientos/-as	2.000.000	dos millones
12	doce	31	treinta y uno, una, un	400	cuatrocientos/-as	100.000.000	cien millones
13	trece	32	treinta y dos	500	**quinientos/-as**	1.000.000.000	mil millones

Die Ordnungszahlen

1º	el primero	1ª	la primera	! el **primer** piso	
2º	el segundo	2ª	la segunda		
3º	el tercero	3ª	la tercera	! el **tercer** piso	
4º	el cuarto	4ª	la cuarta		
5º	el quinto	5ª	la quinta		
6º	el sexto	6ª	la sexta		
7º	el séptimo	7ª	la séptima		
8º	el octavo	8ª	la octava		
9º	el noveno	9ª	la novena		
10º	el décimo	10ª	la décima		

Spanisch im Unterricht

Hilfe erbitten/anbieten

¡Oiga/Oye, por favor!	Hören Sie / Hör mal, bitte.
¿Puedo ayudarle/-te?	Kann ich Ihnen/dir helfen?
¿Puede/s ayudarme?	Können Sie / Kannst du mir helfen?
Tengo problemas con … – ¿Qué puedo hacer?	Ich habe Probleme mit … – Was soll ich tun?
¿Tiene/s un boli/lápiz?	Haben Sie / Hast du einen Kuli/Bleistift?

Um Wiederholung bitten

Perdone, ¿puede hablar más despacio, por favor?	Entschuldigen Sie, können Sie bitte langsamer sprechen?
Perdón, (yo) no lo entiendo.	Entschuldigung, ich verstehe das nicht.
¿Puede explicarlo otra vez?	Können Sie das noch einmal erklären?
¿Puede repetirlo (otra vez), por favor?	Können Sie das bitte (noch einmal) wiederholen?

Um Hinweise oder Erklärungen bitten

¿Cuánto tiempo tenemos?	Wie viel Zeit haben wir?
Tengo una pregunta.	Ich habe (noch) eine Frage.
¿Puede explicar …?	Können Sie … erklären?
(Yo) no he entendido el/los ejercicio/s.	Ich habe die Aufgabe/n nicht verstanden.
No entiendo la palabra/frase "…".	Ich verstehe das Wort / den Satz „…" nicht.
¿Cómo se dice "…" en alemán / en español?	Was heißt „…" auf Deutsch / auf Spanisch?
¿Se puede decir también "…"?	Kann man auch „…" sagen?
¿Qué significa / quiere decir "…"?	Was bedeutet „…"?
¿Cómo se pronuncia "…"?	Wie spricht man „…" aus?
¿Cómo se llama esto en español?	Wie heißt das auf Spanisch?
¿Cómo?	Wie bitte?
¿Puede poner un ejemplo, por favor?	Können Sie bitte ein Beispiel geben?
¿Cómo se escribe "…"?	Wie schreibt man „…"?
¿Se escribe "…" con/sin "s"?	Schreibt man „…" mit/ohne „s"?
¿Qué es eso?	Was ist das?
¿En qué página está?	Auf welcher Seite steht das?
¿Es correcto/falso?	Ist das richtig/falsch?
¿Cuándo se utiliza esta palabra/expresión?	Wann verwendet man dieses Wort / diesen Ausdruck?

Vorschläge erbitten/machen

¿Sigo?	Soll ich weitermachen?
¿Qué hacemos ahora?	Was machen wir jetzt?
Empezamos desde el principio.	Wir fangen von vorne an.
Lean/Leed el texto por turno / haciendo cada uno un papel.	Lesen Sie / Lest den Text abwechselnd / mit verteilten Rollen.

Die Verben

Präsens

1 Regelmäßige Formen

	hablar	comprender	vivir
yo	hablo	comprendo	vivo
tú	hablas	comprendes	vives
él/ella/usted	habla	comprende	vive
nosotros/-as	hablamos	comprendemos	vivimos
vosotros/-as	habláis	comprendéis	vivís
ellos/ellas/ustedes	hablan	comprenden	viven

2 Verben mit unregelmäßigen Formen

1. Gruppenverben (mit Veränderung des Stammvokals)

e → ie

	pensar	perder
yo	pienso	pierdo
tú	piensas	pierdes
él/ella/usted	piensa	pierde
nosotros/-as	pensamos	perdemos
vosotros/-as	pensáis	perdéis
ellos/ellas/ustedes	piensan	pierden

también: cerrar, empezar, entender, preferir, querer, sentir

o → ue

	encontrar	volver
yo	encuentro	vuelvo
tú	encuentras	vuelves
él/ella/usted	encuentra	vuelve
nosotros/-as	encontramos	volvemos
vosotros/-as	encontráis	volvéis
ellos/ellas/ustedes	encuentran	vuelven

también: acordarse, almorzar, aprobar, contar, costar, dormir, llover, poder, probar, recordar

e → i

	pedir
yo	pido
tú	pides
él/ella/usted	pide
nosotros/-as	pedimos
vosotros/-as	pedís
ellos/ellas/ustedes	piden

también: repetir, seguir (sigo, sigues)

u → ue

	jugar
yo	juego
tú	juegas
él/ella/usted	juega
nosotros/-as	jugamos
vosotros/-as	jugáis
ellos/ellas/ustedes	juegan

2. Verben mit unregelmäßiger 1. Person Singular

	hacer	poner	salir	traer	dar	ver	saber	conocer
yo	**hago**	**pongo**	**salgo**	**traigo**	**doy**	**veo**	**sé**	**conozco**
tú	haces	pones	sales	traes	das	ves	sabes	conoces
él/ella/usted	hace	pone	sale	trae	da	ve	sabe	conoce
nosotros/-as	hacemos	ponemos	salimos	traemos	damos	vemos	sabemos	conocemos
vosotros/-as	hacéis	ponéis	salís	traéis	dais	veis	sabéis	conocéis
ellos/ellas/ustedes	hacen	ponen	salen	traen	dan	ven	saben	conocen

como conocer: agradecer, conducir, introducir, ofrecer, producir, traducir
como traer: caer

3. Verben mit unregelmäßiger 1. Person Singular und Veränderung des Stammvokals

	decir	tener	venir
yo	**digo**	**tengo**	**vengo**
tú	d**i**ces	t**ie**nes	v**ie**nes
él/ella/usted	d**i**ce	t**ie**ne	v**ie**ne
nosotros/-as	decimos	tenemos	venimos
vosotros/-as	decís	tenéis	venís
ellos/ellas/ustedes	d**i**cen	t**ie**nen	v**ie**nen

4. Unregelmäßige Verben

	ser	estar	haber		ir	oír
yo	**soy**	**estoy**	**he**		**voy**	oigo
tú	**eres**	estás	**has**		**vas**	oyes
él/ella/usted	**es**	está	**ha**	**! hay**	**va**	oye
nosotros/-as	**somos**	estamos	**hemos**		**vamos**	oímos
vosotros/-as	**sois**	estáis	habéis		**vais**	oís
ellos/ellas/ustedes	**son**	están	**han**		**van**	oyen

ich
du
er/Sie
wir
Ihr
Sie sind

Perfekt

	haber	Partizip Perfekt
yo	**he**	
tú	**has**	
él/ella/usted	**ha**	habl**ado**
nosotros/-as	**hemos**	comprend**ido**
vosotros/-as	**habéis**	viv**ido**
ellos/ellas/ustedes	**han**	

Unregelmäßige Partizipien

abrir	**abierto**
decir	**dicho**
escribir	**escrito**
hacer	**hecho**
ir	**ido**
poner	**puesto**
ser	**sido**
ver	**visto**
volver	**vuelto**

Partnerseiten

Lección 3

11 ¿Qué es Andalucía?

Nombre	¿Qué es?	¿Dónde está?	¿Cómo es?
Andalucía	una region	en el Sur	bonita, con pueblos pequeños y ciudades antiguas
_____	la capital de España	_____	_____
Bilbao	una ciudad industrial	en el Norte, en el País Vasco en Cataluña (Este)	importante centro industrial, comercial, financiero y cultural, con edificos nuevos
_____	_____	_____	_____
Santiago	una ciudad antigua	en el Oeste, en Galicia	muy antigua, con catedral importante
_____	_____	_____	muy popular, con muchos bares y hoteles, con playas bonitas y turistas todo el año

13 Por sonido Dem Klang nach

Laut [k]	Laut [θ]	Laut [χ]	Laut [g]
catálogo	_____	gerente	_____
_____	cinco	_____	polígono
aquí	_____	lejos	_____
_____	feliz	_____	grande
fábrica	_____	abajo	_____
_____	ciudad	_____	antiguo

Lección 4

6 Dictado Diktat

1 Guido García Jiménez   Gerardo de Izaguirre   Graciela Jacarandá   Gabriel Taragüí

Jaime Gascón Jinete   Ángela Guerrero Guzmán

Lección 5

5 El alfabeto Das Alphabet

2 1. _____ atentamente   Mit freundlichen Grüßen
   2. _____ Avenida   Allee
   3. _____ Hermanos   Gebrüder
   4. _____ Banco   Bank
   5. _____ cuenta corriente Girokonto
   6. _____ por ejemplo   zum Beispiel

   7. Dpto. _____
   8. s/n _____
   9. izq. _____
   10. dcha. _____
   11. Cía. _____
   12. apdo. _____

11 Lista de regalos Geschenkeliste

Luisa Vargas Echagüe   Juan José Aguirre   Gonzalo García del Valle
Francisca Zárate Müller   Álvaro Núñez Navarro   María Cecilia Villanueva

Lección 12

7 La Casa Torres en el mundo – relaciones comerciales

1. Principales proveedores

Empresa	País	Producto
_____	Cuba	azúcar
Chocolatl Popocatépetl	_____	cacao
_____	Holanda	leche
Künstli & Süßli GmbH	_____	_____
_____	España	papel

¿Quiénes son y qué suministran?

A ¿Cuál es la empresa proveedora de ...?
B Es la empresa ... y ¿quién es el proveedor de ...?
A Cuál es el nombre de la empresa que suministra los aromas?

2. Cartera de clientes

¿Quién compra?	¿Qué?	¿Para qué?
_____	productos elaborados	venta al público
Libertad – Pasteles de calidad	_____	_____
_____	manteca de cacao	cosméticos
Grandes Almacenes Preciosos	_____	_____
_____	base de chocolate	helados
Tiendas León – Productos dietéticos en general	_____	_____
Guau-guau & Cía.	residuos de cacao	_____

Presentamos los siete principales clientes. ¿Quién compra qué? ¿Para qué?

A ¿Qué compra la empresa Maldonado?
B Compra base de chocolate.
A ¿Para qué lo compra?
B Lo usa para hacer helado / para elaborar ...

17 Escenario profesional

hora	lunes 16	martes 17	miércoles 18	jueves 19	viernes 20
8	golf	médico		tenis	
9	reunión de gerentes	ir a buscar clientes en el aeropuerto	reunión con jefe de publicidad	ir a la agencia de viajes	
10					
11	dentista			cita con el arquitecto	
12		reunión con colegas			
13					agencia de publicidad
14		comida con colegas del departamento		visita de clientes pueblos cerca de la capital	
15	entrevista con Marta Sánchez				
16					
17					conferencia en la Cámara de Comercio
18	curso de formación inglés comercial				
19				curso de formación (informática)	
20		exposición de una amiga	cena con compañeros de colegio		

Hörtexte

Hier finden Sie alle Hörtexte, die nicht oder nicht vollständig im Buch abgedruckt sind.

Introducción

12 **1** Cero, seis, cuatro, ocho, doce, dos, cinco, once, nueve, diez, siete, tres.

Lección 5

5 **1**

A:	a	G:	ge	LL:	elle	Q:	cu	W:	uve doble
B:	be	H:	hache	M:	eme	R:	erre	X:	equis
C:	ce	I:	i	N:	ene	S:	ese	Y:	i griega
D:	de	J:	jota	Ñ:	eñe	T:	te	Z:	zeta
E:	e	K:	ka	O:	o	U:	u		
F:	efe	L:	ele	P:	pe	V:	uve		

Lección 7

17 **1** Leyla conoce a todos sus clientes y habla con todo el mundo. A las ocho y media, como cada mañana, viene Paquita, una profesora de unos 55 años.

Leyla: ¿Como siempre, Paquita? ¿Un café con leche y una magdalena?

Paquita: No, hoy quiero un carajillo y un croasán, por favor.

Leyla: Pero, Paquita, ¿carajillo por la mañana?

Paquita: Sí. Hoy es mi cumpleaños.

Leyla: ¡Ah!, ¡muchas felicidades!

Un momento después ...

Leyla: Su carajillo. Y un licor de hierbas. Una atención de la casa.

Paquita: Gracias, muy amable. ¡Qué buena idea! Ehm, ¿Leyla? – Un licor de hierbas para todos, por favor!

Todos: ¡Gracias, Paquita! ¡Feliz cumpleaños! ¡A su salud! ¡Chin, chin!

Lección 9

14 *Carlos:* Mi habitación está en el quinto piso, ¿y la tuya, Isabel?

Isabel: La mía también. ¿Y la vuestra, José?

José: En el octavo. ¡La vista es fantástica!

Carlos: Pues claro. ¿Vamos? Aquí está el ascensor.

Merche: Sí, pero ¡no funciona!

Carlos: Vamos a pie, entonces.

Isabel: ¡Arriba, José! ¿O ya estás cansado?

José: No, no, pero la mochila ... ¿En qué piso estamos?

Merche: En el cuarto. ¡Vamos, vamos, que la vista es fantástica!

José: ¡Uf! ¡No puedo más! ¡Un momento, por favor!

Lección 11

18 **Diálogo 1**

A ¿Conoces el restaurante Manolo?

B No, ¿es nuevo?

A Sí, está cerca de la estación.

B ¿Y qué tal es?

A Es bonito y tiene buen servicio.

B ¿Ah, sí? ¿Qué servicio ofrecen?

A Comida caliente a toda hora.

B ¿Por qué no vamos?

A ¿Ahora?

B Sí, claro, vamos.

Diálogo 2

A ¿Desayunamos juntas, mañana?

B Es una buena idea. ¿Vienes a mi casa?

A No, ¿por qué no vamos al bar Leyla?

B Pues no lo conozco.

A Es muy bonito. El desayuno es buenísimo. Hay siempre chocolate con churros y no es muy caro.

B ¡Qué bien! ¿Y dónde está?

A En el centro, justo al lado del Banco Central.

B De acuerdo, ¡hasta mañana a las nueve!

Diálogo 3

A ¿Quieres ir conmigo a Marbella?

B ¿Cuándo? ¿Este fin de semana?

A Sí, ¿tienes ganas?

B Claro que tengo ganas. Pero tengo que trabajar …

A ¡Pero Isabel, un día es un día! Puedes trabajar en el hotel. Mira, el hotel Miramar está directamente en la playa y tiene fax, acceso a Internet, todo lo que necesitas …

B ¿Y no es muy caro?

A No sé, si quieres, escribo un e-mail y pregunto cuánto cuesta.

B ¡Vale!

Lección 12

16 **2 Diálogo 1**

Antonia: ¡Diga!

Ana María: Soy Ana María, de la fábrica de chocolate. ¿Qué tal, Antonia?

Antonia: Bien, bien. Estamos con mucho trabajo. Y vosotros, ¿qué tal?

Ana María: Bien, también. Mira, aquí tenemos vuestro fax de ayer, pero todavía tengo una pregunta.

Antonia: Sí, cómo no. ¿Qué hay?

Ana María: ¿Cuántas chocolatinas necesitáis, 300 o 500?

Antonia: 300, como siempre ¿Por qué? ¿No está claro el fax?

Ana María: El tres no está muy claro. No sé si es un tres o un cinco.

Antonia: No, no, es un tres. 500 son demasiado para nosotros. Somos una tienda pequeña.

Ana María: Sí, ya sé, por eso llamo. Bueno, saludos a don León.

Antonia: Muchas gracias, adiós.

Diálogo 2

Ana María: Empresa Torres. ¡Buenos días!

Sr. Cardoso: Buenos días, señorita. Soy Rodolfo Cardoso, de la fábrica de alimentos para animales.
¿Ustedes venden productos residuales?

Ana María: Sí, claro. Tenemos residuos de cacao. Son muy buenos. Tienen muchas vitaminas.

Sr. Cardoso: Ah, muy bien. ¡Qué interesante! Y ¿son muy caros?

Ana María: No, no, unos 60 euros la tonelada.

Sr. Cardoso: Ah, está bien. Muchas gracias por la información.

Ana María: De nada.

Diálogo 3

Ana María: Aquí Ana María Pérez, de la empresa Torres. ¿Con el señor Rodríguez, por favor?

Sr. Rodríguez: Sí, soy yo. ¿Qué hay?

Ana María: Pues, queremos saber para cuándo necesitan el cacao.

Sr. Rodríguez: ¡Pero qué dice, yo no necesito cacao!

Ana María: Pero cómo … ¡no entiendo! ¿No es allí la fábrica de helados?

Sr. Rodríguez: No, señorita, usted habla con Bicigoza, fábrica de bicicletas. ¿Con qué número quiere hablar?

Ana María: Con el 976 76 28 72.

Sr. Rodríguez: Pues aquí es el 976 76 72 28.

Ana María: Ah, perdón señor, adiós y muy buenos días.

Lección 15

12 1 **Diálogo 1**

A ¡Diga!

B ¿Está la señorita García Garrote, por favor?

A Lo siento. En este momento no está. ¿De parte de quién?

B Mi nombre es Maite Armendáriz.

A ¿Cómo se escribe, por favor?

B A – R – M – E – N – D – A – R – I – Z.

A ¿Y por qué asunto es?

B Ella ya sabe. Es por una reclamación. ¿Cuándo va a volver?

A No sé bien, creo que entre las cinco y las seis, pero si usted me deja su teléfono, ella la llama.

B Cómo no. Si quiere tomar nota ..., es el 915 965 499.

A Muchas gracias por su llamada.

B De nada. ¡Adiós!

Diálogo 2

A Buenas tardes. ¿Puedo hablar con el ingeniero Salcedo, por favor? Es por una casa en Aliste.

B Lo siento. Usted habla con la familia Salcedo. ¿Con quién hablo yo?

A Mi nombre es Marta Ortega.

B Pues tiene que llamar a la fábrica. Aquí no viene hasta muy tarde, a las ocho y cuarto u ocho y media.

A ¿Puede darme el número de la fábrica, por favor?

B Por supuesto, es el 951 764 582.

A Muchas gracias, señora, y perdón.

B No es nada. Adiós.

Diálogo 3

A Buenos días, señorita. ¿Con la doctora Peñaloza, por favor?

B Lo siento. En este momento es imposible. Está con un cliente. ¿De parte de quién?

A De su hermana. ¿Le puede dejar una nota?

B Por supuesto. ¿Qué le digo?

A Que tenemos la cita con el abogado esta tarde a las 17:30. Puede llamarme al móvil para confirmar.

B De acuerdo. ¿Ella tiene el número?

A Creo que sí, pero mejor se lo dejo. Es el: 678 238 794.

Geografische Namen

África Afrika 4/7

Alemania Deutschland 1

América Amerika 0/10

América del Sur Südamerika 2/16

la **Antártida** Antarktis 4/18

Argentina Argentinien 4/7

Asia Asien 4/7

el **Atlántico** Atlantik 2/16

Austria Österreich 9/6

Bélgica Belgien 9/6

Belice Belize 4/7

Bolivia Bolivien 4/7

Bulgaria Bulgarien 9/6

Cataluña Katalonien 4/9

Chile Chile 0/3

Chipre Zypern 9/6

Colombia Kolumbien 4/7

Costa Rica Costa Rica 4/7

Cuba Kuba 4/7

Dinamarca Dänemark 9/6

Ecuador Ecuador 4/7

El Salvador El Salvador 4/7

Eslovaquia Slowakei 9/6

Eslovenia Slowenien 9/6

España Spanien 0/3

Estados Unidos de América (EE.UU.)
Vereinigte Staaten von Amerika (USA) 4/7

Estonia Estland 9/6

Europa Europa 2/3

Filipinas Philippinen 4/7

Finlandia Finnland 9/6

Francia Frankreich 6/c

Galicia Galicien 4/9

Grecia Griechenland 9/6

Guatemala Guatemala 4/7

Guinea Ecuatorial Äquatorialguinea 4/7

Holanda Holland 9/6

Honduras Honduras 4/7

Hungría Ungarn 9/6

Irlanda Irland 9/6

Italia Italien 9/6

Japón Japan 15/f

Latinoamérica Lateinamerika 2/3

Letonia Lettland 9/6

Lituania Litauen 9/6

Luxemburgo Luxemburg 9/6

Mallorca Mallorca 3/11

Malta Malta 9/6

el **Mediterráneo** Mittelmeer 0/10

México Mexiko 6/2

Nicaragua Nicaragua 4/7

Noruega Norwegen 9/5

el **País Vasco** Baskenland 4/9

Panamá Panama 4/7

Paraguay Paraguay 4/7

la **Península Ibérica** Iberische Halbinsel 5/2

Perú Peru 4/7

Polonia Polen 9/6

Portugal Portugal 6/c

Puerto Rico Puerto Rico 4/7

Reino Unido (Gran Bretaña) Vereinigtes Königreich
(Großbritannien) 9/6

República Checa Tschechische Republik 9/6

República Dominicana Dominikanische Republik 4/7

Rumanía Rumänien 9/6

Suecia Schweden 9/6

Suiza Schweiz 9/5

Turquía Türkei 9/6

Uruguay Uruguay 4/7

Venezuela Venezuela 4/7

Lista cronológica de vocabulario

In der chronologischen Liste finden Sie die Vokabeln in der Reihenfolge ihres ersten Auftretens aufgelistet. Nicht enthalten sind Zahlen, grammatische Begriffe, Eigennamen sowie Vokabeln der Rubrik **El español de América**. Aus den Texten und Übungen der Seite **Realidad hispánica** und der Rubrik **Bocadillo cultural** wurden nur die wichtigsten Wörter in die Liste aufgenommen. Wörter, die nicht zum Lernwortschatz gehören, sind *kursiv* gedruckt. Die links stehenden Zahlen und Buchstaben geben an, wo die einzelnen Wörter und Wendungen zum ersten Mal vorkommen. (z. B. **5** bedeutet Übung 5, **a** bedeutet Dialog oder Text a, **C** bedeutet **Recuerde**, Abschnitt C).

Abkürzungen

a/c: alguna cosa, algo, etwas	*inf.*: infinitivo, Infinitiv
alg.: alguien, jemand/en/em	*lat.am.*: latinoamericano, lateinamerikanisch
etw.: etwas	*s.*: sustantivo, Substantiv
jdm.: jemandem	*S.*: Substantiv
jdn.: jemanden	*sg.*: singular, Singular
Abk.: Abkürzung	*Sg.*: Singular
fam.: familiar, umgangssprachlich	*pl.*: plural, Plural
	Pl.: Plural

Introducción: ¡Bienvenidos!

	la introducción	Einführung
	bienvenido/-a	willkommen
	¿quién?	wer?
	(él/ella) es	(er/sie/es) ist
	¡Hola!	Hallo!
	¡Buenos días!	Guten Morgen!
	Mi nombre es …	Mein Name ist …
	(yo) soy	(ich) bin
	de	aus, von
	también	auch
	el/la amigo/-a	Freund/in
	el/la arquitecto/-a	Architekt/in
	y	und
	el/la fotógrafo/-a	Fotograf/in
1	**¡Buenas tardes!**	Guten Tag!
	¡Buenas noches!	Gute Nacht!
2	**el señor**	Herr
	la señora	Frau, Dame
	el/la director/a	Leiter/in, Direktor/in
	la señorita	Fräulein, junge Frau
3	*el burro*	Esel
	el caballo	Pferd
	mañana	morgen
4	**la fábrica**	Fabrik
	el/la colega	Kollege/-in
	¿qué?	was?
	gracias	danke
	el zorro	Fuchs
	azul	blau
5	**el número**	Zahl, *auch:* Nummer
6	**¿Qué significa …?**	Was bedeutet …?
	la playa	Strand
8	*la realidad hispánica*	spanischsprachige Welt
A	*Recuerde.*	Denken Sie daran.
	el día	Tag

	el tema	Thema
	el problema	Problem
	la foto	Foto
	la radio	Radio
	el/la turista	Tourist/in
	el/la taxista	Taxifahrer/in
B	**el coche**	Auto
	el/la cliente	Kunde/-in
	la carta	Brief, *auch:* Spielkarte
	el hotel	Hotel
	el kilo	Kilo
	¿Cómo aprender?	Wie lernt man (besser)?
9	*a practicar*	zum Üben
	a	nach, zu, in, *auch:* an
	Complete.	Ergänzen Sie.
10	**con**	mit
	pero	aber
	el/la perro/-a	Hund/Hündin
11	*Escuche.*	Hören Sie zu.
	¡Feliz cumpleaños!	Alles Gute zum Geburtstag!
	¡Hasta mañana!	Bis morgen!
	Vamos a …	Wir gehen/fahren nach …
13	**el animal**	Tier
	la cucaracha	Kakerlake
	la llama	Lama
	el mosquito	Mücke
	la araña	Spinne
	el ratón	Maus
	el toro	Stier
	el ejemplo	Beispiel
14	*Relacione.*	Verbinden Sie.
	el café con leche	Milchkaffee
	la paella	Paella
	la tortilla de patata	Tortilla
	la sangría	Sangria

	el agua mineral (sin gas)	Mineralwasser (ohne Kohlensäure)
	el tequila	Tequila
	chocolate con churros	Schokolade mit frittiertem Spritzgebäck
16	la profesión	Beruf
	el/la cocinero/-a	Koch/Köchin
	el/la secretario/-a	Sekretär/in
	el/la profesor/a	Lehrer/in
	el/la hotelero/-a	Hotelbesitzer/in
	el/la pianista	Klavierspieler/in
	el/la bioquímico/-a	Biochemiker/in
	el/la médico/-a	Arzt/Ärztin
	el/la programador/a	Programmierer/in
	el/la electricista	Elektriker/in
	el/la camarero/-a	Kellner/in
17	¡Qué interesante!	Wie interessant!
18	el apellido	Nachname

Lección 1: Una cita

	la lección	Lektion
	la cita	Termin
	esto	das (hier)
a	estimado/-a	sehr geehrte/r
	estar	sein
	allí	dort
	a las …	um … (Uhrzeit)
	la hora	Stunde, Uhrzeit
	local	lokal, örtlich
	el vuelo	Flug
	ser	sein
	muchos saludos	viele Grüße
b	el e-mail	E-Mail
	por	hier: für
	en	in, an, auf
	el aeropuerto	Flughafen
	la compañía (in Firmenna-men: Compañía, Abk.: Cía.)	Gesellschaft, Firma
2	¿Qué tal?	Wie geht's?
	¿Cómo está usted?	Wie geht es Ihnen?
	¿Quién dice qué?	Wer sagt was?
	¿cómo?	wie?
	el texto	Text
	el cuadro	Bild
	bien	gut
	ahora	jetzt
	bueno	gut, also
	¡Hasta luego!	Bis nachher! Tschüss!
	¿dónde?	wo?
	¡Diga!	Hallo! (am Telefon)

	sí	ja
	pues	na, also
	regular	mittelmäßig, normal, hier: es geht
	¡Oye!	Hör mal!
	el bar	Bar
	la vaca	Kuh
	la plaza	Platz
	¡Hasta pronto!	Bis bald!
	¡Adiós!	Auf Wiedersehen! Tschüss!
	no	nein, nicht
	¿qué + s.?	welche/r + S.?
	recursos de comunica-ción	Redemittel
	muy	sehr
	¡Oiga!	Hören Sie!
3	Informe.	Berichten Sie.
	el teléfono	Telefon
	el código postal	Postleitzahl
	por teléfono	am Telefon
	el restaurante	Restaurant
	la oficina	Büro
	la casa	Haus, Zuhause
4	el equipamiento	Ausrüstung, Ausstattung
	portátil	tragbar
	el maletín	Aktentasche
	hay	es gibt
	el compartimento	Fach, Tasche
	para	für
	el ordenador	Computer
	la impresora	Drucker
	el fax	Faxgerät, Fax
	el espacio	Platz, Raum
	el (teléfono) móvil	Mobiltelefon, Handy
	cuando	wenn, als
	cerrado/-a	geschlossen
	trabajar	arbeiten
	nuevo/-a	neu
	el avión	Flugzeug
	el (mini)diccionario	(Mini)Wörterbuch
	la revista	Zeitschrift
5	¿no?	nicht wahr?
	claro	klar
	el bocadillo cultural	hier: Information zur Landeskunde
	el nombre	Name
	el sobrenombre	Spitzname
	don/doña	Herr/Frau (+ Vornamen)
A	¿de dónde?	woher?
6	el/la esposo/-a	Ehemann/-frau
8	el mensaje	Nachricht
	la postal	Postkarte

	la nota	Notiz	
	el correo electrónico	E-Mail	
9	la puerta	Flugsteig, *auch:* Tür	
11	la salida	Abflug, *auch:* Ausgang	
	la llegada	Ankunft	
12	*Traduzca al alemán.*	Übersetzen Sie ins Deutsche.	

	la tarde	Nachmittag
	a bordo	an Bord
	el destino	Ziel, Schicksal
	el capitán	Kapitän
13	la carne	Fleisch
	sin	ohne
14	¿de quién?	wessen? von wem?
	el/la autor/a	Autor/in
16	la fiesta	Feier, Party
	el cumpleaños	Geburtstag
	el concierto	Konzert
	el consulado	Konsulat
	la boda	Hochzeit
17	la visita	Besuch

Lección 2: La llegada de los clientes

	hoy	heute
	el martes	Dienstag
	nervioso/-a	nervös
	ya	schon
	¿quiénes?	wer? *(Pl.)*
a	¡Perdón!	Verzeihung!
	Mucho gusto.	Sehr erfreut.
b	amable	freundlich, nett
	igualmente	gleichfalls
c	¿Vamos?	Gehen wir?
	el ascensor	Fahrstuhl
	el metro	U-Bahn
	abajo	unten
	el aparcamiento	Parkhaus, Parkplatz
d	aquí	hier
	¡Caramba!	Donnerwetter!
	¡qué + *s.*!	was für ein/e + *S.*!
	mal	schlecht
e	algo	etwas
	más	mehr
	todo	alles
	¡Dios mío!	Mein Gott!
	por favor	bitte
	¡Cómo pesa!	Ist der/die/das schwer!
	maldito/-a (fam.)	verdammt, verflucht
	el catálogo	Katalog
	nada	nichts
2	la guitarra	Gitarre

	la cinta	Band, Laufband
	la mochila	Rucksack
	el momento	Moment
	el pasaporte	Reisepass
	el documento	Dokument
	el bolso	Tasche
	la maleta	Koffer
	grande/gran	groß
	abajo de	unter
	la flor	Blume
	¡Gracias a Dios!	Gott sei Dank!
3	*la novela*	Roman
	la factura	Rechnung
	¿Comprende usted?	Verstehen Sie?
	el equipaje	Gepäck
	el edificio	Gebäude
	el mundo	Welt
	el nivel	*hier:* Etage
	el año	Jahr
	el/la conductor/a	Fahrer/in
	bajo tierra	unterirdisch
	la red	Netz, Netzwerk
	alto/-a	hoch, groß, *auch:* laut
	el título	Überschrift
	el subtítulo	Untertitel
	la ilustración	Illustration
	los datos de información	informative Angaben
A	el vino	Wein
B	el chocolate	Schokolade
E	el barco	Schiff
	el tren	Zug
	la bicicleta	Fahrrad
	el autobús	Bus
	la moto	Motorrad
	a pie	zu Fuß
4	*Ordene.*	Ordnen Sie.
5	el seminario	Seminar
7	el taxi	Taxi
8	el regalo	Geschenk
	el libro	Buch
	la muestra de productos	Warenprobe
14	*el diálogo*	Dialog
15	la semana	Woche
	el domingo	Sonntag
	el miércoles	Mittwoch
	el jueves	Donnerstag
	el sábado	Samstag, Sonnabend
	el lunes	Montag
	el viernes	Freitag
16	*la sociedad anónima*	Aktiengesellschaft
	la Ciudad de México	Mexiko Stadt
	el hospital	Krankenhaus

| central | zentral |
| *la república* | Republik |

Lección 3: ¿De dónde es usted?

a	lejos (de)	weit entfernt (von)
	cerca (de)	in der Nähe (von)
	el pueblo	Dorf
	pequeño/-a	klein
	entre	zwischen
	viejo/-a	alt
b	el/la socio/-a	Kompagnon, Gesellschafter/in
	el/la gerente general	Geschäftsführer/in
	el/la jefe/-a	Chef/in
	¿Verdad?	Stimmt's? Nicht wahr?
	el/la traductor/a	Übersetzer/in
	¡Qué va!	Ganz und gar nicht!
	el/la estudiante	Student/in
	la práctica	Übung, *hier:* Praktikum
c	alemán/-ana	deutsch
	la ciudad	Stadt
	bastante	ziemlich, genügend
	el/la catalán/-ana	Katalane/-in, *auch:* katalanisch
	los padres	Eltern
	bonito/-a	schön
	a unos 20 km de aquí	etwa 20 km von hier
d	antiguo/-a	alt
	la calle	Straße
	principal	Haupt-
	el centro	Zentrum
	el polígono industrial	Industriegebiet
e	a la izquierda	links
	la torre de agua	Wasserturm
	el símbolo	Symbol
	al lado	neben
	la empresa	Betrieb, Firma
	super-	super-
	moderno/-a	modern
1	*Busque.*	Suchen Sie
3	el colegio	Schule
	el museo	Museum
	la urbanización	Wohnsiedlung
	el ministerio	Ministerium
	la industria	Industrie
	el centro comercial	Einkaufzentrum
	el banco	Bank
	la empresa de transportes	Transport-, Fuhrunternehmen
	el Ministerio de Ciencia y Nuevas Tecnologías	Wissenschaftsministerium

	en el centro (de)	in der Mitte (von)
	a la derecha	rechts
	detrás de	hinter
	delante de	vor
5	¿A cuántos kilómetros?	Wie viele Kilometer entfernt?
6	el/la participante	Teilnehmer/in
	el/la extranjero/-a	Ausländer/in
	industrial	industriell, Industrie-
	comercial	Geschäfts-
	financiero/-a	finanziell, Finanz-
	el puerto	Hafen
	internacional	international
	desde que	seit, seitdem
	importante	wichtig
	cultural	kulturell, Kultur-
	¿sabéis?	wisst ihr?
	la costa	Küste
	me llamo	ich heiße
	vivir	wohnen, leben
	junto a	neben, an, bei
	el rio	Fluss
	la tarjeta de identificación	Ausweis, Namensschild
	la región	Region
	turístico/-a	touristisch, Touristen-
	blanco/-a	weiß
	interesante	interessant
	famoso/-a	berühmt
	la catedral	Kathedrale
	la capital	Hauptstadt
	especial	besonders
	mucho/-a	viel
	la cultura	Kultur
	con mucho ambiente	stimmungsvoll
	sólo	nur
	el fútbol	Fußball
7	el/la español/a	Spanier/in
	el/la vasco/-a	Baske/-in
	el/la gallego/-a	Galicier/in
	el norte	Norden
	el este	Osten
	el sur	Süden
	el oeste	Westen
H	*espontáneo/-a*	spontan
10	popular	populär, volkstümlich
11	económico/-a	wirtschaftlich, Wirtschafts-
	el país	Land
	la isla	Insel
	el mar	Meer
14	*¡Qué lástima!*	Wie schade!
	tampoco	auch nicht

15	**las matemáticas** *(pl.)*	Mathematik
	menos	minus, *auch:* weniger
	más	plus, *auch:* mehr
17	**el zapato**	Schuh
	el club deportivo	Sportclub
	el supermercado	Supermarkt
	los ravioles (pl.)	Ravioli
18	**la familia**	Familie
	verdadero/-a	wahr, echt, *hier:* richtig
	falso/-a	falsch
	el papá	Papa
	la mamá	Mama
	el/la niño/-a	Kind (Junge/Mädchen)
	la madre	Mutter
	el padre	Vater
	el/la hijo/-a	Sohn/Tochter
	¡Claro que sí!	Natürlich!
	Lea.	Lesen Sie.

Lección 4: ¡En español, por favor!

	el español	Spanisch
a	**enseguida**	sofort
	el segundo	Sekunde
	encantado/-a	sehr angenehm *(Erwiderung auf Begrüßung)*
	el viaje	Reise
	la suerte	Glück
	por suerte	zum Glück
	hablar (a/c)	(etw.) sprechen
	comprender a/c	etw. verstehen
	poco/-a	wenig, gering
b	**la comunicación**	Kommunikation
	interno/-a	intern
	necesitar a/c	etw. brauchen
	el/la intérprete	Dolmetscher/in
	rubio/-a	blond
	No sé cómo se escribe.	Ich weiß nicht, wie man das schreibt.
	casi	fast
	un poco (de)	ein bisschen
	el alemán	Deutsch
c	**un poquito (de)**	ein kleines bisschen
	¿por qué?	warum?
	porque	weil
	es que …	es ist so, weil …
	el inglés	Englisch
	estudiar a/c	etw. studieren, etw. lernen
	la universidad	Universität
	leer a/c	etw. lesen
	escribir a/c	etw. schreiben
	difícil	schwer

	traducir a/c	etw. übersetzten
d	**la presentación**	Vorstellung, Präsentation
	exactamente	genau
	el/la técnico/-a	Fachmann/-frau
4	**el catalán**	Katalanisch
	el árabe	Arabisch
	el italiano	Italienisch
	el francés	Französisch
	el noruego	Norwegisch
	el checo	Tschechisch
	el portugués	Portugiesisch
	el holandés	Holländisch
	el ruso	Russisch
	el griego	Griechisch
	el sueco	Schwedisch
	el chino	Chinesisch
	el polaco	Polnisch
	bilingüe	zweisprachig
	trilingüe	dreisprachig
5	*la guerrilla*	Guerilla
	el pingüino	Pinguin
	el/la gerente	Leiter/in
	la naranja	Orange
7	**el idioma**	Sprache
	mayor	größer
	la diversidad	Verschiedenheit
	el mercado	Markt
	el negocio	Handel, Geschäft
	la importación	Import
	la exportación	Export
	la lengua	Sprache
	indígena	*hier:* indianisch
	el quechua	Quechua *(Sprache)*
	sin embargo	trotzdem
	ya que	da, weil
	lamentablemente	leider, bedauerlicher Weise
	marginado/-a	marginalisiert, diskriminiert
	la cifra	Ziffer
9	**la parte**	Teil
	el castellano	Kastillisch (Spanisch)
	propio/-a	eigene/r/s
	el valenciano	Valencianisch
	el mallorquín	Mallorquinisch
11	**exportar a/c**	etw. exportieren
12	**la cerveza**	Bier
13	**la informática**	Informatik
14	**el/la novio/-a**	(feste/r) Freund/in
	la noche	Nacht
16	**la estación**	Bahnhof
	el/la chico/-a	Junge/Mädchen
	paraguayo/-a	paraguayisch
	el gallego	Galicisch

	el/la indio/-a	Indianer/in
	guaraní	Guaraní
	musical	musikalisch
	la música	Musik
	el/la filipino/-a	Philippiner/in
	¡Imagínate!	Stell dir vor!
	la casualidad	Zufall
18	el continente	Kontinent
	el pingüinés	Sprache der Pinguine (Fantasiewort)

Lección 5: ¡Adelante, señores!

	¡Adelante!	Herein! Vorwärts!
	el despacho	Büro
a	la vista	Ausblick
	¡Cómo no!	Natürlich! Selbstverständlich!
	con mucho gusto	sehr gern, mit Vergnügen
	por aquí	hier entlang
	arriba	oben
	desde	von, seit
b	¡Enhorabuena!	Glückwunsch!
	el cava	spanischer Sekt
	la bienvenida	Willkommen
	beber a/c	etw. trinken
	nunca	nie, niemals
	el trabajo	Arbeit
	entonces	hier: dann
	el café	Kaffee, Café
	la pregunta	Frage
	¿cuándo?	wann?
	el marzo	März
	pasado/-a	vergangen
c	desde hace	seit (+ Zeitspanne)
	la tarjeta	Karte, Visitenkarte, Kreditkarte
	fabricar a/c	etw. herstellen
	vender a/c	etw. verkaufen
	la producción	Produktion, Herstellung
	la venta	Verkauf
	significar a/c	etw. bedeuten
d	cambiado/-a	verändert
	el recinto	Gelände
	la feria	Messe
	precisamente	genau
	el/la expositor/a	Austeller/in
	el hombre	Mann, Mensch, hier: Mensch!
	como	wie
e	la cobertura	Abdeckung, hier: Glasur, Kuvertüre

	el mazapán	Marzipan
	rico/-a	köstlich, auch: reich
	la planta de producción	Produktionsanlage
1	tomar a/c	etw. nehmen, etw. zu sich nehmen (trinken, essen)
2	la arroba	Klammeraffe, @-Zeichen
	la palabra	Wort
	el origen	Ursprung
	la medida	Maß
	el peso	Gewicht
	la patata	Kartoffel
	la dirección electrónica	E-Mail-Adresse
	el teclado	Tastatur
	o	oder
	decir a/c	etw. sagen
	medio/-a	halb
	el deporte	Sport
	la computación	Computertechnik
	el siglo	Jahrhundert
	la mezquita	Moschee
	el abrazo	Umarmung, hier: Verstrickung, Verbindung
	dar origen a a/c	etw. hervorbringen
	musulmán/-ana	moslemisch
	maravilloso/-a	wunderbar
	empezar	anfangen
	el atún	Thunfisch
	el azúcar	Zucker
	el/la alcalde/sa	Bürgermeister/in
	la exclamación	Ausruf
	derivar de a/c	von etw. abstammen
3	¿Qué quiere decir?	Was heißt das?
4	Explique.	hier: Erzählen Sie.
	todavía	(immer) noch
	la arquitectura	Architektur
5	la abreviatura	Abkürzung
	el punto	Punkt
	atentamente (Abk.: atte.)	mit freundlichen Grüßen
	la avenida (Abk.: Avda.)	Allee
	los hermanos (Abk.: Hnos.)	Gebrüder
	el banco (Abk.: Bco.)	Bank, Kreditinstitut
	la cuenta corriente (Abk.: c/c.)	Girokonto
	por ejemplo (Abk.: p. ej.)	zum Beispiel
	el departamento (Abk.: Dto.)	Abteilung
	sin número (Abk.: s/n)	ohne Nummer
	izquierda (Abk.: izq.)	links
	derecha (Abk.: dcha.)	rechts
	el apartado (de Correos) (Abk.: apdo.)	Postfach

	la lista	Liste
	la clase	Klasse
	el puntito	Pünktchen, *hier:* Umlaut-punkte
7	negativo/-a	negativ
	el enero	Januar
11	el acento	Akzent
12	el marido	Ehemann
14	comprar a/c	etw. kaufen
15	la agenda	Terminkalender
	el mes	Monat
	el febrero	Februar
	el abril	April
	el mayo	Mai
	el junio	Juni
	el julio	Juli
	el agosto	August
	el septiembre	September
	el octubre	Oktober
	el noviembre	November
	el deciembre	Dezember
16	*el emoticón*	Emoticon
	el humor	Humor, *auch:* Laune
	inteligente	intelligent

Lección 6: Estamos muy satisfechos

	satisfecho/-a	zufrieden
	entrar	eintreten, hineingehen
	la conversación	Gespräch
	el ruido	Lärm
a	la máquina	Maschine
	excelente	hervorragend
	enorme	enorm, sehr groß
	el olor	Geruch
	¿Podría ... por favor?	Könnten Sie bitte ...?
	repetir a/c	etw. wiederholen
	bueno/-a	gut
b	¿cuánto/-a?	wie viel/e?
	la persona	Person
	normalmente	normalerweise
	totalmente	ganz, völlig
	automático/-a	automatisch
c	producir a/c	etw. herstellen
	la tonelada	Tonne
	tanto/-a	so viel/e
	la cosa	Sache
	costar	kosten
	el cacao	Kakao
	depender de a/c / de alg.	von etw. / von jdm. abhängen
	la calidad	Qualität

d	el turno	Schicht
	la realidad	Wirklichkeit, Realität
	¡Vaya!	*hier:* Mein lieber Mann!
	el fin de semana	Wochenende
	libre	frei
	nadie	niemand
e	ganar a/c	etw. verdienen, *auch:* etw. gewinnen
	el/la obrero/-a	Arbeiter/in
	el euro	Euro
	especializado/-a	spezialisiert, Fach-
	el servicio	Toilette, *auch:* Dienst, Dienstleistung
	alto/-a	laut, *auch:* hoch, groß
f	justo a tiempo	just in time
	el almacén	Lager
	ver a/c / a alg.	etw./jdn. sehen
	el depósito	Silo
	el producto	Produkt
	terminado/-a	fertig, beendet
2	*Conteste.*	Antworten Sie.
	¿para qué?	wofür? wozu?
	malo/-a	schlecht, böse
3	la bolsa	Börse
	fijar a/c	etw. festlegen, *auch:* befestigen
	el precio	Preis
	la cantidad	Menge
4	*el maíz*	Mais
	la soja	Soja
	el girasol	Sonnenblume
	¡Vale!	O.K.! Einverstanden!
A	el dinero	Geld
	la leche	Milch
	el litro	Liter
F	por la mañana	vormittags
6	preguntar a/c a alg.	jdn. etw. fragen
	contestar	antworten
7	el/la gato/-a	Kater/Katze
10	exigente	anspruchsvoll
	pagar	zahlen, bezahlen
	además	außerdem
14	agradable	angenehm
	desagradable	unangenehm
	la madera	Holz
	el cloro	Chlor
	limpio/-a	sauber
	el perfume	Parfum
	el cigarrillo	Zigarette
	la comida	Essen
	el pescado	Fisch
	la pintura	Farbe, *auch:* Malerei

	el ajo	Knoblauch
	¿cuál? ¿cuáles?	welche/r/s? welche? *(Pl.)*
	preferido/-a	bevorzugt, Lieblings-
	¡Qué asco!	Wie ekelhaft!
	Pregunte.	Fragen Sie.
	el/la compañero/-a	Mitschüler/in, Kollege/-in
15	la piscina cubierta	Hallenbad
	feo/-a	hässlich

Lección 7: ¿Hay algo de nuevo?

	¿Hay algo de nuevo?	Gibt es etwas Neues?
	el/la conocido/-a	Bekannte/r
	la terraza	Terrasse
	la sala	Saal, großer Raum
	la conferencia	Konferenz
	el comedor	Speisesaal, Esszimmer
	la secretaría	Sekretariat
	el entresuelo	Zwischengeschoss
	la administración	Verwaltung
	la planta baja	Erdgeschoss
	la recepción	Empfang, Rezeption
	el subsuelo	Untergeschoss
	la sauna	Sauna
a	la sorpresa	Überraschung
	las vacaciones	Ferien, Urlaub
	el piso	Stockwerk, *auch:* Wohnung
b	el tiempo	Zeit, *auch:* Wetter
	desayunar	frühstücken
	práctico/-a	praktisch
	el/la vendedor/a	Verkäufer/in
c	el té	Tee
	el bufé	Büffet
	frío/-a	kalt
	la mala suerte	Pech
	hay que + *inf.*	man muss, es ist notwendig
	buscar a/c	etw. suchen
	la mesa	Tisch
	lleno/-a	voll
	la habitación	Zimmer
	aire acondicionado	Klimaanlage
	la tele(visión)	Fernsehen
	el minibar	Minibar
	el acceso a Internet	Internetanschluss
d	el desayuno	Frühstück
	el panecillo	Brötchen
	el croasán	Croissant
	la magdalena	spanisches Gebäck
	el yogurt	Joghurt
	el huevo	Ei
	comer a/c	etw. essen
	el periódico	Zeitung

	a propósito	übrigens, à propos
	la huelga	Streik
	¡Qué pasada!	Unglaublich!
	el comentario	Kommentar
	extranjero/-a	ausländisch
	estupendo/-a	fabelhaft, großartig
	practicar a/c	etw. üben
e	americano/-a	amerikanisch
	la gramática	Grammatik
	terrible	schrecklich
f	¿Qué tal ...?	Wie ist/war ...? Wie sind/waren ...?
	fácil	einfach
	por la noche	abends
3	antes (de)	vor, bevor
	rápido/-a	schnell
	conocer a/c / a alg.	etw./jdn. kennen, *auch:* etw./jdn. kennen lernen
	todo el mundo	jeder, alle Leute
	la gente	Leute
	la jornada laboral	Arbeitstag
	la noticia	Nachricht
	la prensa local	Lokalpresse
	sobre todo	vor allem
	conocido/-a	bekannt
	comentar a/c	etw. besprechen, etw. kommentieren
	intercambiar a/c	etw. austauschen
	faltar	fehlen
	barato/-a	billig
	la mujer	Frau
	el oasis	Oase
	encontrar a/c / a alg.	etw./jdn. finden
	la tranquilidad	Ruhe
	relajarse	sich entspannen
	cargar fuerza	Kraft tanken
	desconectar a/c	etw. ausschalten
	¡Y listo!	Und damit hat sich's! Das war's!
	hacer a/c	etw. machen, tun
4	casado/-a	verheiratet
	conservar a/c	etw. beibehalten, etw. bewahren
A	el billete	Fahrkarte, Eintrittskarte
B	el congreso	Kongress
	la odontología	Zahnmedizin
	el curso	Kurs
5	la mañana	Vormittag
6	*Hable con su compañero/-a.*	Sprechen Sie mit Ihrem Partner / Ihrer Partnerin.
7	*Opine y discuta.*	Äußern Sie Ihre Meinung und diskutieren Sie.

	opinar	meinen, denken
	aprender a/c	etw. lernen
8	al contrario	im Gegenteil
9	latinoamericano/-a	lateinamerikanisch
12	*Mire el folleto.*	Schauen Sie sich den Prospekt an.
	interior	innere/r/s, Innen-
	el masaje	Massage
	exterior	äußere/r/s, Außen-
	el solarium	Solarium, *hier:* Sonnen-terrasse
	el banquete	Bankett, Empfang
	la capacidad	Kapazität
	individual	individuell, Einzel-
	doble	doppelt, Doppel-
	TV vía satélite	Satellitenfernsehen
	directo/-a	direkt
	el baño	Badezimmer
	la caja de seguridad	Schließfach, Safe
	con cargo	*hier:* gegen Aufpreis
	la tarifa	Tarif
	la reunión	Versammlung
	metros (*Abk.:* mts.)	Meter *(Pl.)*
	minutos (*Abk.:* min.)	Minuten
	kilómetros (*Abk.:* kms.)	Kilometer *(Pl.)*
	horas (*Abk.:* hrs.)	Stunden
	alojamiento/desayuno (*Abk.:* AD)	Übernachtung/Frühstück
	media pensión (*Abk.:* MP)	Halbpension
16	*el rincón*	Ecke, *auch:* Zimmer
	picar a/c	etw. knabbern
	la aceituna	Olive
	las patatas fritas	Kartoffelchips, *auch:* Pommes frites
	la bolsa	Tüte
	el cacahuete	Erdnuss
	el queso	Käse
	el queso manchego	Käse aus La Mancha
	el jamón	Schinken
	el jamón serrano	luftgetrockneter Schinken
	la tapa	Tapa
	la ensaladilla rusa	Kartoffelsalat
	las patatas bravas	Kartoffeln mit scharfer Soße
	la croqueta	Krokette
	el pollo	Hähnchen
	el buñuelo de bacalao	Stockfischbällchen
	la albóndiga casera	hausgemachte Fleisch-klößchen
	los calamares a la romana	panierte und frittierte Tintenfischringe
	el jamón York	gekochter Schinken

	el bocadillo	Sandwich, belegtes Bröt-chen
	la bebida	Getränk
	la limonada	Limonade
	el zumo	Saft
	el melocotón	Pfirsich
	la caña	Bier vom Fass
	la botella	Flasche
	el vino tinto	Rotwein
	la copa	Glas (Wein oder Sekt)
	el vino blanco	Weißwein
17	*el carajillo*	Kaffee mit Brandy oder Cognac
	el brandy	Brandy
	el coñac	Cognac
	el licor de hierbas	Kräuterlikör

Lección 8: ¿Qué tal el día?

a	la llave	Schlüssel
b	querido/-a	liebe/r *(Anrede Brief)*
	cansado/-a	müde
	juntos/-as	zusammen
c	De nada.	Keine Ursache.
	bajar	hinuntergehen
d	enfermo/-a	krank
	duro/-a	hart
1	*Corrija.*	Korrigieren Sie.
e	ayer	gestern
	la golosina	Süßigkeit
f	simpático/-a	sympathisch
g	solo/-a	allein
h	mismo/-a	der-/das-/dieselbe
	majo/-a	nett, *auch:* hübsch
	tarde	spät
	¡Hasta otra!	Bis zum nächsten Mal!
i	¡Ni hablar!	Kommt nicht in Frage!
	el tango	Tango
	argentino/-a	argentinisch
	¡Qué guay!	Großartig! Toll!
	bailar	tanzen
2	después	danach
3	modelo	Vorbild, *auch:* Modell
	la editorial	Verlag
	el objetivo	Ziel
	crear a/c	etw. (er)schaffen
	lo mejor	das Beste
	el saber hacer	Know-how
	posibilidad	Möglichkeit
	ofrecer a/c	etw. (an)bieten
	largo/-a	lang
	la experiencia	Erfahrung

	el sector	Bereich
	la colección	Kollektion, *auch:* Sammlung
	dirigido/-a por	geleitet von
	el/la experto/-a	Fachmann/-frau, Experte/-in
	la geografía	Geographie
	el saber	Wissen
	la promoción	Promotion
	la infraestructura	Infrastruktur
	el comercio	Handel
	electrónico/-a	elektronisch
	la obra	Werk, *auch:* Arbeit
	el proyecto	Projekt
	a medio plazo	mittelfristig
	incluir a/c	etw. einschließen
	por supuesto	selbstverständlich
	el medio	Medium
	el perfil	Profil
	el tipo	Typ
	proyectar a/c	etw. planen, *auch:* projizieren

4	*Infórmese.*	Informieren Sie sich.
	la novedad	Neuigkeit
A	católico/-a	katholisch
	la barra	Bar, Theke
B	saber a/c	etw. wissen
5	*la expresión*	Ausdruck
	de acuerdo	einverstanden
	el lugar	Ort
	llamar la atención	Aufmerksamkeit wecken
6	el cine	Kino
7	el/la protagonista	Protagonist/in, Hauptfigur
9	el teatro	Theater
	la tienda	Geschäft, Laden
	el balcón	Balkon
10	el/la recepcionista	Empfangschef/-dame
11	conversar	sich unterhalten
	caro/-a	teuer
	el/la oso/-a	Bär/in
	el madroño	Erdbeerbaum
	enfrente	gegenüber
12	la caja	Bank, Kasse, *auch:* Kasten, Kiste
	abierto/-a	geöffnet
	funcionar	funktionieren

Lección 9: Al día siguiente

	siguiente	folgende/r/s
a	incluido/-a	inklusive
	poder a/c	etw. können
	preparar a/c	etw. vorbereiten

	listo/-a	fertig, *auch:* klug, geschickt
	el gasto	Kosten, Ausgabe
	el impuesto sobre el valor añadido (*Abk.:* IVA)	Mehrwertsteuer
	aceptar a/c	etw. akzeptieren, etw. annehmen
b	la fecha	Datum
	la ducha	Dusche
	el total	(Gesamt)summe
c	ir	gehen, fahren
	las horas punta	Hauptverkehrszeit
	el atasco	Stau
	el cajero automático	Geldautomat
	la galería	Galerie
	¡Hasta la próxima!	Bis zum nächsten Mal!
	el paraguas	Regenschirm
d	¿adónde?	wohin?
	dar a/c	etw. geben, *hier:* etw. vorführen
	la película	Film
	el chaval	Junge
	la discoteca	Diskothek
	el espectáculo	Vorstellung
	volver	zurückkommen
	mejor	besser
e	permitir a/c	etw. erlauben
	prohibido/-a	verboten
1	en total	insgesamt
4	la frontera	Grenze
	la Unión Europea (*Abk.:* UE)	Europäische Union
	el sueño	Traum
	crecer	wachsen
	integrar a/c	*hier:* etw. bilden
	el miembro	Mitglied
	cada vez	jedes Mal, immer wenn
	tener a/c en común	etw. gemeinsam haben
	la ley	Gesetz
	el decreto	Verordnung
	el intercambio	Austausch
	el/la alumno/-a	Schüler/in
	el/la profesional	Berufstätige/r, Akademiker/in
	la moneda	Währung
	la comprensión	Verständnis
6	el/la candidato/-a	Kandidat/in
	en espera	in Erwartung
	esperar	warten
	formar parte de a/c	zu etw. gehören, zu etw. dazugehören
C	negro/-a	schwarz
F	¿Qué tanto por ciento?	Wie viel Prozent?

	por ciento	Prozent
7	el permiso	Erlaubnis
	la prohibición	Verbot
	la despedida	Abschied
8	*hecho en*	hergestellt in
	creer a/c	etw. glauben
	el tomate	Tomate
	la galleta	Keks
9	italiano/-a	italienisch
	la oficina de correos	Postamt
11	nadar	schwimmen
	permitido/-a	erlaubt
	aparcar	parken
	pasar	durchgehen, -fahren, wei-tergehen, -fahren, *auch:* vorbeigehen, -fahren
	fumar	rauchen
12	la escuela	Schule
	fatal	schlimm
	la cámara	Kamera
	las gafas de sol	Sonnenbrille
13	*Reaccione.*	Reagieren Sie.
	filmar	filmen
	telefonear	telefonieren
16	¿Qué dan?	*hier:* Was (für ein Film) wird gezeigt?
17	¡Buen viaje!	Gute Reise!
18	invitado/-a	eingeladen
	reservar a/c	etw. reservieren, etw. buchen
	la caja de ahorro	Sparkasse
	la mutual	Genossenschaftsbank, Raiffeisenbank
	la cooperativa	Genossenschaft

Lección 10: Productos estupendos

	acabar de + *inf.*	etw. gerade getan haben
	llegar	ankommen
	otra vez	noch einmal, wieder
	el personal	Personal, Belegschaft
	informar	informieren, berichten
	el folleto	Prospekt
	último/-a	letzte/r/s
	el ramo	Branche, *auch:* (Blumen-) Strauß
	poner a/c	etw. legen, etw. stellen
	el bombón	Praline
	el caramelo	Bonbon
	el tamaño	Größe, Format
	el color	Farbe
	entusiasmado/-a	begeistert

	el/la aprendiz	Auszubildende/r
	escuchar a/c	etw. hören
	uno tras otro	eins nach dem anderen
a	el orden del día	Tagesordnung
	Sociedad Limitada (*Abk.:* **S.L.**)	Gesellschaft mit be-schränkter Haftung (GmbH)
	el informe	Bericht
	la comparación	Vergleich
	el análisis	Analyse
b	este/-a	diese/r/s (hier)
	magnífico/-a	prächtig
	la presentación	*hier:* Aufmachung
	ese/-a	diese/r/s (da)
	verde	grün
c	raro/-a	seltsam, *auch:* selten
	aquel/aquella	jene/r/s (dort)
	suizo/-a	schweizerisch
	exótico/-a	exotisch
	quizás	vielleicht
d	*el lolly-pop*	Lutscher
	el diseño	Design
	el chupa-chupa	Lutscher
	puro/-a	rein
	el plástico	Plastik
	la denominación	Bezeichnung
	¡Por Dios!	Um Gottes willen!
	si	wenn, ob
	desear a/c	etw. wünschen
e	*el esqueleto*	Skelett
	ahí	dort
	mexicano/-a (mejicano/-a)	mexikanisch
	original	originell, *auch:* original
	tan	so
	seguro/-a	sicher
	el sabor	Geschmack
f	la campaña	Kampagne
	genial	genial, toll
	virtual	virtuell
	la duda	Zweifel
	engordar	zunehmen
	hacer clic	(an)klicken
	mirar a/c	etw. sehen, etw. ansehen
	el menú	Menü, *auch:* Speisekarte
	la fresa	Erdbeere
	el limón	Zitrone
	la vainilla	Vanille
	publicitario/-a	Werbe-
g	acabar a/c	etw. beenden
	la pausa	Pause
	la idea	Idee
	digitalizar a/c	etw. digitalisieren

	la información	Information
	comparar a/c	etw. vergleichen
2	actual	aktuell
	familiar	familiär, Familien-
	el/la muerto/-a	Tote/r
	reunirse	sich treffen
	recordar a/c / a alg.	sich an etw./jdn. erinnern, *hier:* gedenken
	festejar a/c	etw. feiern
	alegremente	fröhlich
	la forma	Form
	la calavera	Totenkopf
	el plato	Gericht, Speise, *auch:* Teller
	el honor	Ehre
3	infinito/-a	endlos, unzählig
	delicioso/-a	köstlich
	según	nach, gemäß
	el relleno	Füllung
	distinto/-a	unterschiedlich
	la fruta	Obst
	siempre	immer
	amargo/-a	bitter
	seguir a/c	etw. folgen, *auch:* andauern, fortfahren
	sano/-a	gesund
	la sal	Salz
	la pimienta	Pfeffer
	el/la artesano/-a	Handwerker/in
	tradicional	traditionell
	inconfundible	unverwechselbar
	innovador/a	neuartig
	la guinda bañada	*hier:* eingelegte Sauerkirsche mit Schokoladenüberzug
	la trufa al brandy	Brandytrüffel
	distinguir a/c	etw. unterscheiden
	diferenciarse	sich unterscheiden
	la unidad	Einheit
A	la marca	Marke
5	así	so
6	el mueble	Möbel
7	Compare.	Vergleichen Sie.
	rojo/-a	rot
	de color rosa	rosafarben
	de color crema	cremefarben
	amarillo/-a	gelb
	violeta	violett
	celeste	hellblau
	marrón	braun
	gris	grau
	ocre	ocker
8	el criterio	Kriterium

	bajo/-a	tief, niedrig, *auch:* leise
	aburrido/-a	langweilig
9	Converse.	Unterhalten Sie sich.
	el gusto	Geschmack
13	el grupo	Gruppe
	cubano/-a	kubanisch

Lección 11: No es nada grave

	grave	schlimm, *auch:* schwer
	el aire	Luft
	al aire libre	unter freiem Himmel, im Freien
	la competencia	Konkurrenz, *auch:* Kompetenz
	lo que	das was, was
	el público	Öffentlichkeit, Publikum
	consumidor	Verbraucher-
	la tendencia	Tendenz, Trend
	el detalle	Einzelheit, Detail
	por eso	deshalb, deswegen
	invitar a alg.	jdn. einladen
a	preocupado/-a	besorgt
	fresco/-a	frisch
	el campo de golf	Golfplatz
	tranquilo/-a	ruhig, ungestört
	querer	lieben, mögen, wollen
	¿Qué pasa?	Was ist los?
b	tener que + *inf.*	müssen
	el artículo	Artikel
c	tener a/c	etw. haben
	la sed	Durst
	preferir a/c	etw. bevorzugen
	bien	*hier:* richtig, ganz
	de primera	*hier:* erstklassig
	tener ganas de + *inf.*	Lust haben etwas zu tun
	caliente	warm, heiß
	el hambre	Hunger
	acompañar a/c / a alg.	etw./jdn. begleiten
	la ración	Portion
d	el/la hermano/-a	Bruder/Schwester
	menor	jünger, kleiner
	el/la comerciante	Kaufmann/-frau
	el/la deportista	Sportler/in
	temprano	früh, zeitig
e	el/la peor	der/die schlimmste
	el/la mejor	der/die beste
f	la colección	*hier:* Kollektion
	la lámpara	Lampe
	la llamada	Anruf
	tener prisa	es eilig haben
4	tutear a alg.	jdn. duzen

la respuesta	Antwort	
la decisión	Entscheidung	
por un lado ... por otro	einerseits ... andererseits	
usar	benutzen	
el tuteo	Anrede in du-Form	
el campo	ländliche Gegend	
la regla	Regel	
universal	universell, allgemeingültig	
la diferencia	Unterschied	
social	sozial	
la cuestión	Frage, Sache	
el respecto	Respekt	
tratar de usted a alg.	jdn. siezen	
el/la superior	Vorgesetzte/r	
5 *el ranking*	Ranking	
mundial	weltweit	
el puesto	Platz	
el valor	Wert	
la situación	Situation	
asiático/-a	asiatisch	
posible	möglich	
el costo	Kosten	
favorable	günstig	
competitivo/-a	konkurrenzfähig	
importar a/c	etw. importieren	
6 el/la empresario/-a	Unternehmer/in	
importado/-a	importiert	
A peor	schlechter, schlimmer	
C demasiado bien	zu gut	
E descansar	sich ausruhen	
9 ¡Qué aproveche!	Guten Appetit!	
la horchata	Erdmandelmilch	
el champiñon	Champignon	
el chorizo	pikante Wurst	
el lomo	Lende	
10 *Haga diálogos.*	Machen Sie Dialoge.	
la cuenta	Rechnung	
11 correcto/-a	richtig	
14 el contrario	Gegenteil	
15 estándar	Standard-	
17 imposible	unmöglich	
el examen	Prüfung, Examen	
19 la invitación	Einladung	
ir de tapas	Tapas essen gehen	
salado/-a	salzig	
pedir a/c	um etw. bitten	
repartir a/c	etw. aufteilen	
la suma	Summe	
igual	gleich	
simplemente	einfach	

la vaquita	*etwa:* Einsammeln von Geld für die gemeinsame Rechnung in einer Bar	
el método	Methode	
20 el instituto	Institut, *auch:* Gymnasium	

Lección 12: Marca registrada

la marca registrada	eingetragene Marke	
la Cámara de Comercio e Industria	Industrie und Handels-kammer	
e	und *(vor* e, i *oder* hi)	
varios/-as	mehrere, einige	
cordialmente	herzlich	
a importador/a	Import-	
exportador/a	Export-	
llamar a alg.	jdn. nennen, jdn. (an)rufen	
el/la propietario/-a	Eigentümer/in	
la acción	Handlung	
dinámico/-a	dynamisch	
emprendedor/a	unternehmungslustig	
dispuesto/-a	bereit	
necesario/-a	notwendig	
el éxito	Erfolg	
justo	gerade	
montar a/c	etw. aufbauen	
en linea	*hier:* am Fließband	
salir	(hin)ausgehen, verlassen	
elaborar a/c	etw. herstellen, etw. erar-beiten	
la chocolatina	Schokoriegel	
a base de	auf Basis von	
la materia prima	Rohstoff	
directamente	direkt	
superior	höher, besser	
completo/-a	vollkommen	
el/la líder (en el merca-do)	(Markt-)Führer/in	
catalán/-ana	katalanisch	
introducir a/c	etw. einführen	
2 *disciplinado/-a*	dizipliniert	
b la tecnología	Technologie	
de punta	Spitzen-	
fundamental	grundlegend	
constante	beständig	
el aroma	Aroma	
naturalmente	natürlich	
el control	Kontrolle	
durante	während	
el proceso	Prozess	
garantizar a/c	etw. garantieren	
certificado/-a	bescheinigt	

	ISO	ISO
3	la razón social	Firmenname
	el domicilio legal	Firmensitz
4	controlar a/c	etw. kontrollieren
5	el significado	Bedeutung
	la norma	Norm
6	la relación	Beziehung
	nacional	national
	primario/-a	primär, Primär-
	o sea	das heißt
	la agricultura	Landwirtschaft
	la ganadería	Viehzucht
	la pesca	Fischfang
	la explotación forestal	Forstwirtschaft
	la minería	Bergbau
	suministrar a/c	etw. liefern
	el establecimiento	Einrichtung
	secundario/-a	sekundär, Sekundär-
	procesar a/c	etw. verarbeiten
	útil	nützlich
	a partir de a/c	ausgehend von etw.
	pasar por a/c	*hier:* etw. durchlaufen
	adquirir a/c	etw. erlangen
	definitivo/-a	endgültig
	por último	zuletzt
	pertenecer a a/c / alg.	zu etw./jdm. gehören
	terciario/-a	tertiär
	la agencia de viajes	Reisebüro
	la agencia de publicidad	Werbeagentur
	la profesión liberal	selbstständige Arbeit
	el/la abogado/-a	Rechtsanwalt/Rechtsanwältin
7	el/la proveedor/a	Lieferant/in
	la azucarera	Zuckerfabrik
	la papelería	Schreibwarenhandlung
	sintético/-a	synthetisch
	proveedor/a	liefernd, Liefer-
	la cartera	*hier:* Kundenmappe
	presentar a/c	etw. vorstellen
	el helado	Speiseeis
	el pastel	Kuchen, Gebäck
	el granulado	Granulat
	la base	Basis, Rohmasse
	el residuo	Rest
	el alimento	Nahrung
B	alegre	fröhlich
8	elaborado/-a	fertig
	semielaborado/-a	halb fertig
	adicional	zusätzlich
	residual	zurückbleibend, Rest-
	la gama de productos	Produktpalette
	fino/-a	fein

	el cacao en polvo	Kakaopulver
	la manteca de cacao	Kakaobutter
10	el papel	Papier
11	*Escriba.*	Schreiben Sie.
	la frase	Satz
13	*el cosmético*	Kosmetikprodukt
16	anotar a/c	etw. notieren
	el mediodía	Mittag
	preguntar por a/c	nach etw. fragen
17	el pedido	Bestellung
	común	gewöhnlich
	llamar	*hier:* anrufen
	normal	normal
	¿En qué le puedo servir?	Was kann ich für Sie tun?
	Quisiera ...	Ich würde gerne ...
	entender a/c	verstehen
18	*el escenario profesional*	berufsbezogenes Szenario
	profesional	beruflich, Berufs-
	el logotipo	Logo

Lección 13: La plantilla de personal

	la plantilla (de personal)	Belegschaft
	el organigrama	Organigramm
	el/la encargado/-a	Beauftragte/r
	aparecer	erscheinen
	el/la empleado/-a	Angestellte/r
	respectivo/-a	betreffend
	la función	Funktion
	la responsabilidad	Zuständigkeit, Verantwortung
	la transparencia	Transparenz
	incluso	eingeschlossen, *auch:* sogar
	administrativo/-a	Verwaltungs-
	el marketing	Marketing
	los recursos humanos	Personalverwaltung
	la investigación	Forschung
	el desarrollo	Entwicklung
	la contabilidad	Buchhaltung
	el/la portero/-a	Pförtner/in
	el/la responsable	Verantwortliche, Zuständige
2	suponer a/c	etw. vermuten
	pensar a/c	etw. denken
	la opinión	Meinung
	la entrevista	Interview
	el carácter	Charakter
	la serie	Serie
	reservado/-a	zurückhaltend
	colaborar en a/c	mitarbeiten, mitwirken
	competente	kompetent, fähig

	trabajador/a	fleißig	
	perder a/c	etw. verlieren	
	¡Increíble!	Unglaublich!	
	gordo/-a	dick	
	el/la ingeniero/-a	Ingenieur/in	
	el/la innovador/a	Neuerer/in	
	sencillo/-a	schlicht, bescheiden	
	el/la chino/-a	Chinese/-in	
	creativo/-a	kreativ	
	elegante	elegant	
	arrogante	arrogant	
	¡Ni saluda!	Er/Sie grüßt nicht einmal!	
	joven	jung	
	la mano	Hand	
	¡Hasta mientras come!	Sogar beim Essen!	
	mientras	während	
	el/la vago/-a	Faulpelz	
	divertido/-a	lustig	
	estar de buen humor	gute Laune haben	
	el/la tío/-a	*hier:* Kerl, Typ, *auch:* Onkel/Tante	
	flexible	flexibel	
	viajar	reisen	
	informado/-a	informiert	
3	el placer	Vergnügen	
	el catering	Catering	
	la inversión	Investition	
	el producto estrella	Spitzenprodukt	
	el castillo	Burg	
	afirmar a/c	etw. bestätigen, etw. behaupten	
	el hueco en el mercado	Marktlücke	
	la cena	Abendessen	
	el equipo	Team	
	orgulloso/-a	stolz	
	la estructura	Struktur	
	jerárquico/-a	hierarchisch	
	plano/-a	flach	
	organizar a/c	etw. organisieren	
	coordinar a/c	etw. koordinieren	
	la actividad	Tätigkeit	
	como	da, weil	
	el clima de trabajo	Arbeitsklima	
	estar a gusto	zufrieden sein	
4	*Marque ...*	Markieren Sie ...	
	la iniciativa	Initiative	
	la disciplina	Disziplin	
	la flexibilidad	Flexibilität	
	la competencia comunicativa	kommunikative Kompetenz	
	la competencia profesional	Fachkompetenz	

	la confianza	Vertrauen	
	buena presencia	gepflegtes Äußeres	
A	venir	(her)kommen	
D	la vitamina	Vitamin	
5	el período	Zeitraum	
6	a veces	manchmal	
	a menudo	oft	
7	el/la loco/-a	Verrückte/r	
8	horas extra	Überstunden	
9	la pensión	Pension	
	traer a/c	etw. bringen	
	la tabla	Tabelle	
12	*el ejercicio*	Übung	
	la librería	Buchhandlung	
	la casilla	Fach, Spind	
	el horario	Öffnungszeiten, *auch:* Stundenplan	
15	moreno/-a	dunkelhaarig, braun	
	delgado/-a	schlank	
	el bigote	Schnurrbart	
	la barba	Bart	
	el pelo	Haar	
	la ropa	Kleidung	
	deportivo/-a	sportlich	

Lección 14: Planes y proyectos

	el plan	Plan	
	abastecer a alg.	jdn. beliefern	
	la heladería	Eisdiele	
	cerrar a/c	etw. schließen	
	el verano	Sommer	
	poco a poco	allmählich	
	pensar + *inf.*	etw. zu tun gedenken, etw. vorhaben	
a	pasar	*hier:* verbringen *(Zeit)*	
	la vez	Mal	
	recorrer	durchqueren, bereisen	
	el invierno	Winter	
	esquiar	Ski fahren	
	la oferta	Angebot	
	estar por	im Begriff sein etw. zu tun	
b	el camino	Weg	
	el camino de Santiago	Sankt Jakobs Weg	
	visitar a/c / a alg.	etw./jdn. besuchen	
	la gallina	Huhn, Henne	
	la iglesia	Kirche	
	loco/-a	verrückt	
	la leyenda	Legende	
	gustar a alg.	jdm. gefallen	
	la historia	Geschichte	
	romántico/-a	romantisch	

	la guía	Handbuch, Reiseführer
	a lo mejor	vielleicht
	fantástico/-a	fantastisch
c	terminar a/c	etw. beenden, enden
	aprovechar a/c	etw. nutzen, etw. ausnutzen
	al máximo	maximal
	primero	*hier:* zuerst
	la pirámide	Pyramide
	conocer a/c / a alg.	etw./jdn. kennen lernen, *auch:* etw./jdn. kennen
d	alquilar a/c	etw. mieten
	el camión (lat.am.)	Bus
	lindo/-a (lat.am.)	schön
	platicar (lat.am.)	plaudern, schwatzen
	el/la mexicano/-a	Mexikaner/in
	interesar a alg.	jdn. interessieren
	maya	Maya-
	en medio de	inmitten
	la selva	(Ur)Wald
	la carretera	Landstraße
	la ruina	Ruine
	la civilización	Zivilisation
	dormir	schlafen
	fascinante	faszinierend
e	quedar	bleiben
	el/la sustituto/-a	Vertreter/in
	el calor	Hitze
	el otoño	Herbst
	¡Ánimo!	Nur Mut!
	pasar	*hier:* bestehen (Prüfung)
4	llevar a alg.	jdn. mitnehmen, jdn. befördern
	el crucero	Kreuzfahrtschiff
	a su disposición	zu Ihrer Verfügung
	seleccionado/-a	ausgewählt
	la atención	Aufmerksamkeit, *hier:* Kundenservice
	el asesoramiento	Beratung
	el descuento	Rabatt
	solicitar	anfordern
	la condición	Bedingung
5	el turismo	Tourismus
C	lo antes posible	so früh wie möglich
	¡Lo siento!	Es tut mir Leid!
6	pasarlo bien	Spaß haben
7	próximo/-a	nächste/r/s
8	*la encuesta*	Umfrage
	descansar de a/c	sich von etw. erholen
	tomar el sol	sich sonnen
	probar a/c	etw. probieren
	discutir a/c	etw. aushandeln, verhandeln

	el baile	Tanz
9	*Haga preguntas.*	Stellen Sie Fragen.
	la formación profesional	Berufsausbildung
11	la montaña	Berg, Gebirge
12	la siesta	Siesta, Mittagsruhe
13	el video (vídeo)	Video
15	informarse sobre a/c	sich über etw. informieren
	el interés	Interesse
16	el/la guía	Fremdenführer/in (Person)

Lección 15: Citas y fechas

	sonar	klingeln, *auch:* klingen
	aplazar a/c	etw. verschieben
	cancelar a/c	etw. absagen
	(las doce) y cuarto	Viertel nach (zwölf)
	seguir sin hacer	ungetan bleiben
	seguir	andauern, fortfahren, *auch:* folgen
a	el asunto	Angelegenheit
	personalmente	persönlich
	dejar a/c	etw. (hinter)lassen
	volver a + *inf.*	etw. wieder tun
b	urgente	dringend
	deber de	müssen (Vermutung)
	estar a punto de + *inf.*	im Begriff sein etw. zu tun
c	el dato	Angabe, Daten
	brillante	glänzend
	por la tarde	nachmittags
	localizar a alg.	jdn. erreichen
	almorzar	zu Mittag essen
	sobre	etwa, gegen (zeitlich), *auch:* über
1	ayudar a alg.	jdm. helfen
2	la ventaja	Vorteil
	la desventaja	Nachteil
d	el mal tiempo	schlechtes Wetter
	el frío	Kälte
	Hace buen/mal tiempo.	Das Wetter ist gut/schlecht.
	el refrán	Sprichwort
	Abril, aguas mil.	*etwa:* April, April, der macht, was er will.
	llover	regnen
	el grado	Grad
	la primavera	Frühling
	nublado/-a	bewölkt
	haber nieve	Schnee liegen
	la nieve	Schnee
e	concretar a/c	etw. konkretisieren
	conseguir a/c	etw. bekommen
	directo/-a	direkt, Direkt-

	cuánto antes	so bald wie möglich
	es lo mismo	es ist gleich
	elegir a/c	etw. auswählen
	a fines de (abril)	Ende (April)
	a principios de (junio)	Anfang (Juni)
	a mediados de (junio)	Mitte (Juni)
f	**la fiesta**	*hier:* Feiertag
	completo/-a	voll, ausgebucht
	el festivo	Feiertag
	la fiesta patronal	Patronatsfest
	el puente	Brücke, *hier:* Brückentag zwischen einem Feiertag und dem darauffolgenden Wochenende
	a primera hora	am frühen Morgen
	quedar	(ver)bleiben, sich verabreden
	confirmar a/c	etw. bestätigen
4	**la gestión**	Management
	el oro	Gold
	tanto … como …	sowohl … als auch …
	planificar a/c	etw. planen
	evitar a/c	etw. vermeiden
	la pérdida	Verlust
	el cambio	Wechsel, Veränderung
	el mantenimiento	Instandhaltung, Wartung
	la herramienta	Werkzeug
	dar prioridad a a/c	etw. mit Priorität behandeln
	la interrupción	Unterbrechung
	por falta de a/c	mangels
	lo principal	Hauptsache
	la planificación	Planung
	establecer a/c	etw. festlegen, etw. aufstellen
	el resultado	Ergebnis
	a la vez	gleichzeitig, auf einmal
	regularmente	regelmäßig
	la gana	Lust
	interrumpir a/c	etw. unterbrechen
D	**en punto**	genau *(Uhrzeit)*
	a última hora	im letzten Augenblick
F	**de nuevo**	noch einmal
G	**Hace sol.**	Die Sonne scheint.
	el viento	Wind
	nevar	schneien
7	**interesado/-a**	interessiert
8	**cubierto/-a**	bedeckt
	soleado/-a	sonnig
	la lluvia	Regen
	la niebla	Nebel
	la tormenta	Sturm
9	**el reloj**	Uhr

10	*el/la uruguayo/-a*	Uruguayer/in
	chatear	chatten
	el hobby	Hobby
11	**concertar a/c**	etw. verabreden
12	*Apunte.*	Notieren Sie.
	apuntar a/c	etw. notieren
13	**el/la pareja**	Partner/in
14	**el rompehielos**	Eisbrecher
	Lo mismo si …	Egal ob …
	negociar a/c	etw. aushandeln
	llamado/-a	sogenannte/r/s
	favorito/-a	Lieblings-
15	**la exposición**	Ausstellung
16	**cenar**	zu Abend essen
17	*Llame.*	Rufen Sie an.
	cambiar a/c	etw. ändern, etw. wechseln
	correr	laufen, rennen
	la comisión	Kommission

Lección 16: Cambio de programa

a	**el programa**	Programm
	todos/-as	alle
	quedarse	bleiben
	la negociación	Verhandlung
	esperar a/c	etw. hoffen
	inmediatamente	sofort, unmittelbar
	por mí	meinetwegen, von mir aus
	el ángel	Engel
b	**tratarse de a/c**	sich um etw. handeln
	la molestia	Unannehmlichkeit
	alegrarse de a/c	sich über etw. freuen
c	**llamarse**	heißen
	jugar a a/c	etw. spielen *(bei Gesellschaftsspielen, Sportarten)*
	tocar a/c	etw. spielen *(bei Musikinstrumenten)*
1	**realmente**	tatsächlich, wirklich
d	**arreglarse**	sich herrichten, sich zurechtmachen
	sentarse	sich setzen
	la sala	Raum, Saal, *hier:* Wohnzimmer
	lavarse	sich waschen
	sentirse	sich fühlen
e	**darse prisa**	sich beeilen
	el/la gemelo/-a	Zwilling
	enfadarse	sich ärgern, böse werden
f	*encantador/a*	bezaubernd
	ducharse	sich duschen
	ocuparse de a/c	sich um etw. kümmern
	la bodega	Weinkeller

4	**llevar** a/c	etw. mitbringen
	la ocasión	*hier:* Gelegenheit, Anlass
5	*la conciliación*	Versöhnung, *hier:* Vereinbarkeit
	la jornada intensiva	durchgehende Arbeitszeit
	el estudio	Studium, Lernen
	laboral	Arbeits-
	analizar a/c	etw. analysieren
	el convenio	*hier:* Arbeitsvertrag
	colectivo/-a	gemeinsam
	firmado/-a	unterzeichnet
	la política	Politik
	por ahora	vorläufig
	la intención	Absicht
	prever a/c	etw. vorsehen
	la preferencia	Bevorzugung, Vorliebe
	la flexibilidad de horario	*hier:* flexible Arbeitszeit
	conciliar a/c	*hier:* etw. vereinbaren
	la vida	Leben
	igualitario/-a	gleich, gleichberechtigt
	reflejarse en a/c	sich in etw. widerspiegeln
	donde	wo
	el contrato	Vertrag
	parcial	Teil-
	corresponder a alg.	jdm. zustehen, jdm. gehören
7	**la igualdad**	Gleichheit
8	**la cruz**	Kreuz
	similar	ähnlich
	la madre soltera	allein erziehende Mutter
	soltero/-a	allein stehend
	separado/-a	getrennt
	la guardería	Kindergarten
	parecido/-a	ähnlich
	el/la canguro	Känguruh, *hier:* Babysitter
C	*la batería*	*hier:* Schlagzeug
11	*conjugar a/c*	etw. konjugieren
12	*más o menos*	mehr oder weniger
13	**la preposición**	Präposition
	el apunte	Notiz, Stichwort
14	**el tenis**	Tennis
	el voleibol	Volleyball
15	**las cartas**	Spielkarten
	navegar por Internet	im Internet surfen
	ir de copas	etwas trinken gehen
17	**mandar** a/c (a alg.)	(jdm.) etw. senden, schicken
19	**el/la lector/a**	Leser/in
	la redacción	Redaktion
	la referencia (*Abk.:* **ref.**)	Betreff (*Brief*)
	publicar a/c	etw. veröffentlichen
	saludar a alg.	jdn. grüßen

	la firma	Unterschrift
20	**seguir** a/c	mit etw. fortfahren, etw. weiter machen
	la compañía aérea	Fluggesellschaft
	el beso	Kuss
	el contestador automático	Anrufbeantworter

Lección 17: Nos mantenemos en …

	mantenerse en contacto	in Verbindung bleiben
	el contacto	Kontakt
a	**la salud**	Gesundheit
	¡Salud!	Prost!
	de segundo	zweiter Gang (*beim Essen*)
b	**el calamar**	Tintenfisch
	precioso/-a	reizend, kostbar
	la danza	Tanz
	el fuego	Feuer
	el disco compacto (CD)	CD
	salir	*hier:* abfliegen, starten
	a la una y pico	kurz nach ein Uhr
c	**la ensalada**	Salat
	la cocina	Küche
1	*la forma verbal*	Verbform
	Búsquela.	Suchen Sie sie.
d	**el/la pintor/a**	Maler/in
	venezolano/-a	venezolanisch
	referirse a a/c / a alg.	sich auf etw. / auf jdn. beziehen, etw./jdn. meinen
	colombiano/-a	kolumbianisch
	tener razón	Recht haben
e	**el talento**	Talent, Begabung
	la entrada	Eingang, *auch:* Eintrittskarte
	el original	Original
	pintar a/c	etw. malen
	el flamenco	Flamenco
	la cuerda	Seil, Strick, *hier:* Saite
	roto/-a	kaputt
f	**el casco antiguo**	Altstadt
	encontrarse	sich treffen
g	**irse**	weggehen, fortgehen
	total	*hier:* alles in allem, also
	prácticamente	praktisch
	firmar a/c	etw. unterschreiben
	No hay de qué.	Keine Ursache.
4	**la construcción**	Baustelle, Baugewerbe
	soler + *inf.*	pflegen etw. zu tun
	continuo/-a	durchgehend
	descansado/-a	erholt
	finalmente	letztlich, endlich

	intensivo/-a	intensiv, *hier:* durchgehend
	imponerse	sich durchsetzen
	la presión	Druck
	el consorcio	Konzern
	comunicarse	sich verständigen, kommunizieren
	globalizar a/c	etw. verallgemeinern
	consolidar a/c	etw. festigen
	adecuado/-a	angemessen
	compatible	vereinbar
	mediterráneo/-a	mediterran, Mittelmeer-
	la extinción	Aussterben, *auch:* Löschen
	asociar a/c	etw. assoziieren
6	la causa	Ursache
	Piense en ...	Denken Sie an ...
	la consecuencia	Folge, Konsequenz
	la costumbre	Gewohnheit
B	los deberes	Hausaufgaben
9	celebrar a/c	etw. feiern
	el motivo	Motiv
	privado/-a	privat
	el santo	Namenstag
	el nacimiento	Geburt
	aprobado/-a	bestanden
	contento/-a	zufrieden
10	único/-a	einzig
11	dibujar a/c	etw. zeichnen
	el golf	Golf *(Sport)*
	el lápiz	Bleistift
	reparar a/c	etw. reparieren
	cocinar a/c	etw. kochen
13	enviar a/c	etw. schicken, etw. senden
	verse	sich sehen, sich treffen
	visitarse	sich besuchen
14	exagerar a/c	etw. übertreiben
	la Navidad	Weihnachten
	(el día de) Reyes	Dreikönigstag
	el marisco	Meeresfrüchte
15	*Dígalo.*	Sagen Sie es.
	la manera	Art, Weise
16	relativo/-a	relativ
	conectar a/c	etw. verbinden
	la coma	Komma

Lección 18: Una verdadera ...

la catástrofe	Katastrophe
haber	haben *(Hilfsverb)*
inesperado/-a	unerwartet
la oportunidad	Gelegenheit
exponer a/c	etw. ausstellen
enfermar	erkranken

	en su lugar	an seiner/ihrer/Ihrer Stelle
	caer	abstürzen, fallen
	paralizado/-a	gelähmt
	el camión	Lastwagen
	el/la transportista	Spediteur/in
	cargar a/c	etw. aufladen, etw. beladen
	la paleta	Palette
	preparado/-a	vorbereitet
	estar al sol	in der Sonne liegen
	el caos	Chaos
a	¿Todo en orden?	Alles in Ordnung?
	ni	nicht einmal
b	resultar	sich ergeben
	técnico/-a	technisch
c	el/la especialista	Spezialist/in
	revisar a/c	etw. überprüfen
	el defecto	Fehler
d	solucionar a/c	etw. lösen
	parecer	scheinen
	el código	Code
	el anuncio	Anzeige, Annonce
e	por fin	endlich
f	el estado	Zustand, *auch:* Staat
4	el elemento	Element
	construir a/c	etw. bauen, *hier:* etw. bilden
	formar a/c	formen, bilden
5	la solución	Lösung
	el caso	Fall
	pedir ayuda a alg.	jdn. um Hilfe bitten
	el/la usuario/-a	Benutzer/in
	iniciar a/c	etw. inizieren, einführen
	designar	ernennen
	santo/-a	heilig
	proteger a/c	etw. beschützen
	prevenir a/c	etw. vorbeugen
	el currículum	Lebenslauf
	el obispo	Bischof
	la base de datos	Datenbank
	el tomo	Band *(Buch)*
	correspondiente	entsprechend
	el uso	Gebrauch
	la creación	Schöpfung
	la prevención	Vorbeugung
	la protección	Schutz
7	el monitor	Monitor
	la grabadora	Brenner *(Computer)*
	el disco duro	Festplatte
	el escáner	Scanner
	el módem	Modem
	el archivo	Datei
	el directorio	Ordner

el CD-ROM	CD-ROM	
instalar a/c	etw. installieren	
acceder a a/c	*hier:* zugreifen auf etw.	
imprimir a/c	etw. drucken	
escanear a/c	etw. scannen	
la copia	Kopie	
la seguridad	Sicherheit	
desaparecer	verschwinden	
la imagen	Bild	
bloquearse	blockieren	

11 la lotería	Lotterie
12 el/la dentista	Zahnarzt/-ärztin
tonto/-a	dumm
14 informático/-a	Informatik-
15 el/la visitante	Besucher/in
robar a/c	etw. stehlen, etw. rauben
el robo	Diebstahl, Raub
19 representar a/c	etw. darstellen, etw. reprä-
	sentieren
la escena	Szene, Situation

Lista alfabética de vocabulario

A

a nach, zu, in, *auch:* an 0/9
a base de auf Basis von 12/a
a bordo an Bord 1/12
¿A cuántos kilómetros? Wie viele Kilometer entfernt? 3/5
a fines de (abril) Ende (April) 15/e
a la derecha rechts 3/3
a la izquierda links 3/e
a la una y pico kurz nach ein Uhr 17/b
a la vez gleichzeitig, auf einmal 15/4
a las ... um ... *(Uhrzeit)* 1/a
a lo mejor vielleicht 14/b
a mediados de (junio) Mitte (Juni) 15/e
a medio plazo mittelfristig 8/3
a menudo oft 13/6
a partir de a/c ausgehend von etw. 12/6
a pie zu Fuß 2/E
a practicar zum Üben 0/9
a primera hora am frühen Morgen 15/f
a principios de (junio) Anfang (Juni) 15/e
a propósito übrigens, à propos 7/d
a su disposición zu Ihrer Verfügung 14/4

a última hora im letzten Augenblick 15/D
a unos 20 km de aquí etwa 20 km von hier 3/c
a veces manchmal 13/6
abajo unten 2/c
abajo de unter 2/2
abastecer a alg. jdn. beliefern 14
abierto/-a geöffnet, offen 8/12
el/la **abogado/-a** Rechtsanwalt/ Rechtsanwältin 12/6
el **abrazo** Umarmung, *hier:* Verstrickung, Verbindung 5/2
la *abreviatura* Abkürzung 5/5
el **abril** April 5/15; *Abril, aguas mil.* etwa: April, April, der macht, was er will. 15/d
aburrido/-a langweillig 10/8
acabar a/c etw. beenden 10/g
acabar de + *inf.* etw. gerade getan haben 10
acceder a a/c *hier:* zugreifen auf etw. 18/7
el **acceso** Zugang 7/c; **el acceso a Internet** Internetanschluss 7c
la **acción** Handlung 12/a
la **aceituna** Olive 7/16
el **acento** Akzent 5/11
aceptar a/c etw. akzeptieren, etw. annehmen 9/a
acompañar a/c / a alg. etw./jdn. begleiten 11/c
la **actividad** Tätigkeit 13/3

actual aktuell 10/2
adecuado/-a angemessen 17/4
¡Adelante! Herein! Vorwärts! 5
además außerdem 6/10
adicional zusätzlich 12/8
¡Adiós! Auf Wiedersehen! Tschüss! 1/2
la **administración** Verwaltung 7
administrativo/-a Verwaltungs- 13
¿adónde? wohin? 9/d
adquirir a/c etw. erlangen 12/6
el **aeropuerto** Flughafen 1/b
afirmar a/c etw. bestätigen, etw. behaupten 13/3
la **agencia de publicidad** Werbe- agentur 12/6
la *agencia de viajes* Reisebüro 12/6
la **agenda** Terminkalender 5/15
el **agosto** August 5/15
agradable angenehm 6/14
la **agricultura** Landwirtschaft 12/6
el **agua** Wasser; **el agua mineral (sin gas)** Mineralwasser (ohne Kohlensäure) 0/14
ahí dort 10/e
ahora jetzt 1/2
el **aire** Luft; **al aire libre** unter freiem Himmel, im Freien 11; **aire acondi- cionado** Klimaanlage 7/c
el **ajo** Knoblauch 6/14
al contrario im Gegenteil 7/8

la **albóndiga casera** hausgemachte Fleischklößchen 7/16

el/la **alcalde/sa** Bürgermeister/in 5/2

alegrarse de a/c sich über etw. freuen 16/b

alegre fröhlich 12/B

alegremente fröhlich 10/2

el **alemán** Deutsch 4/b

alemán/-ana deutsch 3/c

algo etwas 2/e

el **alimento** Nahrung 12/7

allí dort 1/a

el **almacén** Lager 6/f

almorzar zu Mittag essen 15/c

alojamiento/desayuno (*Abk.:* **AD**) Übernachtung/Frühstück 7/12

alquilar a/c etw. mieten 14/d

alto/-a hoch, groß, *auch:* laut 2/3

el/la **alumno/-a** Schüler/in 9/4

amable freundlich, nett 2/b

amargo/-a bitter 10/3

amarillo/-a gelb 10/7

americano/-a amerikanisch 7/e

el/la **amigo/-a** Freund/in 0

el **análisis** Analyse 10/a

analizar a/c etw. analysieren 16/5

el *ángel* Engel 16/a

el **animal** Tier 0/13

¡Ánimo! Nur Mut! 14/e

el **año** Jahr 2/3

anotar a/c etw. notieren 12/16

antes (de) vor, bevor 7/3

antiguo/-a alt 3/d

el **anuncio** Anzeige, Annonce 18/d

el **aparcamiento** Parkhaus, Parkplatz 2/c

aparcar parken 9/11

aparecer erscheinen 13

el **apartado (de Correos)** (*Abk.:* **apdo.**) Postfach 5/5

el **apellido** Nachname 0/18

aplazar a/c etw. verschieben 15

aprender a/c etw. lernen 7/7

el/la **aprendiz** Auszubildende/r 10

aprobado/-a bestanden 17/9

aprovechar a/c etw. nutzen, etw. ausnutzen 14/c

apuntar a/c etw. notieren; *Apunte.* Notieren Sie. 15/12

el **apunte** Notiz, Stichwort 16/13

aquí hier 2/d

aquel/aquella jene/r/s (dort) 10/c

el **árabe** Arabisch 4/4

la **araña** Spinne 0/13

el **archivo** Datei 18/7

argentino/-a argentinisch 8/i

el **aroma** Aroma 12/b

el/la **arquitecto/-a** Architekt/in 0

la **arquitectura** Architektur 5/4

arreglarse sich herrichten, sich zurechtmachen 16/d

arriba oben 5/a

la **arroba** Klammeraffe, @-Zeichen 5/2

arrogante arrogant 13/2

el/la **artesano/-a** Handwerker/in 10/3

el **artículo** Artikel 11/b

el **ascensor** Fahrstuhl 2/c

el **asesoramiento** Beratung 14/4

así so 10/5

asiático/-a asiatisch 11/5

asociar a/c etw. assoziieren 17/4

el **asunto** Angelegenheit 15/a

el **atasco** Stau 9/c

la **atención** Aufmerksamkeit, *hier:* Kundenservice 14/4

atentamente (*Abk.:* **atte.**) mit freundlichen Grüßen 5/5

el **atún** Thunfisch 5/2

el **autobús** Bus 2/E

automático/-a automatisch 6/b

el/la **autor/a** Autor/in 1/14

la **avenida** (*Abk.:* **Avda.**) Allee 5/5

el **avión** Flugzeug 1/4

ayer gestern 8/e

ayudar a alg. jdm. helfen 15/1

el **azúcar** Zucker 5/2

la **azucarera** Zuckerfabrik 12/7

azul blau 0/4

B

bailar tanzen 8/i

el **baile** Tanz 14/8

bajar hinuntergehen 8/c

bajo/-a tief, niedrig, *auch:* leise 10/8; *bajo tierra* unterirdisch 2/3

el **balcón** Balkon 8/9

el **banco** Bank 3/3

el **baño** Badezimmer 7/12

el **banquete** Bankett, Empfang 7/12

el **bar** Bar 1/2

barato/-a billig 7/3

la **barba** Bart 13/15

el **barco** Schiff 2/E

la **barra** Bar, Theke 8/A

la **base** Basis, Rohmasse 12/7

la **base de datos** Datenbank 18/5

bastante ziemlich, genügend 3/c

la **batería** hier: Schlagzeug 16/C

beber a/c etw. trinken 5/b

la **bebida** Getränk 7/16

el **beso** Kuss 16/20

la **bicicleta** Fahrrad 2/E

bien gut, *auch:* richtig, ganz 1/2

la **bienvenida** Willkommen 5/b

bienvenido/-a willkommen 0

el **bigote** Schnurrbart 13/15

bilingüe zweisprachig 4/4

el **billete** Fahrkarte, Eintrittskarte 7/A

el/la **bioquímico/-a** Biochemiker/in 0/16

blanco/-a weiß 3/6

bloquearse blockieren 18/7

el **bocadillo** Sandwich, belegtes Brötchen 7/16

el **bocadillo cultural** hier: Information zur Landeskunde 1/5

la **boda** Hochzeit 1/16

la **bodega** Weinkeller 16/f

la **bolsa** Börse 6/3; Tüte 7/16

el **bolso** Tasche 2/2

el **bombón** Praline 10

bonito/-a schön 3/c

la **botella** Flasche 7/16

el **brandy** Brandy 7/17

brillante glänzend 15/c

bueno gut, also 1/2

bueno/-a gut 6/a; **¡Buen viaje!** Gute Reise! 9/17; *buena presencia* gepflegtes Äußeres 13/4; **¡Buenas noches!** Gute Nacht! 0/1; **¡Buenas tardes!** Guten Tag! 0/1; **¡Buenos días!** Guten Morgen! 0

el **bufé** Büffet 7/c

el **buñuelo de bacalao** Stockfischbällchen 7/16

el **burro** Esel 0/3

el **caballo** Pferd 0/3

buscar a/c etw. suchen 7/c;
Busque. Suchen Sie. 3/1;
Búsquela. Suchen Sie sie. 17/1

C

el **caballo** Pferd 0/3

el ***cacahuete*** Erdnuss 7/16

el **cacao** Kakao 6/c; el ***cacao en pol-vo*** Kakaopulver 12/8

cada vez jedes Mal, immer wenn 9/4

caer abstürzen, fallen 18

el **café** Kaffee, Café 5/b; el **café con leche** Milchkaffee 0/14

la **caja** Bank, Kasse, *auch:* Kasten, Kiste 8/12; la ***caja de ahorro*** Sparkasse 9/18; la **caja de segu-ridad** Schließfach, Safe 7/12

el **cajero automático** Geldautomat 9/c

el **calamar** Tintenfisch 17/b; los ***ca-lamares a la romana*** panierte und frittierte Tintenfischringe 7/16

la ***calavera*** Totenkopf 10/2

la **calidad** Qualität 6/c

caliente warm, heiß 11/c

la **calle** Straße 3/d

el **calor** Hitze 14/e

la **cámara** Kamera 9/12

la **Cámara de Comercio e Industria** Industrie und Handelskammer 12

el/la **camarero/-a** Kellner/in 0/16

cambiado/-a verändert 5/d

cambiar a/c etw. ändern, etw. wechseln 15/17

el **cambio** Wechsel, Veränderung 15/4

el **camino** Weg 14/b; el ***camino de Santiago*** Sankt Jakobs Weg 14/b

el **camión** Lastwagen 18; el ***camión (lat.am.)*** Bus 14/d

la **campaña** Kampagne 10/f

el **campo** ländliche Gegend 11/4

el ***campo de golf*** Golfplatz 11/a

la ***caña*** Bier vom Fass 7/16

cancelar a/c etw. absagen 15

el/la **candidato/-a** Kandidat/in 9/6

el/la ***canguro*** Känguruh, *hier:* Babysitter 16/8

cansado/-a müde 8/b

la **cantidad** Menge 6/3

el ***caos*** Chaos 18

la ***capacidad*** Kapazität 7/12

la **capital** Hauptstadt 3/6

el **capitán** Kapitän 1/12

el **carácter** Charakter 13/2

el ***carajillo*** Kaffee mit Brandy oder Cognac 7/17

¡Caramba! Donnerwetter! 2/d

el **caramelo** Bonbon 10

cargar a/c etw. aufladen, etw. be-laden 18; ***cargar fuerza*** Kraft tan-ken 7/3

la **carne** Fleisch 1/13

caro/-a teuer 8/11

la **carretera** Landstraße 14/d

la **carta** Brief, *auch:* Spielkarte 0/B

la ***cartera*** *hier:* Kundenmappe 12/7

la **casa** Haus, Zuhause 1/3

casado/-a verheiratet 7/4

el **casco antiguo** Altstadt 17/f

casi fast 4/b

la ***casilla*** Fach, Spind 13/12

el **caso** Fall 18/5

el **castellano** Kastillisch (Spanisch) 4/9

el **castillo** Burg 13/3

la **casualidad** Zufall 4/16

el **catalán** Katalanisch 4/4

el/la **catalán/-ana** Katalane/-in, kata-lanisch 3/c

el **catálogo** Katalog 2/e

la **catástrofe** Katastrophe 18

la **catedral** Kathedrale 3/6

el **catering** Catering 13/3

católico/-a katholisch 8/A

la **causa** Ursache 17/6

el **cava** spanischer Sekt 5/b

el **CD-ROM** CD-ROM 18/7

celebrar a/c etw. feiern 17/9

celeste hellblau 10/7

la **cena** Abendessen 13/3

cenar zu Abend essen 15/16

central zentral 2/16

el **centro** Zentrum 3/d; el **centro comercial** Einkaufszentrum 3/3

cerca (de) in der Nähe (von) 3/a

cerrado/-a geschlossen 1/4

cerrar a/c etw. schließen 14

certificado/-a bescheinigt 12/b

la **cerveza** Bier 4/12

el **champiñon** Champignon 11/9

chatear chatten 15/10

el ***chaval*** Junge 9/d

el **checo** Tschechisch 4/4

el/la **chico/-a** Junge/Mädchen 4/16

el **chino** Chinesisch 4/4

el/la **chino/-a** Chinese/-in 13/2

el **chocolate** Schokolade 2/B; **cho-colate con churros** Schokolade mit frittiertem Spritzgebäck 0/14

la **chocolatina** Schokoriegel 12/a

el **chorizo pikante** scharfe Wurst 11/9

el ***chupa-chupa*** Lutscher 10/d

la **cifra** Ziffer 4/7

el **cigarrillo** Zigarette 6/14

el **cine** Kino 8/6

la **cinta** Band, Laufband 2/2

la **cita** Termin 1

la **ciudad** Stadt 3/c

la ***Ciudad de México*** Mexiko Stadt 2/16

la **civilización** Zivilisation 14/d

claro klar 1/5; ***¡Claro que sí!*** Natürlich! 3/18

la **clase** Klasse 5/5

el/la **cliente** Kunde/-in 0/B

el **clima de trabajo** Arbeitsklima 13/3

el **cloro** Chlor 6/14

el **club deportivo** Sportclub 3/17

la ***cobertura*** Abdeckung, *hier:* Glasur, Kuvertüre 5/e

el **coche** Auto 0/B

la **cocina** Küche 17/c

cocinar a/c etw. kochen 17/11

el/la **cocinero/-a** Koch/Köchin 0/16

el ***código*** Code 18/d

el **código postal** Postleitzahl 1/3

colaborar en a/c mitarbeiten, mitwirken 13/2

la **colección** Kollektion, *auch:* Sammlung 8/3

colectivo/-a gemeinsam 16/5

el/la **colega** Kollege/-in 0/4

el **colegio** Schule 3/3

colombiano/-a kolumbianisch 17/d

el **color** Farbe 10

la ***coma*** Komma 17/16

el **comedor** Speisesaal, Esszimmer 7

comentar a/c etw. besprechen, etw. kommentieren 7/3

el **comentario** Kommentar 7/d
comer a/c etw. essen 7/d
comercial Geschäfts- 3/6
el/la **comerciante** Kaufmann/-frau 11/d
el **comercio** Handel 8/3
la **comida** Essen 6/14
la **comisión** Kommission 15/17
como wie 5/d; da, weil 13/3
¿cómo? wie? 1/2; *¿Cómo aprender?* Wie lernt man (besser)? 0/B; *¿Cómo está usted?* Wie geht es Ihnen? 1/2
¡Cómo no! Natürlich! Selbstverständlich! 5/a
¡Cómo pesa! Ist der/die/das schwer! 2/e
el/la **compañero/-a** Mitschüler/in, Kollege/-in 6/14
la **compañía** (in Firmennamen: **Compañía**, *Abk.:* **Cía.**) Gesellschaft, Firma 1/b
la **compañía aérea** Fluggesellschaft 16/20
la **comparación** Vergleich 10/a
comparar a/c etw. vergleichen 10/g; *Compare.* Vergleichen Sie. 10/7
el *compartimento* Fach, Tasche 1/4
compatible vereinbar 17/4
la **competencia** Konkurrenz, *auch:* Kompetenz 11; **la competencia comunicativa** kommunikative Kompetenz 13/4; **la competencia profesional** Fachkompetenz 13/4
competente kompetent, fähig 13/2
competitivo/-a konkurrenzfähig 11/5
completar ergänzen, vervollständigen; *Complete.* Ergänzen Sie. 0/9
completo/-a vollkommen 12/a; voll, ausgebucht 15/f
comprar a/c etw. kaufen 5/14
comprender a/c etw. verstehen 4/a; *¿Comprende usted?* Verstehen Sie? 2/3
la **comprensión** Verständnis 9/4
la **computación** Computertechnik 5/2
común gewöhnlich 12/17

la **comunicación** Kommunikation 4/b
comunicarse sich verständigen, kommunizieren 17/4
con mit 0/10
con cargo *hier:* gegen Aufpreis 7/12
con mucho ambiente stimmungsvoll 3/6
con mucho gusto sehr gern, mit Vergnügen 5/a
el *coñac* Cognac 7/17
concertar a/c etw. verabreden 15/11
el **concierto** Konzert 1/16
la *conciliación* Versöhnung, *hier:* Vereinbarkeit 16/5
conciliar a/c *hier:* etw. vereinbaren 16/5
concretar a/c etw. konkretisieren 15/e
la **condición** Bedingung 14/4
el/la *conductor/a* Fahrer/in 2/3
conectar a/c etw. verbinden 17/16
la **conferencia** Konferenz 7
la **confianza** Vertrauen 13/4
confirmar a/c etw. bestätigen 15/f
el **congreso** Kongress 7/B
conjugar a/c etw. konjugieren 16/11
conocer a/c / a alg. etw./jdn. kennen, *auch:* etw./jdn. kennen lernen 7/3
el/la **conocido/-a** Bekannte/r 7
conocido/-a bekannt 7/3
la **consecuencia** Folge, Konsequenz 17/6
conseguir a/c etw. bekommen 15/e
conservar a/c etw. beibehalten, etw. bewahren 7/4
consolidar a/c etw. festigen 17/4
el **consorcio** Konzern 17/4
constante beständig 12/b
la **construcción** Baustelle, Baugewerbe 17/4
construir a/c etw. bauen, *hier:* etw. bilden 18/4
el **consulado** Konsulat 1/16
consumidor Verbraucher- 11

la **contabilidad** Buchhaltung 13
el **contacto** Kontakt 17
contento/-a zufrieden 17/9
el **contestador automático** Anrufbeantworter 16/20
contestar antworten 6/6; *Conteste.* Antworten Sie. 6/2
el **continente** Kontinent 4/18
continuo/-a durchgehend 17/4
el **contrario** Gegenteil 11/14
el **contrato** Vertrag 16/5
el **control** Kontrolle 12/b
controlar a/c etw. kontrollieren 12/4
el **convenio** *hier:* Arbeitsvertrag 16/5
la **conversación** Gespräch 6
conversar sich unterhalten 8/11; *Converse.* Unterhalten Sie sich. 10/9
la *cooperativa* Genossenschaft 9/18
coordinar a/c etw. koordinieren 13/3
la **copa** Glas (Wein oder Sekt) 7/16
la **copia** Kopie 18/7
cordialmente herzlich 12
correcto/-a richtig 11/11
el **correo electrónico** E-Mail 1/8
correr laufen, rennen 15/17
corresponder a alg. jdm. zustehen, jdm. gehören 16/5
correspondiente entsprechend 18/5
corregir korrigieren, berichtigen; *Corrija.* Korrigieren Sie. 8/1
la **cosa** Sache 6/c
el *cosmético* Kosmetikprodukt 12/13
la **costa** Küste 3/6
costar kosten 6/c
el **costo** Kosten 11/5
la **costumbre** Gewohnheit 17/6
la **creación** Schöpfung 18/5
crear a/c etw. (er)schaffen 8/3
creativo/-a kreativ 13/2
crecer wachsen 9/4
creer a/c etw. glauben 9/8
el **criterio** Kriterium 10/8
el *croasán* Croissant 7/d
la *croqueta* Krokette 7/16
el *crucero* Kreuzfahrtschiff 14/4

la **cruz** Kreuz 16/8

el **cuadro** Bild 1/2

¿cuál? ¿cuáles? welche/r/s? welche? *(Pl.)* 6/14

cuando wenn, als 1/4

¿cuándo? wann? 5/b

¿cuánto/-a? wie viel/e? 6/b

cuánto antes so bald wie möglich 15/e

el **cuarto** Viertel 15

cubano/-a kubanisch 10/13

cubierto/-a bedeckt 15/8

la *cucaracha* Kakerlake 0/13

la **cuenta** Rechnung 11/10

la **cuenta corriente** *(Abk.: c/c.)* Girokonto 5/5

la **cuerda** Seil, Strick, *hier:* Saite 17/e

la **cuestión** Frage, Sache 11/4

la **cultura** Kultur 3/6

cultural kulturell, Kultur- 3/6

el **cumpleaños** Geburtstag 1/16

el **currículum** Lebenslauf 18/5

el **curso** Kurs 7/B

la **danza** Tanz 17/b

D

dar a/c etw. geben, *hier:* etw. vorführen 9/d; **dar origen a a/c** etw. hervorbringen 5/2; *dar prioridad a a/c* etw. mit Priorität behandeln 15/4

darse prisa sich beeilen 16/e

el **dato** Angabe, Daten 15/c; **los datos de información** informative Angaben 2/3

de aus, von 0

de acuerdo einverstanden 8/5

de color crema cremefarben 10/7

de color rosa rosafarben 10/7

¿de dónde? woher? 1/A

De nada. Keine Ursache. 8/c

de nuevo noch einmal 15/F

de primera *hier:* erstklassig 11/c

¿de quién? wessen? von wem? 1/14

de segundo zweiter Gang *(beim Essen)* 17/a

deber de müssen *(Vermutung)* 15/b

los **deberes** Hausaufgaben 17/B

el **diciembre** Dezember 5/15

decir a/c etw. sagen 5/2

la **decisión** Entscheidung 11/4

el *decreto* Verordnung 9/4

el **defecto** Fehler 18/c

definitivo/-a endgültig 12/6

dejar a/c etw. (hinter)lassen 15/a

delante de vor 3/3

delgado/-a schlank 13/15

delicioso/-a köstlich 10/3

demasiado bien zu gut 11/C

la **denominación** Bezeichnung 10/d

el/la **dentista** Zahnarzt/-ärztin 18/12

el **departamento** *(Abk.: Dto.)* Abteilung 5/5

depender de a/c / de alg. von etw./ von jdm. abhängen 6/c

el **deporte** Sport 5/2

el/la **deportista** Sportler/in 11/d

deportivo/-a sportlich 13/15

el **depósito** Silo 6/f

derecha *(Abk.: dcha.)* rechts 5/5

derivar de a/c von etw. abstammen 5/2

desagradable unangenehm 6/14

desaparecer verschwinden 18/7

el **desarrollo** Entwicklung 13

desayunar frühstücken 7/b

el **desayuno** Frühstück 7/d

descansado/-a erholt 17/4

descansar sich ausruhen 11/E; **descansar de a/c** sich von etw. erholen 14/8

desconectar a/c etw. ausschalten 7/3

el **descuento** Rabatt 14/4

desde von, seit 5/b; **desde que** seit, seitdem 3/6; **desde hace** seit *(+ Zeitspanne)* 5/c

desear a/c etw. wünschen 10/d

designar ernennen 18/5

el **despacho** Büro 5

la *despedida* Abschied 9/7

después danach 8/2

el **destino** Ziel, Schicksal 1/12

la **desventaja** Nachteil 15/2

el **detalle** Einzelheit, Detail 11

detrás de hinter 3/3

el **día** Tag 0/A; *(el día de) Reyes* Dreikönigstag 17/14

el *diálogo* Dialog 2/14

dibujar a/c etw. zeichnen 17/11

la **diferencia** Unterschied 11/4

diferenciarse sich unterscheiden 10/3

difícil schwer 4/c

¡Diga! Hallo! *(am Telefon)* 1/2

Dígalo. Sagen Sie es. 17/15

digitalizar a/c etw. digitalisieren 10/g

dinámico/-a dynamisch 12/a

el **dinero** Geld 6/A

¡Dios mío! Mein Gott! 2/e

la **dirección electrónica** E-Mail-Adresse 5/2

directamente direkt 12/a

directo/-a direkt 7/12

el/la **director/a** Leiter/in, Direktor/in 0/2

el **directorio** Ordner 18/7

dirigido/-a por geleitet von 8/3

la **disciplina** Disziplin 13/4

disciplinado/-a diszipliniert 12/2

el **disco compacto (CD)** CD 17/b

el **disco duro** Festplatte 18/7

la **discoteca** Diskothek 9/d

discutir a/c etw. aushandeln, verhandeln 14/8

el **diseño** Design 10/d

dispuesto/-a bereit 12/a

distinguir a/c etw. unterscheiden 10/3

distinto/-a unterschiedlich 10/3

la *diversidad* Verschiedenheit 4/7

divertido/-a lustig 13/2

doble doppelt, Doppel- 7/12

el **documento** Dokument 2/2

el **domicilio legal** Firmensitz 12/3

el **domingo** Sonntag 2/15

don/doña Herr/Frau *(+ Vornamen)* 1/5

donde wo 16/5

¿dónde? wo? 1/2

dormir schlafen 14/d

la **ducha** Dusche 9/b

ducharse sich duschen 16/f

la **duda** Zweifel 10/f

durante während 12/b

duro/-a hart 8/d

E

e und *(vor e, i oder hi)* 12

económico/-a wirtschaftlich, Wirtschafts- 3/11

el **edificio** Gebäude 2/3

la *editorial* Verlag 8/3

el *ejemplo* Beispiel 0/13

el *ejercicio* Übung 13/12

elaborado/-a fertig 12/8

elaborar a/c etw. herstellen, etw. erarbeiten 12/a

el/la **electricista** Elektriker/in 0/16

electrónico/-a elektronisch 8/3

elegante elegant 13/2

elegir a/c etw. auswählen 15/e

el **elemento** Element 18/4

el **e-mail** E-Mail 1/b

el *emoticón* Emoticon 5/16

empezar anfangen 5/2

el/la **empleado/-a** Angestellte/r 13

emprendedor/a unternehmungslustig 12/a

la **empresa** Betrieb, Firma 3/e; la **empresa de transportes** Transport-, Fuhrunternehmen 3/3

el/la **empresario/-a** Unternehmer/in 11/6

en in, an, auf 1/b

en el centro (de) in der Mitte (von) 3/3

en espera in Erwartung 9/6

en linea *hier:* am Fließband 12/a

en medio de inmitten 14/d

en punto genau *(Uhrzeit)* 15/D

¿En qué le puedo servir? Was kann ich für Sie tun? 12/17

en su lugar an seiner/ihrer/Ihrer Stelle 18

encantado/-a sehr angenehm *(Erwiderung auf Begrüßung)* 4/a

encantador/a bezaubernd 16/f

el/la **encargado/-a** Beauftragte/r 13

encontrar a/c / a alg. etw./jdn. finden 7/3

encontrarse sich treffen 17/f

la *encuesta* Umfrage 14/8

el **enero** Januar 5/7

enfadarse sich ärgern, böse werden 16/e

enfermar erkranken 18

enfermo/-a krank 8/d

enfrente gegenüber 8/11

engordar zunehmen 10/f

¡Enhorabuena! Glückwunsch! 5/b

enorme enorm, sehr groß 6/a

la **ensalada** Salat 17/c

la *ensaladilla rusa* Kartoffelsalat 7/16

enseguida sofort 4/a

entender a/c verstehen 12/17

entonces *hier:* dann 5/b

la **entrada** Eingang, *auch:* Eintrittskarte 17/e

entrar eintreten, hineingehen 6

entre zwischen 3/a

el *entresuelo* Zwischengeschoss 7

la **entrevista** Interview 13/2

entusiasmado/-a begeistert 10

enviar a/c etw. schicken, etw. senden 17/13

el **equipaje** Gepäck 2/3

el *equipamiento* Ausrüstung, Ausstattung 1/4

el **equipo** Team 13/3

es *(er/sie/es)* ist 0

es lo mismo es ist gleich 15/e

es que ... es ist so, weil ... 4/c

escanear a/c etw. scannen 18/7

el *escáner* Scanner 18/7

la *escena* Szene, Situation 18/19

el *escenario profesional* berufsbezogenes Szenario 12/18

escribir a/c etw. schreiben 4/c; *Escriba.* Schreiben Sie. 12/11

escuchar a/c etw. hören 10; *Escuche.* Hören Sie zu. 0/11

la **escuela** Schule 9/12

ese/-a diese/r/s (da) 10/b

el **espacio** Platz, Raum 1/4

el **español** Spanisch 4

el/la **español/a** Spanier/in 3/7

especial besonders 4/7

el/la **especialista** Spezialist/in 18/c

especializado/-a spezialisiert, Fach- 6/e

el *espectáculo* Vorstellung 9/d

esperar warten 9/6; esperar a/c etw. hoffen, auf etw. warten 16/a

espontáneo/-a spontan 3/H

el/la **esposo/-a** Ehemann/-frau 1/6

el *esqueleto* Skelett 10/e

esquiar Ski fahren 14/a

establecer a/c etw. festlegen, etw. aufstellen 15/4

el *establecimiento* Einrichtung 12/6

la **estación** Bahnhof 4/16

el **estado** Zustand, *auch:* Staat 18/f

estándar Standard- 11/15

estar sein 1/a; estar a gusto zufrieden sein 13/3; estar a punto de + *inf.* im Begriff sein etw. zu tun 15/b; estar al sol in der Sonne liegen 18; estar de buen humor gute Laune haben 13/2; estar por im Begriff sein etw. zu tun 14/a

el **este** Osten 3/7

este/-a diese/r/s (hier) 10/2

estimado/-a sehr geehrte/r 1/a

esto das (hier) 1

la **estructura** Struktur 13/3

el/la **estudiante** Student/in 3/b

estudiar a/c etw. studieren, etw. lernen 4/c

el **estudio** Studium, Lernen 16/5

estupendo/-a fabelhaft, großartig 7/d

el **euro** Euro 6/e

evitar a/c etw. vermeiden 15/4

exactamente genau 4/d

exagerar a/c etw. übertreiben 17/14

el **examen** Prüfung, Examen 11/17

excelente hervorragend 6/a

la *exclamación* Ausruf 5/2

exigente anspruchsvoll 6/10

el **éxito** Erfolg 12/a

exótico/-a exotisch 10/c

la **experiencia** Erfahrung 8/3

el/la **experto/-a** Fachmann/-frau, Experte/-in 8/3

explicar erklären, schildern; *Explique. hier:* Erzählen Sie. 5/4

la **explotación forestal** Forstwirtschaft 12/6

exponer a/c etw. ausstellen 18

la **exportación** Export 4/7

exportador/a Export- 12/a

exportar a/c etw. exportieren 4/11

la **exposición** Ausstellung 15/15

el/la **expositor/a** Austeller/in 5/d

la *expresión* Ausdruck 8/5

exterior äußere/r/s, Außen- 7/12

la **extinción** Aussterben, *auch:* Löschen 17/4

el/la **extranjero/-a** Ausländer/in 3/6

extranjero/-a ausländisch 7/d

F

la **fábrica** Fabrik 0/4

fabricar a/c etw. herstellen 5/c

fácil einfach 7/f

la **factura** Rechnung 2/3

falso/-a falsch 3/18

faltar fehlen 7/3

la **familia** Familie 3/18

familiar familiär, Familien- 10/2

famoso/-a berühmt 3/6

fantástico/-a fantastisch 14/b

fascinante faszinierend 14/d

fatal schlimm 9/12

favorable günstig 11/5

favorito/-a Lieblings- 15/14

el **fax** Faxgerät, Fax 1/4

el **febrero** Februar 5/15

la **fecha** Datum 9/b

¡Feliz cumpleaños! Alles Gute zum Geburtstag! 0/11

feo/-a hässlich 6/15

la **feria** Messe 5/d

festejar a/c etw. feiern 10/2

el **festivo** Feiertag 15/f

la **fiesta** Feier, Party 1/16; Feiertag 15/f; la *fiesta patronal* Patronatsfest 15/f

fijar a/c etw. festlegen, *auch:* befestigen 6/3

el/la *filipino/-a* Philippiner/in 4/16

filmar filmen 9/13

el **fin de semana** Wochenende 6/d

finalmente letztlich, endlich 17/4

financiero/-a finanziell, Finanz- 3/6

fino/-a fein 12/8

la **firma** Unterschrift 16/19

firmado/-a unterzeichnet 16/5

firmar a/c etw. unterschreiben 17/g

el **flamenco** Flamenco 17/e

la **flexibilidad** Flexibilität 13/4; la **flexibilidad de horario** *hier:* flexible Arbeitszeit 16/5

flexible flexibel 13/2

la **flor** Blume 2/2

el **folleto** Prospekt 10

la **forma** Form 10/2; la *forma verbal* Verbform 17/1

la **formación profesional** Berufsausbildung 14/9

formar a/c formen, bilden 18/4; **formar parte de a/c** zu etw. gehören, zu etw. dazugehören 9/6

la **foto** Foto 0/A

el/la **fotógrafo/-a** Fotograf/in 0

el **francés** Französisch 4/4

la **frase** Satz 12/11

la **fresa** Erdbeere 10/f

fresco/-a frisch 11/a

el **frío** Kälte 15/d

frío/-a kalt 7/c

la **frontera** Grenze 9/4

la **fruta** Obst 10/3

el **fuego** Feuer 17/b

fumar rauchen 9/11

la **función** Funktion 13

funcionar funktionieren 8/12

fundamental grundlegend 12/b

el **fútbol** Fußball 3/6

G

las **gafas de sol** Sonnenbrille 9/12

la *galería* Galerie 9/c

el *gallego* Galicisch 4/16

el/la **gallego/-a** Galicier/in 3/7

la **galleta** Keks 9/8

la *gallina* Huhn, Henne 14/b

la **gama de productos** Produktpalette 12/8

la **gana** Lust 15/4

la **ganadería** Viehzucht 12/6

ganar a/c etw. verdienen, *auch:* etw. gewinnen 6/e

garantizar a/c etw. garantieren 12/b

el **gasto** Kosten, Ausgabe 9/a

el/la **gato/-a** Kater/Katze 6/7

el/la *gemelo/-a* Zwilling 16/e

genial genial, toll 10/f

la **gente** Leute 7/3

la *geografía* Geographie 8/3

el/la **gerente** Leiter/in 4/5; el/la **gerente general** Geschäftsführer/in 3/b

la **gestión** Management 15/4

el *girasol* Sonnenblume 6/4

globalizar a/c etw. verallgemeinern 17/4

el **golf** Golf *(Sport)* 17/11

la **golosina** Süßigkeit 8/e

gordo/-a dick 13/2

la **grabadora** Brenner *(Computer)* 18/7

gracias danke 0/4; **¡Gracias a Dios!** Gott sei Dank! 2/2

el **grado** Grad 15/d

la *gramática* Grammatik 7/e

grande/gran groß 2/2

el **granulado** Granulat 12/7

grave schlimm, *auch:* schwer 11

el **griego** Griechisch 4/4

gris grau 10/7

el **grupo** Gruppe 10/13

guaraní Guaraní 4/16

la **guardería** Kindergarten 16/8

la *guerrilla* Guerilla 4/5

la **guía** Handbuch, Reiseführer 14/b; el/la **guía** Fremdenführer/in *(Person)* 14/16

la *guinda bañada* *hier:* eingelegte Sauerkirsche mit Schokoladenüberzug 10/3

la **guitarra** Gitarre 2/2

gustar a alg. jdm. gefallen 14/b

el **gusto** Geschmack 10/9

H

haber haben *(Hilfsverb)* 18

haber nieve Schnee liegen 15/d

la **habitación** Zimmer 7/c

hablar (a/c) (etw.) sprechen 4/a; *Hable con su compañero/-a.* Sprechen Sie mit Ihrem Partner / Ihrer Partnerin. 7/6

hacer a/c etw. machen, tun 7/3; **Hace buen/mal tiempo.** Das Wetter ist gut/schlecht. 15/d; **hacer clic** (an)klicken 10/f; **Hace sol.** Die Sonne scheint. 15/G *Haga diálogos.* Erarbeiten (Machen) Sie Dialoge. 11/10 *Haga preguntas.* Stellen Sie Fragen. 14/9

el **hambre** Hunger 11/c

hasta bis 0/11; **¡Hasta la próxima!** Bis zum nächsten Mal! 9/c; **¡Hasta luego!** Bis nachher! Tschüss! 1/2; **¡Hasta mañana!** Bis morgen! 0/11; **¡Hasta otra!** Bis zum nächsten Mal! 8/h; **¡Hasta pronto!** Bis bald! 1/2

hasta sogar; **¡Hasta mientras come!** Sogar beim Essen! 13/2

hay es gibt 1/4; **¿Hay algo de nuevo?** Gibt es etwas Neues? 7

hay que + *inf.* man muss, es ist notwendig 7/c

hecho en hergestellt in 9/8

la **heladería** Eisdiele 14

el **helado** Speiseeis 12/7

el/la **hermano/-a** Bruder/Schwester 11/d

los **hermanos** (*Abk.:* **Hnos.**) Gebrüder 5/5

la **herramienta** Werkzeug 15/4

el/la **hijo/-a** Sohn/Tochter 3/18

la **historia** Geschichte 14/b

el **hobby** Hobby 15/10

¡Hola! Hallo! 0

el **holandés** Holländisch 4/4

el **hombre** Mann, Mensch, *hier:* Mensch! 5/d

el **honor** Ehre 10/2

la **hora** Stunde, Uhr(zeit) 1/a; **horas** (*Abk.:* **hrs.**) Stunden 7/12; **horas extra** Überstunden 13/8; **horas punta** Hauptverkehrszeit 9/c

el **horario** Öffnungszeiten, *auch:* Stundenplan 13/12

la *horchata* Erdmandelmilch 11/9

el **hospital** Krankenhaus 2/16

el **hotel** Hotel 0/B

el/la **hotelero/-a** Hotelbesitzer/in 0/16

hoy heute 2

el **hueco en el mercado** Marktlücke 13/3

la **huelga** Streik 7/d

el **huevo** Ei 7/d

el **humor** Humor, *auch:* Laune 5/16

I

la **idea** Idee 10/g

el **idioma** Sprache 4/7

la **iglesia** Kirche 14/b

igual gleich 11/19

la *igualdad* Gleichheit 16/7

igualitario/-a gleich, gleichberechtigt 16/5

igualmente gleichfalls 2/b

la *ilustración* Illustration 2/3

la **imagen** Bild 18/7

¡Imagínate! Stell dir vor! 4/16

imponerse sich durchsetzen 17/4

la **importación** Import 4/7

importado/-a importiert 11/6

importador/a Import- 12/a

importante wichtig 3/6

importar a/c etw. importieren 11/5

imposible unmöglich 11/17

la **impresora** Drucker 1/4

imprimir a/c etw. drucken 18/7

el **impuesto sobre el valor añadido** (*Abk.:* **IVA**) Mehrwertsteuer 9/a

incluido/-a inklusive 9/a

incluir a/c etw. einschließen 8/3

incluso eingeschlossen, *auch:* sogar 13

inconfundible unverwechselbar 10/3

¡Increíble! Unglaublich! 13/2

indígena *hier:* indianisch 4/7

el/la **indio/-a** Indianer/in 4/16

individual individuell, Einzel- 7/12

la **industria** Industrie 3/3

industrial industriell, Industrie- 3/6

inesperado/-a unerwartet 18

infinito/-a endlos, unzählig 10/3

la **información** Information 10/9

informado/-a informiert 13/2

informar informieren, berichten 10; *Informe.* Berichten Sie. 1/3; *Infórmese.* Informieren Sie sich. 8/4

informarse sobre a/c sich über etw. informieren 14/15

la **informática** Informatik 4/13

informático/-a Informatik- 18/14

el **informe** Bericht 10/a

la **infraestructura** Infrastruktur 8/3

el/la **ingeniero/-a** Ingenieur/in 13/2

el **inglés** *Englisch* 4/c

iniciar a/c etw. iniziieren, einführen 18/5

la **iniciativa** Initiative 13/4

inmediatamente sofort, unmittelbar 16/a

innovador/a neuartig 10/3

el/la **innovador/a** Neuerer/in 13/2

instalar a/c etw. installieren 18/7

el **instituto** Institut, *auch:* Gymnasium 11/20

integrar a/c *hier:* etw. bilden 9/4

inteligente intelligent 5/16

la **intención** Absicht 16/5

intensivo/-a intensiv, *hier:* durchgehend 17/4

intercambiar a/c etw. austauschen 7/3

el **intercambio** Austausch 9/4

el **interés** Interesse 14/15

interesado/-a interessiert 15/7

interesante interessant 3/6

interesar a alg. jdn. interessieren 14/d

interior innere/r/s, Innen- 7/12

internacional international 3/6

el **Internet** Internet 7/c

interno/-a intern 4/b

el/la **intérprete** Dolmetscher/in 4/b

interrumpir a/c etw. unterbrechen 15/4

la *interrupción* Unterbrechung 15/4

la *introducción* Einführung 0

introducir a/c etw. einführen 12/a

la **inversión** Investition 13/3

la **investigación** Forschung 13

el **invierno** Winter 14/a

la **invitación** Einladung 11/19

invitado/-a eingeladen 9/18

invitar a alg. jdn. einladen 11

ir gehen, fahren 9/c; **ir de copas** etwas trinken gehen 16/15; **ir de tapas** essen gehen 11/19

irse weggehen, fortgehen 17/g

la **isla** Insel 3/11

ISO ISO 12/b

el **italiano** Italienisch 4/4

italiano/-a italienisch 9/9

izquierda (*Abk.:* **izq.**) links 5/5

J

el **jamón** Schinken; el **jamón serrano** luftgetrockneter Schinken; el **jamón York** gekochter Schinken 7/16

el/la **jefe/-a** Chef/in 3/b

jerárquico/-a hierarchisch 13/3

la **jornada intensiva** durchgehende Arbeitszeit 16/5

la **jornada laboral** Arbeitstag 7/3

joven jung 13/2

el **jueves** Donnerstag 2/15

jugar a a/c etw. spielen *(bei Gesellschaftsspielen, Sportarten)* 16/c

el **julio** Juli 5/15

el **junio** Juni 5/15

junto a neben, an, bei 3/6

juntos/-as zusammen 8/b

justo gerade 12/a; **justo a tiempo** just in time 6/f

K

el **kilo** Kilo 0/B

el **kilómetro** Kilometer 3/5; **kilómetros** *(Abk.: kms.)* Kilometer *(Pl.)* 7/12

L

laboral Arbeits- 16/5

al **lado** neben 3/e

lamentablemente leider, bedauerlicher Weise 4/7

la **lámpara** Lampe 11/f

el **lápiz** Bleistift 17/11

largo/-a lang 8/3

latinoamericano/-a lateinamerikanisch 7/9

lavarse sich waschen 16/d

la *lección* Lektion 1

la **leche** Milch 6/A

el/la **lector/a** Leser/in 16/19

leer a/c etw. lesen 4/c; *Lea.* Lesen Sie. 3/18

lejos (de) weit entfernt (von) 3/a

la **lengua** Sprache 4/7

la **ley** Gesetz 9/4

la **leyenda** Legende 14/b

libre frei 6/d

la **librería** Buchhandlung 13/12

el **libro** Buch 2/8

el *licor de hierbas* Kräuterlikör 7/17

el/la **líder (en el mercado)** (Markt-) Führer/in 12/a

el **limón** Zitrone 10/f

la **limonada** Limonade 7/16

limpio/-a sauber 6/14

lindo/-a (lat.am.) schön 14/d

la **lista** Liste 5/5

listo/-a fertig, *auch:* klug, geschickt 9/a

el **litro** Liter 6/A

la *llama* Lama 0/13

la **llamada** Anruf 11/f

llamado/-a sogenannte/r/s 15/14

llamar a alg. jdn. nennen, jdn. (an)rufen 12/a; **llamar la atención** Aufmerksamkeit wecken 8/5; *Llame.* Rufen Sie an. 15/17

llamarse heißen 16/c; **me llamo** ich heiße 3/6

la **llave** Schlüssel 8/a

la **llegada** Ankunft 1/11

llegar ankommen 10

lleno/-a voll 7/c

llevar a alg. jdn. mitnehmen, jdn. befördern 14/4; **llevar a/c** etw. mitbringen 16/4

llover regnen 15/d

la **lluvia** Regen 15/8

lo antes posible so früh wie möglich 14/C

Lo mismo si … Egal ob … 15/14

¡Lo siento! Es tut mir Leid! 14/C

lo que das was, was 11

local lokal, örtlich 1/a

localizar a alg. jdn. erreichen 15/c

el/la **loco/-a** Verrückte/r 13/7

loco/-a verrückt 14/b

el **logotipo** Logo 12/18

el *lolly-pop* Lutscher 10/d

el **lomo** Lende 11/9

la **lotería** Lotterie 18/11

el **lugar** Ort 8/5

el **lunes** Montag 2/15

M

la **madera** Holz 6/14

la **madre** Mutter 3/18

la **madre soltera** allein erziehende Mutter 16/8

el *madroño* Erdbeerbaum 8/11

la *magdalena* spanisches Gebäck 7/d

magnífico/-a prächtig 10/b

el *maíz* Mais 6/4

majo/-a nett, *auch:* hübsch 8/h

mal schlecht 2/d

el **mal tiempo** schlechtes Wetter 15/d

la *mala suerte* Pech 7/c

maldito/-a (fam.) verdammt, verflucht 2/e

la **maleta** Koffer 2/2

el **maletín** Aktentasche 1/4

el *mallorquín* Mallorquinisch 4/9

malo/-a schlecht, böse 6/2

la **mamá** Mama 3/18

mañana morgen 0/3

la **mañana** Vormittag 7/5

mandar a/c (a alg.) (jdm.) etw. senden, schicken 16/17

la **manera** Art, Weise 17/15

la **mano** Hand 13/2

la *manteca de cacao* Kakaobutter 12/8

mantenerse en contacto in Verbindung bleiben 17

el **mantenimiento** Instandhaltung, Wartung 15/4

la **máquina** Maschine 6/a

el **mar** Meer 3/11

maravilloso/-a wunderbar 5/2

la **marca** Marke 10/A; la **marca registrada** eingetragene Marke 12 *marcar* markieren; *Marque.* Markieren Sie. 13/4

marginado/-a marginalisiert, diskriminiert 4/7

el **marido** Ehemann 5/12

el *marisco* Meeresfrüchte 17/14

el **marketing** Marketing 13

marrón braun 10/7

el **martes** Dienstag 2

el **marzo** März 5/b

más mehr, *auch:* plus 2/e; **más o menos** mehr oder weniger 16/12

el **masaje** Massage 7/12

las **matemáticas** *(pl.)* Mathematik 3/15

la **materia prima** Rohstoff 12/a

al **máximo** maximal 14/c

maya Maya- 14/d

el **mayo** Mai 5/15

mayor größer 4/7

el **mazapán** Marzipan 5/e

me llamo ich heiße 3/6

media pensión *(Abk.:* **MP)** Halbpension 7/12

el/la **médico/-a** Arzt/Ärztin 0/16

la **medida** Maß 5/2

el **medio** Medium 8/3

medio/-a halb 5/2

el **mediodía** Mittag 12/16

mediterráneo/-a mediterran, Mittelmeer- 17/4

mejor besser 9/d

lo **mejor** das Beste 8/3

el/la **mejor** der/die beste 11/e

el **melocotón** Pfirsich 7/16

menor jünger, kleiner 11/d

menos minus, *auch:* weniger 3/15

el **mensaje** Nachricht 1/8

el **menú** Menü, *auch:* Speisekarte 10/f

el **mercado** Markt 4/7

el **mes** Monat 5/15

la **mesa** Tisch 7/c

el **método** Methode 11/19

el **metro** U-Bahn, *auch:* Meter 2/c; **metros** *(Abk.:* **mts.)** Meter *(Pl.)* 7/12

el/la **mexicano/-a (mejicano/-a)** Mexikaner/in 14/d

mexicano/-a (mejicano/-a) mexikanisch 10/e

la **mezquita** Moschee 5/2

Mi nombre es ... Mein Name ist ... 0

el **miembro** Mitglied 9/4

mientras während 13/2

el **miércoles** Mittwoch 2/15

la **minería** Bergbau 12/6

el **(mini)diccionario** (Mini)Wörterbuch 1/4

el **minibar** Minibar 7/c

el **ministerio** Ministerium 3/3; el **Ministerio de Ciencia y Nuevas**

Tecnologías Wissenschaftsministerium 3/3

el **minuto** *(Abk.:* **min.)** Minute 7/12

mirar a/c etw. sehen, etw. ansehen 10/f; *Mire el folleto.* Schauen Sie sich den Prospekt an. 7/12

mismo/-a der-/das-/dieselbe 8/h

la **mochila** Rucksack 2/2

modelo Vorbild, *auch:* Modell 8/3

el **módem** Modem 18/7

moderno/-a modern 3/e

la **molestia** Unannehmlichkeit 16/b

el **momento** Moment 2/2

la **moneda** Währung 9/4

el **monitor** Monitor 18/7

la **montaña** Berg, Gebirge 14/11

montar a/c etw. aufbauen 12/a

moreno/-a dunkelhaarig, braun 13/15

el **mosquito** Mücke 0/13

el **motivo** Motiv 17/9

la **moto** Motorrad 2/E

el **(teléfono) móvil** Mobiltelefon, Handy 1/4

mucho/-a viel/e 3/6; **Mucho gusto.** Sehr erfreut. 2/a; **muchos saludos** viele Grüße 1/a

el **mueble** Möbel 10/6

el/la **muerto/-a** Tote/r 10/2

la **muestra de productos** Warenprobe 2/8

la **mujer** Frau 7/3

mundial weltweit 11/5

el **mundo** Welt 2/3

el **museo** Museum 3/3

la **música** Musik 4/16

musical musikalisch 4/16

musulmán/-ana moslemisch 5/2

la **mutual** Genossenschaftsbank, Raiffeisenbank 9/18

muy sehr 1/2

N

el **nacimiento** Geburt 17/9

nacional national 12/6

nada nichts 2/e

nadar schwimmen 9/11

nadie niemand 6/d

la **naranja** Orange 4/5

naturalmente natürlich 12/b

navegar por Internet im Internet surfen 16/15

la **Navidad** Weihnachten 17/14

necesario/-a notwendig 12/a

necesitar a/c etw. brauchen 4/b

negativo/-a negativ 5/7

la **negociación** Verhandlung 16/a

negociar a/c etw. aushandeln 15/14

el **negocio** Handel, Geschäft 4/7

negro/-a schwarz 9/C

nervioso/-a nervös 2

nevar schneien 15/G

ni nicht einmal 13/2; **¡Ni hablar!** Kommt nicht in Frage! 8/i

la **niebla** Nebel 15/8

la **nieve** Schnee 15/d

el/la **niño/-a** Kind (Junge/Mädchen) 3/18

el **nivel** *hier:* Etage 2/3

no nein, nicht 1/2

No hay de qué. Keine Ursache. 17/g

No sé cómo se escribe. Ich weiß nicht, wie man das schreibt. 4/b

¿no? nicht wahr? 1/5

la **noche** Nacht 4/14

el **nombre** Name 1/5

la **norma** Norm 12/5

normal normal 12/17

normalmente normalerweise 6/b

el **norte** Norden 3/7

el **noruego** Norwegisch 4/4

la **nota** Notiz 1/8

la **noticia** Nachricht 7/3

la **novedad** Neuigkeit 8/4

la **novela** Roman 2/3

el **noviembre** November 5/15

el/la **novio/-a** (feste/r) Freund/in 4/14

nublado/-a bewölkt 15/d

nuevo/-a neu 1/4

el **número** Zahl, Nummer 0/5

nunca nie, niemals 5/b

O

o oder 5/2

o sea das heißt 12/6

el **oasis** Oase 7/3

el **obispo** Bischof 18/5

el **objetivo** Ziel 8/3

la **obra** Werk, *auch:* Arbeit 8/3

el/la **obrero/-a** Arbeiter/in 6/e

la **ocasión** Gelegenheit, *hier:* Anlass 16/4

ocre ocker 10/7

el **octubre** Oktober 5/15

ocuparse de a/c sich um etw. kümmern 16/f

la *odontología* Zahnmedizin 7/B

el **oeste** Westen 3/7

la **oferta** Angebot 14/a

la **oficina** Büro 1/3; la **oficina de correos** Postamt 9/9

ofrecer a/c etw. (an)bieten 8/3

¡Oiga! Hören Sie! 1/2

el **olor** Geruch 6/a

opinar meinen, denken; *Opine y discuta.* Äußern Sie Ihre Meinung und diskutieren Sie. 7/7

la **opinión** Meinung 13/2

la **oportunidad** Gelegenheit 18

el **orden del día** Tagesordnung 10/a

el **ordenador** Computer 1/4

ordenar ordnen; *Ordene.* Ordnen Sie. 2/4

el **organigrama** Organigramm 13

organizar a/c etw. organisieren 13/3

orgulloso/-a stolz 13/3

el **origen** Ursprung 5/2

original originell, *auch:* original 10/e

el **original** Original 17/e

el **oro** Gold 15/4

el/la *oso/-a* Bär/in 8/11

el **otoño** Herbst 14/e

otra vez noch einmal, wieder 10

¡Oye! Hör mal! 1/2

P

el **padre** Vater 3/18

los **padres** Eltern 3/c

la **paella** Paella 0/14

pagar zahlen, bezahlen 6/10

el **país** Land 3/11

la **palabra** Wort 5/2

la **paleta** Palette 18

el *panecillo* Brötchen 7/d

el **papá** Papa 3/18

el **papel** Papier 12/10

la *papelería* Schreibwarenhandlung 12/7

para für 1/4; **¿para qué?** wofür? wozu? 6/2

el **paraguas** Regenschirm 9/c

paraguayo/-a paraguayisch 4/16

paralizado/-a gelähmt 18

parcial Teil- 16/5

parecer scheinen 18/d

parecido/-a ähnlich 16/8

el/la **pareja** Partner/in 15/13

la **parte** Teil 4/9

el/la **participante** Teilnehmer/in 3/6

pasado/-a vergangen 5/b

el **pasaporte** Reisepass 2/2

pasar durchgehen, -fahren, weiter-gehen, -fahren, *auch:* vorbeigehen, -fahren 9/11; verbringen *(Zeit)* 14/a; bestehen *(Prüfung)* 14/e; *pasar por a/c* etw. durchlaufen 12/6; **pasarlo bien** Spaß haben 14/6

el **pastel** Kuchen, Gebäck 12/7

la **patata** Kartoffel 5/2; las *patatas bravas* Kartoffeln mit scharfer Soße 7/16; las *patatas fritas* Kartoffelchips, *auch:* Pommes fri-tes 7/16

la **pausa** Pause 10/g

el **pedido** Bestellung 12/17

pedir a/c um etw. bitten 11/19; **pedir ayuda a alg.** jdn. um Hilfe bitten 18/5

la **película** Film 9/d

el **pelo** Haar 13/15

pensar + *inf.* etw. zu tun geden-ken, etw. vorhaben 14

pensar a/c etw. denken 13/2; *Piense en ...* Denken Sie an ... 17/6

la **pensión** Pension 13/9

peor schlechter, schlimmer 11/A

el/la **peor** der/die schlimmste 11/e

pequeño/-a klein 3/a

perder a/c etw. verlieren 13/2

la **pérdida** Verlust 15/4

¡Perdón! Verzeihung! 2

el **perfil** Profil 8/3

el **perfume** Parfum 6/14

el **periódico** Zeitung 7/d

el **período** Zeitraum 13/5

el **permiso** Erlaubnis 9/7

permitido/-a erlaubt 9/11

permitir a/c etw. erlauben 9/e

pero aber 0/10

el/la **perro/-a** Hund/Hündin 0/10

la **persona** Person 6/b

el **personal** Personal, Belegschaft 10

personalmente persönlich 15/a

pertenecer a a/c / alg. zu etw./jdm. gehören 12/6

la **pesca** Fischfang 12/6

el **pescado** Fisch 6/14

el **peso** Gewicht 5/2

el/la **pianista** Klavierspieler/in 0/16

picar a/c etw. knabbern 7/16

la **pimienta** Pfeffer 10/3

el *pingüinés* Sprache der Pinguine *(Fantasiewort)* 4/18

el *pingüino* Pinguin 4/5

pintar a/c etw. malen 17/e

el/la **pintor/a** Maler/in 17/d

la **pintura** Farbe, *auch:* Malerei 6/14

la **pirámide** Pyramide 14/c

la **piscina cubierta** Hallenbad 6/15

el **piso** Stockwerk, *auch:* Wohnung 7/a

el **placer** Vergnügen 13/3

el **plan** Plan 14

la *planificación* Planung 15/4

planificar a/c etw. planen 15/4

plano/-a flach 13/3

la **planta baja** Erdgeschoss 7

la **planta de producción** Produktionsanlage 5/e

la **plantilla (de personal)** Belegschaft 13

el **plástico** Plastik 10/d

platicar (lat.am.) plaudern, schwatzen 14/d

el **plato** Gericht, Speise, *auch:* Teller 10/2

la **playa** Strand 0/6

la **plaza** Platz 1/2

poco/-a wenig, gering 4/a

un **poco (de)** ein bisschen 4/b

poco a poco allmählich 14

poder a/c etw. können 9/a

¿Podría ... por favor? Könnten Sie bitte ...? 6/a

el **polaco** Polnisch 4/4

el **polígono industrial** Industriegebiet 3/d

la **política** Politik 16/5

el **pollo** Hähnchen 7/16

poner a/c etw. legen, etw. stellen 10

popular populär, volkstümlich 3/10

un **poquito (de)** ein kleines bisschen 4/c

por für, durch, wegen, pro, *hier:* für 1/b; **por ahora** vorläufig 16/5; **por aquí** hier entlang 5/a; *¡Por Dios!* Um Gottes willen! 10/d; **por ejemplo** (*Abk.:* **p. ej.**) zum Beispiel 5/5; **por eso** deshalb, deswegen 11; **por falta de** a/c mangels 15/4; **por favor** bitte 2/e; **por fin** endlich 18/e; **por la mañana** vormittags 6/F; **por la noche** abends 7/f; **por la tarde** nachmittags 15/c; **por mí** meinetwegen, von mir aus 16/a; **por suerte** zum Glück 4/a; **por supuesto** selbstverständlich 8/3; **por teléfono** am Telefon 1/3; **por último** zuletzt 12/6; *por un lado ... por otro* einerseits ... andererseits 11/4

el **por ciento** Prozent 9/F

¿por qué? warum? 4/c

porque weil 4/c

portátil tragbar 1/4

el/la **portero/-a** Pförtner/in 13

el **portugués** Portugiesisch 4/4

la **posibilidad** Möglichkeit 8/3

posible möglich 11/5

la **postal** Postkarte 1/8

la **práctica** Übung, *hier:* Praktikum 3/b

prácticamente praktisch 17/g

practicar a/c etw. üben 7/d

práctico/-a praktisch 7/b

el **precio** Preis 6/3

precioso/-a reizend, kostbar 17/b

precisamente genau 5/d

la *preferencia* Bevorzugung, Vorliebe 16/5

preferido/-a bevorzugt, Lieblings- 6/14

preferir a/c etw. bevorzugen 11/c

la **pregunta** Frage 5/b

preguntar a/c a alg. jdn. etw. fragen 6/6; **preguntar por** a/c nach

etw. fragen 12/16; *Pregunte.* Fragen Sie. 6/14

la **prensa local** Lokalpresse 7/3

preocupado/-a besorgt 11/a

preparado/-a vorbereitet 18

preparar a/c etw. vorbereiten 9/a

la **preposición** Präposition 16/13

la **presentación** Vorstellung, Präsentation 4/d; Aufmachung 10/b

presentar a/c etw. vorstellen 12/7

la *presión* Druck 17/4

la **prevención** Vorbeugung 18/5

prevenir a/c etw. vorbeugen 18/5

prever a/c etw. vorsehen 16/5

primario/-a primär, Primär- 12/6

la **primavera** Frühling 15/d

primero *hier:* zuerst 14/c

principal Haupt- 3/d

privado/-a privat 17/9

probar a/c etw. probieren 14/8

el **problema** Problem 0/A

procesar a/c etw. verarbeiten 12/6

el **proceso** Prozess 12/b

la **producción** Produktion, Herstellung 5/c

producir a/c etw. herstellen 6/c

el **producto** Produkt 6/f

el **producto estrella** Spitzenprodukt 13/3

la **profesión** Beruf 0/16; la *profesión liberal* selbstständige Arbeit 12/6

el/la **profesional** Berufstätige/r, Akademiker/in 9/4

profesional beruflich, Berufs- 12/18

el/la **profesor/a** Lehrer/in 0/16

el **programa** Programm 16/a

el/la **programador/a** Programmierer/in 0/16

la **prohibición** Verbot 9/7

prohibido/-a verboten 9/e

la **promoción** Promotion 8/3

el/la **propietario/-a** Eigentümer/in 12/a

propio/-a eigene/r/s 4/9

el/la **protagonista** Protagonist/in, Hauptfigur 8/7

la **protección** Schutz 18/5

proteger a/c etw. beschützen 18/5

el/la **proveedor/a** Lieferant/in 12/7

proveedor/a Liefer- 12/7

próximo/-a nächste/r/s 14/7

proyectar a/c etw. planen, *auch:* projizieren 8/3

el **proyecto** Projekt 8/3

publicar a/c etw. veröffentlichen 16/19

publicitario/-a Werbe- 10/f

el **público** Öffentlichkeit, Publikum 11

el **pueblo** Dorf 3/a

el **puente** Brücke, *hier:* Brückentag zwischen einem Feiertag und dem darauffolgenden Wochenende 15/f

la **puerta** Flugsteig, *auch:* Tür 1/9

el **puerto** Hafen 3/6

pues na, also 1/2

el *puesto* Platz 11/5

de punta Spitzen- 12/b

el *puntito* Pünktchen, *hier:* Umlautpunkte 5/5

el **punto** Punkt 5/5

puro/-a rein 10/d

Q

¿qué? was? 0/4; **¿Qué pasa?** Was ist los? 11/a; **¿Qué quiere decir?** Was heißt das? 5/3; **¿Qué significa ...?** Was bedeutet ...? 0/6; **¿Qué tal?** Wie geht's? 1/2; **¿Qué tal ...?** Wie ist/war ...? Wie sind/waren ...? 7/f

¿qué + s.? welche/r + S.? 1/2

¡qué + s.! was für ein/e + S.! 2/d

¡Qué aproveche! Guten Appetit! 11/9

¡Qué asco! Wie ekelhaft! 6/14

¿Qué dan? *hier:* Was (für ein Film) wird gezeigt? 9/16

¡Qué guay! Großartig! Toll! 8/i

¡Qué interesante! Wie interessant! 0/17

¡Qué lástima! Wie schade! 3/14

¡Qué pasada! Unglaublich! 7/d

¿Qué tanto por ciento? Wie viel Prozent? 9/F

¡Qué va! Ganz und gar nicht! 3/b

el **quechua** Quechua (*Sprache*) 4/7

quedar bleiben 14/e; (ver)bleiben, sich verabreden 15/f

quedarse bleiben 16/a

querer lieben, mögen, wollen 11/a

querido/-a liebe/r (*Anrede Brief*) 8/b

el **queso** Käse 7/16; el *queso manchego* Käse aus La Mancha 7/16

¿quién? ¿quiénes? wer? 0

¿Quién dice qué? Wer sagt was? 1/2

Quisiera … Ich würde gerne … 12/17

quizás vielleicht 10/c

R

la **ración** Portion 11/c

la **radio** Radio 0/A

el **ramo** Branche, *auch:* (Blumen-)Strauß 10

el *ranking* Ranking 11/5

rápido/-a schnell 7/3

raro/-a seltsam, *auch:* selten 10/c

el **rato** Moment, Augenblick 15

el *ratón* Maus 0/13

los *ravioles (pl.)* Ravioli 3/17

la **razón social** Firmenname 12/3

reaccionar reagieren; *Reaccione.* Reagieren Sie. 9/13

la **realidad** Wirklichkeit, Realität 6/d; la *realidad hispánica* spanischsprachige Welt 0/8

realmente tatsächlich, wirklich 16/1

la **recepción** Empfang, Rezeption 7

el/la **recepcionista** Empfangschef/-dame 8/10

el **recinto** Gelände 5/d

recordar a/c / a alg. sich an etw./jdn. erinnern, *hier:* gedenken 10/2; *Recuerde. hier:* Denken Sie daran. 0/A

recorrer durchqueren, bereisen 14/a

recursos de comunicación Redemittel 1/2

los **recursos humanos** Personalverwaltung 13

la **red** Netz, Netzwerk 2/3

la **redacción** Redaktion 16/19

la **referencia** (*Abk.:* **ref.**) Betreff (*Brief*) 16/19

referirse a a/c / a alg. sich auf etw. / auf jdn. beziehen , etw./jdn. meinen 17/d

reflejarse en a/c sich in etw. widerspiegeln 16/5

el *refrán* Sprichwort 15/d

el **regalo** Geschenk 2/8

la **región** Region 3/6

la **regla** Regel 11/4

regular mittelmäßig, normal, *hier:* es geht 1/2

regularmente regelmäßig 15/4

la **relación** Beziehung 12/6

relacionar verbinden; *Relacione.* Verbinden Sie. 0/14

relajarse sich entspannen 7/3

relativo/-a relativ 17/16

el *relleno* Füllung 10/3

el *reloj* Uhr 15/9

reparar a/c etw. reparieren 17/11

repartir a/c etw. aufteilen 11/19

repetir a/c etw. wiederholen 6/a

representar a/c etw. darstellen, etw. repräsentieren 18/19

la *república* Republik 2/16

reservado/-a zurückhaltend 13/2

reservar a/c etw. reservieren, etw. buchen 9/18

residual zurückbleibend, Rest- 12/8

el **residuo** Rest 12/7

respectivo/-a betreffend 13

el **respeto** Respekt 11/4

la **responsabilidad** Zuständigkeit, Verantwortung 13

el/la **responsable** Verantwortliche, Zuständige 13

la **respuesta** Antwort 11/4

el **restaurante** Restaurant 1/3

el **resultado** Ergebnis 15/4

resultar sich ergeben 18/b

la **reunión** Versammlung 7/12

reunirse sich treffen 10/2

revisar a/c etw. überprüfen 18/c

la **revista** Zeitschrift 1/4

rico/-a köstlich, *auch:* reich 5/e

el *rincón* Ecke, *auch:* Zimmer 7/16

el **rio** Fluss 3/6

robar a/c etw. stehlen, etw. rauben 18/15

el **robo** Diebstahl, Raub 18/15

rojo/-a rot 10/7

romántico/-a romantisch 14/b

el **rompehielos** Eisbrecher 15/14

la **ropa** Kleidung 13/15

roto/-a kaputt 17/e

rubio/-a blond 4/b

el **ruido** Lärm 6

la **ruina** Ruine 14/d

el **ruso** Russisch 4/4

S

el **sábado** Samstag, Sonnabend 2/15

el **saber** Wissen 8/3

saber a/c etw. wissen 8/B; *¿sabéis?* wisst ihr? 3/6

saber hacer Know-how 8/3

el **sabor** Geschmack 10/e

la **sal** Salz 10/3

la **sala** Saal, großer Raum 7; Wohnzimmer 16/d

salado/-a salzig 11/19

la **salida** Abflug, *auch:* Ausgang 1/11

salir (hin)ausgehen, verlassen 12/a; abfliegen, starten 17/b

la **salud** Gesundheit 17/a; ¡Salud! Prost! 17/a

saludar (a alg.) (jdn.) grüßen 13/2

la *sangría* Sangria 0/14

sano/-a gesund 10/3

el **santo** Namenstag 17/9

santo/-a heilig 18/5

satisfecho/-a zufrieden 6

la *sauna* Sauna 7

la **secretaría** Sekretariat 7

el/la **secretario/-a** Sekretär/in 0/16

el **sector** Bereich 8/3

secundario/-a sekundär, Sekundär- 12/6

la **sed** Durst 11/c

seguir andauern, fortfahren, *auch:* folgen 15; **seguir a/c** etw. folgen 10/3; mit etw. fortfahren, etw. weiter machen 16/20; **seguir sin hacer** ungetan bleiben 15

según nach, gemäß 10/3

el **segundo** Sekunde 4/a

la **seguridad** Sicherheit 18/7

seguro/-a sicher 10/e

seleccionado/-a ausgewählt 14/4

la **selva** (Ur)Wald 14/d

la **semana** Woche 2/15

semielaborado/-a halb fertig 12/8

el **seminario** Seminar 2/5

sencillo/-a schlicht, bescheiden 13/2

el **señor** (*Abk.:* **Sr.**) Herr 0/2

la **señora** (*Abk.:* **Sra.**) Frau, Dame 0/2

la **señorita** (*Abk.:* **Srta.**) Fräulein, junge Frau 0/2

sentarse sich setzen 16/d

sentirse sich fühlen 16/d

separado/-a getrennt 16/8

el **septiembre** September 5/15

ser sein 1/a

la **serie** Serie 13/2

el **servicio** Toilette, *auch:* Dienst, Dienstleistung 6/e

si wenn, ob 10/d

sí ja 1/2

siempre immer 10/3

la **siesta** Siesta, Mittagsruhe 14/12

el **siglo** Jahrhundert 5/2

el **significado** Bedeutung 12/5

significar a/c etw. bedeuten 5/c

siguiente folgende/r/s 9

el **símbolo** Symbol 3/e

similar ähnlich 16/8

simpático/-a sympathisch 8/f

simplemente einfach 11/19

sin ohne 1/13

sin embargo trotzdem 4/7

sin número (*Abk.:* **s/n**) ohne Nummer 5/5

sintético/-a synthetisch 12/7

la **situación** Situation 11/5

sobre etwa, gegen (*zeitlich*), *auch:* über 15/c; **sobre todo** vor allem 7/3

el *sobrenombre* Spitzname 1/5

social sozial 11/4

la *sociedad anónima* Aktiengesellschaft 2/16

Sociedad Limitada (*Abk.:* **S.L.**) Gesellschaft mit beschränkter Haftung (GmbH) 10/a

el/la **socio/-a** Kompagnon, Gesellschafter/in 3/b

la **soja** Soja 6/4

el *solarium* Solarium, *hier:* Sonnenterrasse 7/12

soleado/-a sonnig 15/8

soler + *inf.* pflegen etw. zu tun 17/4

solicitar anfordern 14/4

sólo nur 3/6

solo/-a allein 8/g

soltero/-a allein stehend 16/8

la **solución** Lösung 18/5

solucionar a/c etw. lösen 18/d

sonar klingeln, *auch:* klingen 15

la **sorpresa** Überraschung 7/a

soy *(ich)* bin 0

el *subsuelo* Untergeschoss 7

el *subtítulo* Untertitel 2/3

el **sueco** Schwedisch *(Sprache)* 4/4

el **sueño** Traum 9/4

la **suerte** Glück 4/a

suizo/-a schweizerisch 10/c

la **suma** Summe 11/19

suministrar a/c etw. liefern 12/6

super- super- 3/e

el/la **superior** Vorgesetzte/r 11/4

superior höher, besser 12/a

el **supermercado** Supermarkt 3/17

suponer a/c etw. vermuten 13/2

el **sur** Süden 3/7

el/la **sustituto/-a** Vertreter/in 14/e

T

la **tabla** Tabelle 13/11

el **talento** Talent, Begabung 17/e

el **tamaño** Größe, Format 10

también auch 0

tampoco auch nicht 3/14

tan so 10/e

el **tango** Tango 8/i

tanto/-a so viel/e 6/c

tanto ... como ... sowohl ... als auch ... 15/4

la **tapa** Tapa 7/16

la **tarde** Nachmittag 1/12

tarde spät 8/h

la **tarifa** Tarif 7/12

la **tarjeta** Karte, Visitenkarte, Kreditkarte 5/c; la **tarjeta de**

identificación Ausweis, Namensschild 3/6

el **taxi** Taxi 2/7

el/la **taxista** Taxifahrer/in 0/A

el **té** Tee 7/c

el **teatro** Theater 8/9

el **teclado** Tastatur 5/2

el/la **técnico/-a** Fachmann/-frau 4/d

la **tecnología** Technologie 12/b

técnico/-a technisch 18/b

telefonear telefonieren 9/13

el **teléfono** Telefon 1/3; el **teléfono móvil** Mobiltelefon 1/4

la **tele(visión)** Fernsehen 7/c

el **tema** Thema 0/A

temprano früh, zeitig 11/d

la **tendencia** Tendenz, Trend 11

tener a/c etw. haben 11/c; **tener a/c en común** etw. gemeinsam haben 9/4; **tener ganas de** + *inf.* Lust haben etwas zu tun 11/c; **tener prisa** es eilig haben 11/f; **tener que** + *inf.* müssen 11/b; **tener razón** Recht haben 17/d

el **tenis** Tennis 16/14

el **tequila** Tequila 0/14

terciario/-a tertiär 12/6

terminado/-a fertig, beendet 6/f

terminar a/c etw. beenden, enden 14/c

la **terraza** Terrasse 7

terrible schrecklich 7/e

el **texto** Text 1/2

el **tiempo** Zeit, *auch:* Wetter 7/b

la **tienda** Geschäft, Laden 8/9

el/la *tío/-a hier:* Kerl, Typ, *auch:* Onkel/Tante 13/2

el **título** Überschrift 2/3

el **tipo** Typ 8/3

tocar a/c etw. spielen (bei Musikinstrumenten) 16/c

todavía (immer) noch 5/4

todo alles 2/e; *todo el mundo* jede/r/s, alle 7/3; *¿Todo en orden?* Alles in Ordnung? 18/a; **todos/-as** alle 16/a

tomar a/c etw. nehmen, etw. zu sich nehmen (trinken, essen) 5/1; **tomar el sol** sich sonnen 14/8

el **tomate** Tomate 9/8

el *tomo* Band (Buch) 18/5

la **tonelada** Tonne 6/c

tonto/-a dumm 18/12

la **tormenta** Sturm 15/8

el **toro** Stier 0/13

la **torre** Turm; la **torre de agua** Wasserturm 3/e

la **tortilla de patata** Tortilla 0/14

el **total** (Gesamt)summe 9/b

total total, ganz; **en total** insgesamt 9/1; alles in allem, also 17/g

totalmente ganz, völlig 6/b

trabajador/a fleißig 13/2

trabajar arbeiten 1/4

el **trabajo** Arbeit 5/b

tradicional traditionell 10/3

traducir a/c etw. übersetzten 4/c; *Traduzca al alemán.* Übersetzen Sie ins Deutsche. 3/b

el/la **traductor/a** Übersetzer/in 3/b

traer a/c etw. bringen 13/9

la **tranquilidad** Ruhe 7/3

tranquilo/-a ruhig, ungestört 11/a

la **transparencia** Transparenz 13

el/la **transportista** Spediteur/in 18

tratar de usted a alg. jdn. siezen 11/4

tratarse de a/c sich um etw. handeln 16/b

el **tren** Zug 2/E

trilingüe dreisprachig 4/4

la *trufa al brandy* Brandytrüffel 10/3

el **turismo** Tourismus 14/5

el/la **turista** Tourist/in 0/A

turístico/-a touristisch, Touristen- 3/6

el **turno** Schicht 6/d

tutear a alg. jdn. duzen 11/4

el *tuteo* Anrede in du-Form 11/4

TV vía satélite Satellitenfernsehen 7/12

U

último/-a letzte/r/s 10

único/-a einzig 17/10

la **unidad** Einheit 10/3

la **Unión Europea** (*Abk.:* **UE**) Europäische Union 9/4

universal universell, allgemeingültig 11/4

la **universidad** Universität 4/c

---

uno tras otro eins nach dem anderen 10

la **urbanización** Wohnsiedlung 3/3

urgente dringend 15/b

el/la *uruguayo/-a* Uruguayer/in 15/10

usar benutzen 11/4

el **uso** Gebrauch 18/5

el/la **usuario/-a** Benutzer/in 18/5

útil nützlich 12/6

V

la **vaca** Kuh 1/2

las **vacaciones** Ferien, Urlaub 7/a

el/la *vago/-a* Faulpelz 13/2

la *vainilla* Vanille 10/f

¡Vale! O.k.! Einverstanden! 6/4

el *valenciano* Valencianisch 4/9

el **valor** Wert 11/5

Vamos a … Wir gehen/fahren nach … 0/11

¿Vamos? Gehen wir? 2/c

la *vaquita* *etwa:* Einsammeln von Geld für die gemeinsame Rechnung in einer Bar 11/19

varios/-as mehrere, einige 12

el/la **vasco/-a** Baske/-in 3/7

¡Vaya! *hier:* Mein lieber Mann! 6/d

el/la **vendedor/a** Verkäufer/in 7/b

vender a/c etw. verkaufen 5/c

venezolano/-a venezolanisch 17/d

venir (her)kommen 13/A

la **venta** Verkauf 5/c

la **ventaja** Vorteil 15/2

ver a/c / a alg. etw./jdn. sehen 6/f

el **verano** Sommer 14

¿Verdad? Stimmt's? Nicht wahr? 3/b

verdadero/-a wahr, echt, *hier:* richtig 3/18

verde grün 10/b

verse sich sehen, sich treffen 17/13

la **vez** Mal 14/a

viajar reisen 13/2

el **viaje** Reise 4/a

la **vida** Leben 16/5

el **video** (**vídeo**) Video 14/13

viejo/-a alt 3/a

---

el **viento** Wind 15/G

el **viernes** Freitag 2/15

el **vino** Wein 2/A; el **vino blanco** Weißwein 7/16; el **vino tinto** Rotwein 7/16

violeta violett 10/7

virtual virtuell 10/f

la **visita** Besuch 1/17

el/la **visitante** Besucherin 18/15

visitar a/c / a alg. etw./jdn. besuchen 14/b

visitarse sich besuchen 17/13

la **vista** Ausblick 5/a

la **vitamina** Vitamin 13/D

vivir wohnen, leben 3/6

el **voleibol** Volleyball 16/14

volver zurückkommen 9/d; **volver a + inf.** etw. wieder tun 15/a

el **vuelo** Flug 1/a

Y

y und 0

¡Y listo! Und damit hat sich's! Das war's! 7/3

ya schon 2

ya que da, weil 4/7

el **yogurt** Joghurt 7/d

Z

el **zapato** Schuh 3/17

el *zorro* Fuchs 0/4

el **zumo** Saft 7/16

Bildquellen

akg-images: © Succession Picasso / VG Bild-Kunst, Bonn 2005, S. 145 – Bildagentur Huber: © Simeone, S. 121 (unten) – Bw photoagentur: © Bauer, S. 24, S. 78 (unten); © Ries, S. 17 (1) – © Capital, N° 11, agosto 2001, S. 26 – © Comstock 2000, S. 106 – © Corbis, S. 100 (oben), S. 159 (rechts) – Corbis: © Craigmyle, S. 95; © Darama, S. 49 (unten); © Everton, S. 70 (oben); © Kaufmann, S. 23 (2); © LWA/Stephen Welstead, S. 118 (oben); © McDonough, S. 157; © Melloul S. 57 (oben); © Pelaez, inc., S. 150 (oben); © Ragazzini, S. 121 (oben); © Shelley, S. 39; © Steward, S. 143 – © Corbis/ GoodShoot, S. 137 – © Corbis/Image Source: S. 77, S. 87 – © Cornelsen, Corel Library, S. 29 (Mitte), S. 52 (oben), S. 55, S. 84 (oben rechts), S. 98, S. 105, S. 124 (unten), S. 141, S. 149, S. 151; Höppner-Fidus, Berlin, S. 89 (unten); Kämpf, S. 45; Loncá, S. 13 (6), S. 14, S. 17 (3), S. 20 (oben), S. 28, S. 34, S. 63, S. 72, S. 96 (Mitte), S. 138 (unten); Martin, S. 20 (Mitte); Schulz, S. 11, S. 21, S. 58; Spahr, S. 66, S. 68, S. 71 (links) – Das Fotoarchiv: © Tack, S. 16 – ddp: © Eisele, S. 80 – © Ediciones Dolmen S.L. / ARTEHISTORIA.COM, S. 154 – © EFE, S. 118 (unten rechts) – © Emprendedores, S. 130 – Focus: © Machete/Network, S. 89 (oben) – Interfoto: © Anthony, S. 61 (oben) – © Jalag-Syndication, S. 12 – © laif/REA, S. 22 – © Mata, S. 127 (unten) – Mauritius: © Kaiser, S. 17 (2); © Ripp, S. 29 (unten); © Schnürer, S. 36 (links); © Waldkirch, S. 129; © Witt, S. 118 (Mitte) – Mauritius/age fotostock: © Coll, S. 8 (oben), S. 102; © Larrea, U1 (rechts), S. 57 (unten), S. 69, S. 128; © Welsh, S. 31 – © Mauritius/Nonstock, Inc., U1 (oben links, unten links) – © Mauritius/Power Stock, S. 118 (unten links) – © Mauritius/Stock Image, S. 119, S. 148 – © Mauritius/SuperStock, S. 23 (4), S. 138 (oben) – © Mauritius/The Copyright Group, U1 (Mitte links) – © Muy Interesante, S. 82 – © PhotoDisc 2000 (RF), S. 159 (links) – picture-alliance/dpa: © Apa Publications, S. 92; © Baum, S. 73; © B+N Nordsjöfrakt, S. 134 (oben); © epa efe, S. 50 (unten); © Gentsch, S. 60; © Grimm, S. 78 (oben); © Scheidemann, S. 124 (oben); © Seeger, S. 52 (unten) – picture alliance/OKAPIA: © Reinhard, S. 61 (Mitte) – picture-alliance/ZB: © Schulze, S. 49 (oben) – © Revista @rroba, S. 50 (oben) – © Rex Features, S. 18 – © Rodriguez, S. 74 – © Salvador Dalí. Foundation Gala-Salvador Dalí / VG Bild-Kunst, Bonn 2004, S. 134 (unten) – © Spanisches Fremdenverkehrsamt, S. 120 – Stockfood: © Brauner, S. 13 (7); © Eising, S. 61 (unten); © Holsten, S. 114; © Masson, S. 65; © Urban, S. 71 (rechts) – The Stock Market: © Pelaez, S. 37 – Transglobe Agency: © Schröder, S. 46 – ullstein bild: © Brill, S. 23 (1) – ullstein/JOKER: © Ausserhofe, S. 117 – White Star: © Gumm, S. 13 (4,5), S. 23 (3), S. 96 (rechts), S. 124 (Mitte); © Steinert, S. 13 (1,2,3) – © www.infozentrum-schoko.de, S. 56, S. 108, S. 109 – zefa: © Mueller, S. 36 (rechts); © Pinto, S. 70 (unten) – © zefa/stockbyte, S. 8 (unten).

Textquellen

© MUY INTERESANTE, Cibermuy, N° 248, S. 18 – © Capital, N° 11, agosto 2001, S. 26 – © Emprendedores, N° 60, septiembre 2002, S. 74 – © Emprendedores, N° 81, junio 2004, S. 138.

Nicht alle Copyrightinhaber konnten ermittelt werden; deren Urheberrechte werden hiermit vorsorglich und ausdrücklich anerkannt.

EUROPA